AF831764

Regards croisés sur les transhumanismes

PETER LANG

Collection de la Chaire Normandie pour la Paix

Cette collection a pour objectif de valoriser les travaux menés par la Chaire Normandie pour la Paix, qui mène des travaux de recherche sur les droits des générations futures et la Paix avec la Terre. Résolument ouverte à l'international et engagée dans la pluridisciplinarité, la Chaire Normandie pour la Paix publiera ici les travaux qu'elle a coordonnés dans des domaines aussi variés que :

- ☐ Processus de mutation des droits fondamentaux et des systèmes juridiques
- ☐ Good Stories
- ☐ Justice climatique et juridictions internationale
- ☐ Droits des peuples autochtones et renouvellement du droit au prisme des savoirs autochtones
- ☐ Education aux droits et devoirs des générations futures
- ☐ Ethique environnementale pour juriste
- ☐ Bioéthique/Biodroits
- ☐ Justice transitionnelle et construction de la paix environnementale
- ☐ Indicateurs juridiques des ODD
- ☐ Economie et droit de la conservation, de la protection et de la restauration de la nature
- ☐ Représentation et défense des générations futures

Cette collection aspire à la cohérence pour tisser ensemble les différentes transformations actuellement en cours dans les systèmes juridiques internationaux, régionaux et nationaux en vue d'établir une protection durable de l'environnement, des droits environnementaux et de l'avenir. La collection explore également la protection de la condition humaine future ainsi que les enjeux bio-éthiques qui renouvellent sans cesse les champs légitimes du droit.

Puisant dans la sagesse immémoriale de l'Humanité, cette collection entend promouvoir tous types d'œuvres illustrant l›impératif de civilisation selon lequel : « Nous aurons la paix sur Terre quand nous vivrons en Paix avec la Terre ».

Directeurs de la collection de la Chaire Normandie pour la Paix

Tony Oposa, Responsable de la Chaire Normandie pour la Paix (2019-2023), Avocat en environnement d'intérêt public (Philippines)

Nicholas Robinson, président émérite de la Chaire Normandie pour la paix, professeur en droit de l'environnement à l'université Pace, co-directeur du *Global Center for Environmental Legal Studies* (États-Unis)

Emilie Gaillard, Coordinatrice Générale de la Chaire Normandie pour la Paix, Maîtresse de conférences HDR en droit privé à Sciences Po Rennes (France)

David Forman, directeur du programme de droit de l'environnement, Université d'Hawai'i à Mānoa (États-Unis)

Amandine Cayol et Emilie Gaillard (dir.)

Regards croisés sur les transhumanismes

Chaire Normandie pour la Paix
Vol. 5

Avec le soutien de :
Pôle Risques, Qualité et Environnement MRSH/Université de Caen Normandie
Chaire d'excellence Normandie pour la paix (CNRS Région Normandie, MRSH / Université de Caen Normandie) LexFeim de l'Université du Havre

Conception de la couverture: Anne Lacherez

© P.I.E. Peter Lang SA, 2022
1 avenue Maurice, B-1050 Brussels, Belgium
brussels@peterlang.com; www.peterlang.com

ISSN 2736–3279
ISBN 978-2-87574-412-8
ePDF 978-2-87574-413-5
ePUB 978-2-87574-414-2
DOI 10.3726/b18694
D/2021/5678/53

Information bibliographique publiée par "Die Deutsche Nationalbibliothek".

"Die Deutsche Bibliothek" répertorie cette publication dans la "Deutsche National-bibliografie"; les données bibliographiques détaillées sont disponibles sur le site <http://dnb.ddb.be>.

Biographies des directrices de publication

Amandine CAYOL

Maître de conférences en droit privé et codirectrice du Master Assurances et personnes, Université de Caen-Normandie. Spécialisée en droit des contrats (cf. *Le droit des contrats en tableaux*, 2e éd., préface Ph. Delebecque, Ellipses, oct. 2021), droit de la responsabilité civile (cf. *Le droit de la responsabilité civile en tableaux*, coécrit avec R. Bigot, préface Ph. Brun, à paraître en février 2022), droit des assurances (cf. *Le droit des assurances en tableaux*, codirigé avec R. Bigot, préface D. Noguéro, Ellipses, oct. 2020,) et droit des biens (cf. *Le droit des biens en tableaux*, Ellipses, juil. 2019), elle axe désormais principalement ses recherches autour de la question du statut juridique du corps humain. Elle s'intéresse à ce titre aux contrats portant sur le corps humain, à l'émergence d'un corps de règles propres au dommage corporel, au statut juridique de l'être humain avant la naissance et après la mort, à la question d'une possible reconnaissance d'un droit de propriété de la personne sur son corps (organisation à Caen en 2016 d'un colloque sur « Le corps humain saisi par le droit, entre liberté et propriété » avec Aurore Catherine, *Cahiers de la recherche sur les droits fondamentaux*, PUC, n°15, 2017). Ses travaux l'ont amenée à s'intéresser au transhumanisme. Elle fait ainsi partie de l'atelier sur "L'homme en transformation" du GDR NoST et a dirigé avec Emilie Gaillard deux cycles de séminaires sur le thème « Transhumanisme(s) et droit(s) » à la MRSH de Caen sur les années universitaires 2018-2020, puis, du 1er mars 2019 au 31 août 2021, un projet de recherche pluridisciplinaire « Transhumanisme(s) et droit(s) », cofinancé par le GIP Mission de recherche Droit et Justice. Elle a publié plusieurs articles sur ce sujet, notamment « Le transhumanisme ou la quête d'immortalité : aspects juridiques », *JML Droit, santé et société*, n°5-2020, avr. 2021, pp. 75-81 et avec Emilie Gaillard un article intitulé « Transhumanism(s) & Law(s) : First Tracks and Thoughts »(*in Legal Actions for Future Generations*, dir. E. Gaillard et D. Forman, Peter Lang 2020). Ses travaux portent aussi sur la e-santé : elle dirige notamment depuis novembre 2020 un projet de recherche pluridisciplinaire sur « Les enjeux du développement de la télémédecine en Normandie » financé à 100% par des fonds FEDER sur 24 mois.

Emilie GAILLARD

Maître de conférences HDR en droit privé, directrice du parcours de grade Master Générations Futures et Transitions Juridiques (GENFUT) au campus des transitions de Caen de Sciences Po Rennes. Elle enseigne le droit international des droits de l'homme, de l'environnement, le droit de la bioéthique et dispense un enseignement spécifiquement dédié à l'épistémologie juridique dynamique, la pensée complexe et systémique nécessaires pour décliner le droit au transgénérationnel. Elle est l'auteure de nombreux articles sur le droit des générations futures (en théorie générale du droit, droit des droits de l'homme, bioéthique, droit de la responsabilité notamment) et de deux ouvrages (*Générations futures et droit privé. Vers un droit des générations futures*, LGDJ 2011 et *Legal Actions for Future Generations*, Peter Lang, 2020 – coéd. D. Forman). Elle est également auteure reconnue sur le principe de précaution (*Jurisclasseur Environnement- Fasc. 2410 : Principe de précaution : système juridique français et 2416- principe de précaution : systèmes juridiques internationaux et européens, 300p.*). Elle s'intéresse aux grands processus de mutations des droits fondamentaux à l'ère de l'Anthropocène et accompagne auprès d'acteurs de terrain l'intégration du droit des générations futures (*AOMF, Déclaration de Monaco- juillet 2021*). Elle est co-directrice du Pôle Risques à la MRSH de Caen et coordinatrice générale de la Chaire d'excellence Normandie pour la Paix. Elle s'intéresse au transhumanisme depuis plus de dix ans en participant régulièrement à des colloques internationaux sur le sujet : Colloque *La convergence Nano-Bio-Info-Cogno : mythe, réalité ou potentialité* ? (dir. F. Lemarchand, 28-29 mai 2013), Colloque GT09 : *Biotechnologies et destin de l'humain* (*AISLF*, Dir. Louise Vandelac, 5 juillet 2016) ou encore sa présentation orale « Transhumanisme(s), développement durable et bioéthique : des rencontres impossibles ? » au Colloque IALES 2-3 mai 2019 organisé par C. Byk et la Commission nationale française pour l'UNESCO. Elle a dirigé avec Amandine Cayol deux cycles de séminaires sur le thème « Transhumanisme(s) et droit(s) » à la MRSH de Caen sur les années universitaires 2018-2020, puis, du 1er mars 2019 au 31 août 2021, un projet de recherche pluridisciplinaire « Transhumanisme(s) et droit(s) », cofinancé par le GIP Mission de recherche Droit et Justice.

Sommaire

Amandine CAYOL & Emilie GAILLARD

Propos introductifs[1]

Origines du mot transhumanisme. Le terme transhumanisme puise étymologiquement ses racines dans le latin : *humanitas* (désignant l'humanité) et le préfixe *trans-* (traduisant l'idée d'un processus). Il est souvent attribué à Julian Huxley, bien qu'il ait été en réalité, utilisé par Jean Coutrot dès 1937[2]. Dans l'ouvrage de Julian Huxley, *New Bottles for New Wine* publié en 1957, le ton est très vite donné : « L'espèce humaine peut, si elle le souhaite, se transcender elle-même – pas simplement de façon sporadique, un individu ici, d'une certaine façon, un autre là, d'une autre façon – mais dans son intégralité, en tant qu'humanité. Il nous faut un nom pour cette nouvelle croyance. Peut-être transhumanisme fera-t-il l'affaire : l'homme restant l'homme, mais se transcendant lui-même, en réalisant de nouvelles possibilités de et pour la nature humaine qui est la sienne »[3].

Premières approches d'une définition du transhumanisme. Le mot « transhumanisme » a déjà intégré le langage courant et figure dans les différents dictionnaires de la langue française. Selon le dictionnaire Larousse, le transhumanisme se définit comme un « courant de pensée qui vise l'amélioration des capacités intellectuelles, physiques et psychiques de l'être humain grâce à l'usage de procédés scientifiques et techniques (manipulation génétique, nanotechnologies, intelligence artificielle, etc.) ».

Multiplication des annonces de réalisations visant à dépasser les limites de la condition humaine. Il n'est plus temps de considérer que le projet transhumaniste relève de la science-fiction. Pas une semaine ne passe sans qu'une nouvelle actualité ne manifeste l'entrée dans une période d'accélération

---

1 C'est en marge et en préalable à une recherche collective poursuivie dans le cadre d'un projet cofinancé par le GIP Mission de Recherche Droit et Justice intitulé *Transhumanisme(s) et Droit(s)* - mars 2019 / septembre 2021, que nous avons organisé un cycle de rencontres, de conférences et d'entretiens de 2018 à 2020 au sein du Pôle Risques, Qualité et Environnement de la Maison de la Recherche en Sciences Humaines de Caen. L'ensemble de ces communications est disponible sur le site de la Forge Numérique.

2 MOATTI (A.), *Aux racines du transhumanisme*, Odile Jacob, 2019, p. 51.

3 HUXLEY (J.), *New Bottles for New Wine*, Chatto and Windus, 1957, p. 17 (cité par BOSTRÖM (N.), « A History of Transhumanist thought », *Journal of Evolution & Technology*, vol. 14, n° 1, avril 2005.

des annonces, des projets, voire des réalisations. On peut citer, tel un inventaire à la Prévert : Elon MUSK et le projet *Neuralink* d'amélioration des performances cognitives de l'homme[4], la correction des gènes défectueux par le ciseau CRISPR-Cas9[5] et notamment la très médiatique naissance des jumelles Lulu et Nana en Chine (dont le génome a été modifié afin d'être résistant au VIH)[6], le développement d'intelligences artificielles, l'obtention de la nationalité saoudienne par un robot humanoïde[7], le fait qu'un homme s'auto-proclame *cyborg*[8], la quête de la mort de la mort[9], l'élaboration d'un test permettant de connaître le sexe d'un enfant à naître huit semaines seulement après la conception avec les risques d'avortement que cela comporte[10]. Le 4 décembre 2020, une nouvelle étape a été franchie avec l'autorisation par le comité éthique du ministère de la défense nationale sur l'augmentation des soldats en recourant aux nouvelles technologies[11]. La création « artificielle » d'êtres humains, dénués de tout lien généalogique, devient envisageable ; la modification et la sélection des embryons avant même la naissance une réalité. Une « émancipation » de la

---

4 Projet présenté en ces termes par HENRY (J.-P.) : « Ce que propose le nouveau projet d'Elon MUSK, Neuralink, c'est le couplage de notre cerveau avec l'ordinateur, une réalisation qui permettrait des échanges instantanés avec tous les cerveaux humains par l'intermédiaire du réseau Internet mondial. Ce couplage soulagerait aussi notre mémoire et élargirait nos connaissances en permettant un accès direct aux bases de données de type Google sans intermédiaire matériel. Plus de traduction, plus de dictionnaire et même nos souvenirs seraient rangés dans la base universelle », *Futuribles*, 26/09/2017 (version internet) : https://www.futuribles.com/en/article/le-projet-neuralink-reve-ou-realite/

5 *Disponible en ligne :* https://www.afm-telethon.fr/glossaire/crisprcas9-90754

6 *Disponible en ligne :* https://theconversation.com/que-savons-nous-de-lulu-et-nana-les-premiers-bebes-crispr-107969.

7 *Disponible en ligne :* http://www.rfi.fr/moyen-orient/20171028-arabie-saoudite-intelligence-artificielle-robot-sophia-nationalite-citoyenne

8 *Disponible en ligne :* http://www.genethique.org/fr/un-britannique-se-revendique-premier-cyborg-du-monde-mi-homme-mi-robot-69190.html

9 ALEXANDRE (L.), *La mort de la mort. Comment la techno médecine va bouleverser l'humanité*, éd. JC Lattès, 2011.

10 *Disponible en ligne :* http://www.genethique.org/fr/garcon-ou-fille-un-nouveau-test-fiable-des-8-semaines-pourrait-provoquer-une-vague-davortements

11 Cette autorisation concerne : « tout ce qui concerne l'amélioration des performances au combat, et recouvre des aspects aussi variés et débattus que le recours à des exosquelettes, [jusqu'à] un certain nombre d'objets connectés ou à des robots tueurs », VINCENT (E.), « Le comité d'éthique du ministère de la défense donne son feu vert à la recherche sur le "soldat augmenté" », *Le Monde*, 4 décembre 2020.

condition humaine serait en cours grâce, notamment, aux recherches sur les cellules totipotentes, aux modifications génétiques, ou encore à l'impression 3D d'organes[12]. La maladie, voire même la mort, ne sont plus perçues comme des fatalités. L'homme pourrait s'arracher à la nature en programmant et maîtrisant totalement la vie. La question du recours aux technosciences pour améliorer, sélectionner, transformer l'être humain est d'une actualité brûlante. Sans même nous en rendre compte, nous franchissons, même en France, des petits pas nous conduisant peu à peu vers l'avènement d'un homme « amélioré » (chirurgie esthétique non reconstructive, recours au viagra, au dopage, au diagnostic préimplantatoire…).

Les doutes quant à la faisabilité de certaines promesses. Si beaucoup de promesses des transhumanistes paraissent à l'heure actuelle irréalisables, elles engagent déjà des conséquences juridiques, actuelles ou revendiquées. Il en va notamment ainsi de « la mort de la mort », laquelle semble effectivement irréalisable mais engage pourtant déjà des actions de cryogénisation. Une récente décision d'un juge anglais a ainsi permis à une mineure en phase terminale d'un cancer d'obtenir la cryogénisation dès son décès, dans un procès opposant la mère et le père à ce sujet. Ce n'est pas parce que cela n'est pas réalisable que cela ne produit pas des effets juridiques. De la même manière, la revendication de la création d'îles échappant à toute souveraineté étatique est à l'heure actuelle impossible car la haute mer qui permettrait juridiquement cette implantation est trop inhospitalière en l'état de la technique. Mais le "Recueil d'intentions réciproques" conclu entre la Polynésie française et le *Seasteading institute* prévoyait bien l'implantation d'une telle île et l'élaboration d'un régime juridique spécial.

Les différents visages du transhumanisme. En réalité, il n'existe pas un mais des transhumanismes : un transhumanisme « identitaire », clairement revendiqué par des militants engagés ; un transhumanisme « académique » *via* des écrits d'universitaires diffusant les idées transhumanistes (spécialement au Royaume-Uni) ; un transhumanisme « silencieux » *via* des réalisations personnelles (« personnes augmentées », simples particuliers décidant de s'implanter des puces RFID par ex.) ou plus organisées dans le domaine médical. La diversité des positionnements est grande au sein même du mouvement transhumaniste

12 Cette impression 3D aurait pour objectif d'utiliser des cellules du patient pour recréer un tissu endommagé, voire, à terme un organe complet, V. TOSSERI (B.), « LabSkin Créations, l'impression 3 D dans la peau », La *Croix*, *disponible en ligne* : https://www.la-croix.com/Economie/Entreprises/LabSkin-Creations-limpression-3D-dans-peau-2017-04-07-1200837823

militant[13]. Certains invariants peuvent toutefois être relevés. Rejetant l'idée d'une nature humaine immuable et sacrée, les transhumanistes ont tous pour ambition de dépasser les capacités physiques et psychiques de l'Homme. « Ils partagent l'espoir d'une transformation radicale de notre condition biologique grâce aux technologies[14] ». Le vieillissement et la mort, ne sont plus perçus comme des fatalités, mais comme des maux contre lesquels il convient de lutter[15]. Selon Aubrey de Grey, l'homme qui vivra mille ans serait déjà né[16] !

Sur la structure de l'ouvrage. Une recherche compartimentée, analysant tantôt l'humain augmenté, tantôt le statut juridique du robot, est en pleine progression. Il apparaît, néanmoins, particulièrement nécessaire de croiser les compétences afin de mettre en perspective ces interrogations juridiques dans un contexte plus vaste et de poser le transhumanisme en question. La multiplicité des analyses et des positionnements justifie donc des regards croisés sur les transhumanismes, émanant de penseurs critiques mais aussi de personnes se revendiquant transhumanistes, à travers des champs disciplinaires divers tels que l'histoire, l'histoire des techniques, la sociologie, la philosophie, l'anthropologie, la médecine, les sciences informatiques ou encore le droit.

Nous formulons le vœu que cette étude nourrisse la curiosité, la réflexion, la critique, l'anticipation éclairée des risques parfois silencieux qui s'inscrivent dans un mouvement de transformation généralisée de nos sociétés. En ce contexte de pandémie mondiale où nos repères démocratiques sont en perdition, plus que jamais nous devons garder à l'esprit la question suivante : quel monde voulons-nous pour les générations futures ?

---

13 COEURNELLE (D.), « Introduction aux transhumanismes. Le futur a-t-il toujours été une idée neuve? », article n°1 dans cet ouvrage, pp. 39 et s.

14 DAMOUR (F.) & DOAT (D.), *Transhumanisme. Quel avenir pour l'humanité ?*, éd. Le cavalier bleu, 2018, p. 42.

15 ROUX (M.), « Faire du vieillissement une maladie », *Brainstorm* by ThinkH+, févr. 2019, n° 1, p. 72 ; ALEXANDRE (L.), *La mort de la mort*, JC Lattès, 2011 ; CORDEIRO (J.) & WOOD (D.), *La mort de la mort*, Ed. Luc Pire, 2021.

16 DE GREY (A.), *Advocate for an Indefinite Human Lifespan*, Douglas Lain, Zero Books, 2016.

Marie-Angèle HERMITTE

Libres-Propos

Ce livre, dirigé par Amandine Cayol et Emilie Gaillard, a ceci de particulier qu'il donne, sur un mode académique, une parole égale à des transhumanistes revendiqués, des opposants et des observateurs qui entendent garder une certaine distance. Le défi est relevé, chacun ayant joué le jeu, et cette réussite intéressera autant ceux qui veulent simplement être éclairés sur un phénomène en réalité mal connu que ceux qui pourraient croire, à tort, qu'ils n'ont rien à apprendre de mouvements qu'ils connaissent déjà. Les discours ont été organisés en cinq parties. La première, introductive, commence par un exposé du vice-président de l'Association Française Transhumaniste Technoprog, membre du *Board* de *Humanity+* et membre du *Board* de l'*International Longevity Alliance*, la longévité constituant effectivement son objectif principal, avec une ouverture sur la mort de la mort. Ce premier article est éclairé par deux contributions sur les origines théoriques du transhumanisme, à partir du moment où le mot est apparu dans l'entre-deux guerres. S'ensuivent alors des approches disciplinaires du phénomène – sociologie, philosophie, médecine –, pour finir par une tentative pour penser le type de droit qui pourrait être appliqué à ces courants de pensée. Le lecteur attentif de cet ouvrage aura tout intérêt à aborder la question partie par partie. Emilie Gaillard et Amandine Cayol m'ayant incitée à laisser cours à de « libres propos », j'ai choisi une voie plus personnelle que ne l'aurait été une préface.

De fait, je suis attentive aux courants transhumanistes depuis longtemps, depuis le débat rendu impossible sur les nano – nécro-technologies[1] où, pour la première fois, *Technoprog* a fait un « cahier d'acteurs » à joindre au débat. J'y avais vu le signal du passage d'un courant de pensée purement intellectuel à une stratégie d'action en direction des pouvoirs politiques, ce qui m'avait convaincue de m'y intéresser plus avant, ce que j'ai fait en 2012 puisque, dans un travail collectif sur la manière dont les biotechnologies obligeaient à revisiter les traditionnelles catégories

1 Pièces et Main d'œuvre publie régulièrement des analyses critiques des technologies, surtout à partir du tournant des nanotechnologies rebaptisées nécro technologies, http://www.piecesetmaindoeuvre.com/IMG/pdf/Derriere_l_arbre_Biopolis.pdf ; on trouvera sur leur site un grand nombre d'analyses critiques du transhumanisme, et pour la liste de leurs interventions, http://www.piecesetmaindoeuvre.com/spip.php?rubrique2

ethno-raciales[2], j'ai fait un pas de côté en expliquant pourquoi la question de la race – encore si prégnante – devait désormais être doublée de celle de l'espèce, ou devrais-je dire des espèces potentiellement à venir. Or, le rassemblement des travaux par Emilie Gaillard et Amandine Cayol m'a permis de revisiter ce que je savais, et d'aller plus avant dans des coins que, paresseusement, je n'avais pas éclairés. Ce sont donc trois points, seulement, que je voudrais mettre en lumière, au risque de trahir la richesse de l'ensemble. Avec en filigrane ce fil conducteur d'une même question sur laquelle opposants et partisans s'accrochent : « Quel monde voulons-nous pour les générations futures ? ». Vous verrez que les transhumanistes apportent des réponses simples, excitantes, dans le droit fil de la gaité prérévolutionnaire[3], quand les opposants sentent déjà le goût amer des post-révolutions.

1. Ombres et lumières sur les origines intellectuelles des transhumanismes

Les deux articles très fouillés de Jacques Arnould et Alexandre Moatti retombent sur des noms connus : Teilhard de Chardin, Huxley – le plus connu des annonciateurs des transhumanistes, Rostand, Coutrot le sous-estimé. Ils s'attardent sur l'invention du mot, transhumanisme, et de ses acolytes, trans-humain, trans-Matière, trans-Christ, et pointent avec humour les querelles d'antériorité entre ces auteurs qui se lisaient, lisaient leurs opposants, déjà, et étaient lus d'eux[4]. Quatre points me semblent devoir être retenus car ils sont solidement argumentés et devraient permettre de pousser plus loin :

- L'idée que le transhumanisme de ces « Anciens » relève d'un XXe siècle « qui s'émerveille encore des progrès des sciences et des techniques », ce qui continue d'être le cas de leurs épigones contemporains. L'effroi qui aurait dû saisir cette génération après les deux guerres mondiales – et que permet de ressentir l'article de Frédérick Lemarchand[5] – est resté finalement minoritaire et surtout « inactif » au sens où le monde qui avait émergé du cauchemar

2 HERMITTE (M-A.), « De la question de la race à celle de l'espèce – Analyse juridique du transhumanisme », *in* CANSELIER (G.) et DESMOULIN CANSELIER (S.) (dir.), *Les catégories ethno-raciales à l'ère des biotechnologies – Droit, sciences et médecine face à la diversité humaine,* Société de législation comparée, vol. 24, 2012.

3 Gaité très frappante, à mettre en parallèle avec l'approche de FRESSOZ (J-B.), *L'apocalypse joyeuse : Une histoire du risque technologique*, Le Seuil, 2016.

4 ARNOULD (J.), article n° 2 de cet ouvrage sur « Pierre Teilhard de Chardin et le phénomène transhumaniste », pp. 59 et s. Parmi leurs opposants, Jacques Ellul.

5 LEMARCHAND (F.), article n°5 de cet ouvrage sur «Le transhumanisme, entre nature et artifice: pour en finir avec l'human(ocentr)isme», pp. 95 et s.

s'est consolé en accélérant la production de biens et de services plutôt qu'en se demandant ce qui rendrait plus heureux dans un monde moins dangereux. Les transhumanistes contemporains s'émerveillent tout autant du progrès technique[6] et considèrent comme leurs prédécesseurs que ses méfaits, lorsqu'ils les admettent, se règleront par plus d'innovation.

- L'importance particulière de Teilhard de Chardin qui est celui qui dématérialise le plus l'être humain, attiré (ou perdu ?) dans la « noosphère », cette couche croissante d'intelligence humaine entourant la Terre, ou d'intelligences comme le suggère Ernest Renan[7]. Cela me conduit logiquement à rappeler cet autre précurseur radical et oublié de tous, Aurel David, philosophe et juriste qui tente, après la guerre, d'imaginer ce que pourrait être le noyau dur de la personne humaine, une fois débarrassée de ses oripeaux de chair ... sans arriver bien sûr à définir ce qui reste au bout de l'opération[8]... ce qui explique sa fascination pour la cybernétique qui, par la dématérialisation, pourrait donner la clé de ce noyau dur.
- Mais il ne faut pas oublier que le concept de « noosphère » a été imaginé et introduit par Wladimir Vernadsky dans une construction complexe comprenant aussi la « biosphère »[9]. Ce point est essentiel parce qu'il annonce ceux des transhumanistes, qui se réjouissent de pouvoir concentrer la personne dans son expression numérisée, et leur souci d'interactions directes entre intelligences – humaines ou pas –, mais/qu'il fait le lien entre ce que l'on est encore contraint d'appeler « l'esprit » et le « *bios* ». Or, dans les articles des transhumanistes qui s'expriment ici, on remarque qu'ils ne vont pas cesser d'en appeler à une sorte d'*anorgiamento* du darwinisme pour lui faire intégrer les IA dans une sorte de co-darwinisme humains / machines, ce qui leur permet de soutenir la naturalité de l'artificialisation extrême de leurs

6 « Jamais le monde n'a été aussi beau pour l'Humanité. Jamais nous n'avons vécu aussi bien, accumulé autant de connaissances, vécu avec autant d'abondance », COEURNELLE (D.), article n° 1 de cet ouvrage sur « Introduction aux transhumanismes », p. 39.

7 RENAN (E.), *Dialogues philosophiques*, Éditions du CNRS, 1997.

8 DAVID (A.), *Structure de la personne humaine : Limite actuelle entre la personne et la chose*, PUF, coll. « Bibliothèque de philosophie contemporaine », 1955 ; *La Cybernétique et l'Humain*, Gallimard, 1965 ; *Matière, machines, personnes...*, Bordas, 1973.

9 C'est à cette époque qu'il théorise une vision du monde – qui a été reprise en partie par les amateurs d'anthropocène –, en le divisant en lithosphère, biosphère, atmosphère, noosphère, donc sphère de la pensée qui se manifeste en technosphère, soit la modification du monde par les productions techniques humaines, VERNADSKY (W.I.), « The biosphere and noösphere », *American Scientist*, vol. 33, no. 1, 1945, pp. xxii–12. *JSTOR*, www.jstor.org/stable/27826043. Accessed 29 Apr. 2021.

projets. Alexandre Moatti, pointant l'attachement « à la théorie de l'évolution darwinienne, dont ils font une forme de métaphysique ou d'utopie », note que l'on n'en finit pas de parler de *darwinisme culturel* : l'Homme n'évoluerait plus biologiquement et l'évolution culturelle aurait remplacé l'évolution biologique. La spécificité de l'Homme, animal culturel, est de représenter « l'Évolution devenue consciente d'elle-même »[10].

- Les deux auteurs ne cachent pas que ces grands ancêtres ont tous été eugénistes d'une manière ou d'une autre, ceci à une période où la doctrine était mise en œuvre dans la chair des humains pour tenter d'améliorer les races, que ce soit en reproduisant les meilleurs ou en empêchant la procréation des moins bons. Que reste-t-il de cette propension chez les TH+ ? Bien sûr la valorisation des meilleurs, déjà dangereuse en soi, tant elle laisse de vies sur le côté de la route. En revanche, ils ne revendiquent pas la contrainte ou l'élimination car le modèle, non obligatoire, finirait par s'imposer de lui-même en raison de sa désirabilité. Mais cet ancrage dans la liberté de faire ou de ne pas faire a une contrepartie : le fait que les transhumanistes « se révèlent largement indifférents à l'éthique : la question de l'organisation de la vie collective en vue du Bien ne les intéresse pas »[11]. Effectivement, dans la littérature TH+, on ne trouve rien d'autre que des poncifs sur des populations devenues empathiques ou, en Europe, sur une sorte de sécurité sociale, mais aucune réflexion sur ce que serait l'organisation politique d'une société TH+, – comme si elle était inutile du fait d'individus devenus … parfaits. On

---

10 MOATTI (A.), article n° 3 de cet ouvrage sur « Un darwinisme culturel comme forme de pré-transhumanisme chez divers auteurs du XXe siècle (Teilhard, Rostand, J. Huxley) », pp. 73 et s. Ainsi « L'introduction aux transhumanismes » rédigée par Didier COEURNELLE (article n° 1 de cet ouvrage), caractérise l'Humanité comme essentiellement scientifique et technologique (pp. 39 et s.), mobilisant des ressources pour dépasser ses capacités biologiques qu'elles soient physiques ou mentales.

11 Jean Rostand est, à cet égard, terriblement partagé. D'un côté, il peut dire « Ne pouvons-nous prétendre à modifier, non plus des individus humains, mais une lignée tout entière, afin de créer une race ou une espèce d'hommes qui soit supérieure à celle d'aujourd'hui », *Peut-on modifier l'homme ?* Gallimard, 1956, p. 120, cf. MOATTI (A.), article n° 3 de cet ouvrage sur « Un darwinisme culturel comme forme de pré-transhumanisme chez divers auteurs du XXe siècle (Teilhard, Rostand, J. Huxley) », pp. 73 et s. ; de l'autre, on sait qu'il s'est élevé à maintes reprises contre les injustices. Quant au séparatisme culturel, assorti d'inégalités des armements, on a vu ce que cela donnait avec les supériorités, pour un temps, du modèle nazi et du modèle soviétique, qui ont entraîné l'extension de leurs modèles à des peuples qui ne les souhaitaient pas.

peut pourtant tout craindre d'un séparatisme qui, même librement choisi, reste rarement libre et pacifique[12].

- Je terminerai par un constat qui mériterait d'être travaillé plus avant pour mieux en comprendre le sens. Si je connaissais ces grands ancêtres, anglais bien sûr, un peu allemands, mais surtout français, je n'avais pas réfléchi au basculement entre cette première phase européenne qui a des aspects inquiétants et la migration vers la contre-culture américaine, plus sympathique en première analyse, qui a comme lavé le TH+ par la grâce des hippies. Au fond, traverser l'Atlantique a, pour le moment, permis de gommer les sombres filiations sans encore alerter suffisamment sur la puissance des liens entre la transformation de l'espèce et les projets économico-technologiques des GAFAM.

2. Le désir et la limite

C'était évident dès l'origine, mais il faut du temps pour l'admettre. Les TH+ ont pour eux la force du désir, leurs opposants ont contre eux leur oubli des limites[13], le combat est inégal. L'humanité aime rêver, même si elle sait que ses rêves tournent facilement au cauchemar. La force des transhumanistes est de poursuivre le rêve là où leurs opposants voient le cauchemar. Force est de constater que, contrairement à bien d'autres débats, il n'y a pas, ici, « égalité des armes ». Les arguments des transhumanistes sont du miel, ceux de leurs opposants sont du vinaigre.

a. Le miel des arguments transhumanistes : espérances excitantes et bénéfices économiques

Didier Coeurnelle a parfaitement fait le tour des espérances distillées par les transhumanistes et, sur certaines d'entre elles, qui pourrait avoir un *a*

---

12 Jacques TESTART en a donné une illustration romancée dans *Ève ou la répétition*, livre connu pour son approche du clonage, mais peut-être plus intéressant pour la compréhension d'un monde scindé en territoires séparés comprenant des populations triées sur des fondements génétiques, terrorisées les unes par les autres, Odile Jacob, 1998.

13 DORTHE (G.), *Malédiction des objets absents – Explorations épistémiques, politiques et écologiques du mouvement transhumaniste par un chercheur embarqué*, Thèse Lausanne, 2019, p. 89 ; il cite ainsi FM-2030 « *What limits ? The only limits are in some people's imaginations. How ridiculous to talk of limits at this very moment in evolution when we are expanding into a limitless universe of limitless resources – limitless space – limitless time – limitless potentials – limitless growth* ».

priori contraire ? L'amélioration des capacités physiques et mentales ? On y travaille quotidiennement ! Mais il voit une continuité entre « l'éducation, la culture, l'acquisition de connaissances ... la gymnastique », la chirurgie (déjà différente), et tous les moyens nettement plus invasifs proposés par les transhumanistes, qui comptent pour « aller plus loin ... et de manière plus consciente » sur le déplacement constant de la « frontière entre médecine et transhumanisme », pour modifier les corps par des moyens biologiques, mécaniques, informatiques jusqu'à, peut-être, l'immortalité. Amélioration des cinq sens, ajout d'autres sens, modification des corps pour pouvoir affronter d'autres planètes ... et pour le fun, potentialisation de nos intelligences par la continuité avec les machines apprenantes, être « plus heureux et aussi plus soucieux des autres », être dans l'empathie, la compassion, la santé perpétuelle ! Qui est contre ce monde décrit comme « proprement paradisiaque », même si être sommée à l'empathie génère chez moi de l'antipathie, – mais c'est personnel[14].

Plutôt que de m'élever contre le miel avec mon vinaigre, je suggère de regarder de plus près les techniques de persuasion employées, qui sont bien connues, comme le sont leurs effets négatifs.

Économie des promesses et prophéties auto-réalisatrices[15]. Dans la droite ligne d'un progressisme plusieurs fois centenaire, les transhumanistes bénéficient de l'inertie des habitudes de pensée et des progrès non discutables de certains aspects des conditions de vie humaine. C'est une force immense tant il est

14 Il faut bien dire que je partage les réticences du philosophe Yves MICHAUD, *Contre la bienveillance*, Stock, 2016.

15 C'est important de le comprendre, Gabriel DORTHE écrit que les TH constituent un « public des promesses technoscientifiques », thèse préc., p. 200. Sur ce concept, cf. JOLY (P-B.), "On the Economics of Techno-scientific Promises", *in* AKRICH (M.), BARTHE (Y.), MUNIESA (F.), MUSTAR (P.), (eds.) *Débordements. Mélanges offerts à Michel Callon*, Presse des Mines, 2010, p. 203 ; AUDETAT (M.), BARAZZETTI (G.), DORTHE (G.), JOSEPH (C.), KAUFMANN (A.), VINCK (D.), (Eds), *Sciences et technologies émergentes : pourquoi tant de promesses ?* Hermann, 2015. À l'origine de l'idée de prophétie auto-réalisatrices, MERTON (R.), « The Self-Fulfilling Prophecy », *The Antioch Review*, 1948 ; sur une approche en psychologie, DEMAILLY (A.), « De Pygmalion aux prophéties auto réalisatrices », *Le Journal des psychologues*, vol. 260, n° 7, 2008, p. 68 ; CHATEAURAYNAUD (F.), « Regard analytique sur l'activité visionnairé », *in Du risque à la menace*, BOURG (D.), JOLY (P-B.), KAUFMANN (A.), PUF, 2013, p. 287. CHATEAURAYNAUD (F.), « Chimères nano biotechnologiques et post-humanité – Promesses et prophéties dans les controverses autour des nanosciences et des nanotechnologies », *disponible en ligne* : http://www.gspr-ehess.com/documents/rapports/RAP-2012-GSPR-CHIMERES-Volume%20II-Annexes%20Corpus-novembre.pdf

difficile de convaincre qu'une vie tranquille, sobre[16] mais riche d'interactions entre personnes humaines et non humaines, pourrait être « ce que l'on souhaite pour les générations futures ». Derrière les promesses de ruptures technologiques, les transhumanistes ne boudent donc pas les vieilles techniques, particulièrement ce qui a été théorisé sous le titre d'économie des promesses et de prophéties auto-réalisatrices : « Il est clair que, à l'avenir, les GAFAM et les BATX domineront le secteur de la santé couplée à l'IA »[17]. Que la santé soit couplée à l'IA ne fait aucun doute et ne pose aucun problème de principe, mais jusqu'où ? Ainsi, la lecture d'un glaucome par l'IA est bien adaptée aux compétences du système. Mais bizarrement, la prédiction des grippes par Google, partie en flèche et qui paraît également bien adaptée, a montré assez vite ses limites. La possibilité pour un généraliste de connecter son patient avec un spécialiste en cas de doute est un progrès, tant que cela ne favorise pas les déserts médicaux contemporains dont cela prétend réduire les inconvénients. Les GAFAM domineront forcément ? Cela dépend de beaucoup de décisions non prédictibles. La force de l'économie des promesses est de diriger les investissements vers ces promesses, avec forcément des réalisations à la clé. Dans un deuxième temps, les États peuvent reprendre la main, sur le plan fiscal ou par le droit de la concurrence. Mais, pendant ce temps, il aura été permis d'affirmer : « Si l'on me demande quels sont les risques éthiques liés à l'utilisation de l'IA dans le domaine de la santé, j'aurai tendance à répondre la chose suivante : le principal risque éthique est de ne pas suffisamment recourir à l'IA »[18]. La promesse, même hasardeuse, a pour effet de caractériser le risque (« le seul risque est de ralentir l'IA »), donc d'avancer sans entrave. Et ces stratégies d'influence par la promesse se prolongent, c'est classique, par le lobbying législatif.

Entre influences et lobbying législatif[19]. – Certains articles éclairent la manière dont les influences se propagent à partir de *think tank* et associations diverses,

---

16 DORTHE (G.), thèse préc. Je pense à juste titre que certains s'opposent aux TH vus comme des « idéologues de l'anti-sobriété », p. 53 ; sur le rôle, essentiel, de leur compréhension de la loi de Moore, cf. p. 262

17 GRUSON (D.), article n° 12 dans cet ouvrage sur « L'éthique à l'épreuve du transhumanisme en santé. Enjeux académiques et citoyens », pp. 201 et s.

18 GRUSON (D.), article n° 12 dans cet ouvrage sur « L'éthique à l'épreuve du transhumanisme en santé. Enjeux académiques et citoyens », pp. 201 et s.

19 Il prend de multiples formes, comme ce fut le cas de l'éphémère soutien officiel de Télécom Paris Tech à la Singularity University, DORTHE (G.), thèse préc., p. 116. Le TH se développe par capillarité entre de multiples groupes très étroits (quelques dizaines ou centaines de personnes réunies par la grâce de pages internet (Cf. la thèse de Gabriel DORTHE sur l'importance réelle du mouvement, p. 125)).

que ce soit vers l'université, le politique, l'administration et les milieux économiques. Au départ, des compétences encore rares, mais pas les plus pointues (qui se trouvent plutôt à l'Université, au CNRS, l'INRA, etc.). Ensuite, une disponibilité que ne se donnent pas forcément les scientifiques, et qui permet de répondre aux demandeurs de conseils, analyses ou solutions. Ainsi, l'article très clair de David Gruson permet de comprendre comment, à partir d'une position de magistrat à la Cour des comptes, il gagne en expérience dans le secteur public de la santé (par exemple en CHU), puis se spécialise à l'articulation santé / IA, occupe des fonctions d'enseignement[20], investit le secteur privé (Jouve[21]) et associatif avec la création de *Ethik-IA*. Il peut ainsi accompagner le processus législatif de l'IA en santé en choisissant le support du droit de la bioéthique, donc très en amont de l'économie, depuis l'accompagnement des États généraux, l'avis 129 rendu par le CCNE, la « loi qui relaye nos recommandations »[22]. Avec une doctrine à plusieurs étages : la révolution est inéluctable et le public est demandeur[23] ; il ne serait pas éthique de bloquer l'innovation à laquelle il faut « sourire », mais il faut donner des « clefs de régulation », aux niveaux français et européen, dans un sens positif, « ne pas sur-réglementer », informer le patient, et promouvoir « l'idée d'une garantie humaine de l'IA » est avancée, et inscrite dans le projet de loi sur la bioéthique[24]. Or, la garantie humaine n'est rassurante que tant qu'elle repose en partie sur des savoirs théoriques et empiriques acquis avant le règne des machines ; mais la manière dont les nouvelles générations d'humains pourront se distancier des algorithmes lorsqu'ils auront acquis leurs savoirs avec eux, est un sujet de préoccupation. Cette garantie ne sera plus, ou

---

20 Institut Droit-Santé de l'université Paris-Descartes ; Sciences-Po Paris.

21 https://www.jouve.com/

22 Il fut aussi délégué général de la Fédération hospitalière de France (FHF). *Ethik IA*, citée à 8 reprises, se définit comme une initiative « académique et citoyenne » pour porter une régulation de l'IA et de la robotisation en santé, en pesant sur le processus législatif. Il a fait partie également de la Société française de télémédecine (SFT) ou l'Association pour le développement de l'informatique juridique (ADIJ) https://www.ticsante.com/story/3895/david-gruson-presente-l-initiative-ethik-ia-pour-une-regulation-positive-de-l-intelligence-artificielle-en-sante.html#.

23 « L'une des questions récurrentes, posée dans la Chaire SciencesPo Paris est : que préférez-vous entre la qualité du service rendu et la protection de votre vie privée ? S'il y a trois ans, les concitoyens répondaient préférer le respect de leur vie privée au 2/3, désormais, c'est la qualité du service rendu qu'ils privilégient au 2/3 ».

24 GRUSON (D.), article n° 12 dans cet ouvrage, précité, pp. 201 et s.

plus entièrement, « humaine »[25]. C'est une interrogation dont se sont saisis certains botanistes à propos de l'application mobile de reconnaissance des plantes, qui améliore leur autonomie, complète leur savoir, mais les incite à une forme de paresse, de simplification des savoirs, et les expose au risque de créer des outils « auto-évanescents » qui créent une poche d'ignorance s'ils disparaissent pour une raison ou pour une autre.

b. Faiblesses de la critique : des explications, du sang et des larmes

Après le miel transhumaniste, le vinaigre des opposants, souvent accusés de déploration stérile[26].

Les opposants ne sont pas forcément d'accord entre eux sur la portée du « tournant transhumaniste » par rapport au progressisme des Lumières, ce scientisme absolu d'une humanité pur objet de science, dénoncé par Olivier Rey[27]. Ils sont tous d'accord sur le fait qu'il y a une continuité entre les vieux imaginaires de l'humanité et les projets transhumanistes, et une rupture dans le fait de les effectuer dans la chair des hommes, ... jusqu'à la rendre inutile[28]. Car le dépassement de la finitude physique par la roue, le puits, la canne, les

25 Je remercie Éric TANNIER de m'avoir fait part de ses interrogations à cet égard et mise sur cette piste. Signalons par ailleurs que l'attention aux risques de la décision avec les algorithmes nécessite bien d'autres points d'attention. Sonia DESMOULIN CANSELIER et Daniel LE METAYER en listent au moins six : apprécier la légitimité du système en tenant compte de ses effets secondaires ; apprécier sa légitimité au regard de son efficacité plus grande ; vérifier que les données utilisées ou les règles de fonctionnement ne sont pas biaisées ; vérifier que le système est maîtrisable par le décideur humain ; assurer la protection des données personnelles ; respecter l'ordre juridique au-delà des enjeux de vie privée, in *Décider avec les algorithmes – Quelle place pour l'Homme, quelle place pour le Droit*, Dalloz, 2020.

26 C'est déjà l'impuissance de la rationalité que déplorait Jean-Michel BESNIER, *Demain les posthumains*, p. 150 et s.

27 REY (O.), *L'avenir du transhumanisme*, Carnets de l'Institut Diderot, 2019

28 Insérer des minirobots réparateurs, mais aussi susceptibles de remplacer les organes ... jusqu'à la suppression des corps physiques, VACQUIN (M.), « L'adieu au verbe », *Approches* 2018, https://revue-approches.fr/n173-humain-transhumain/ ; songer que Monique VACQUIN a insisté dès son premier livre sur la différence entre fantasmes et réalisation effective, cf. Une version revisitée, *Frankenstein aujourd'hui, égarements de la science moderne*, Belin 2016. Sur les aspects psychanalytiques, cf. l'excellente préface de Roland GORI, « L'inquiétante étrangeté de l'homme augmenté », PEDRO (P.) et LARRIEU (P.) (dir.), *Transhumanisme – Approche pluridisciplinaire d'une nouvelle utopie*, ESKA 2018.

lunettes ou l'écriture nous avait extraits de la situation difficile de nos corps peu doués ; mais les moyens utilisés portaient sur des *impedimenta*, pas sur nos chairs et ils n'impliquaient pas de cohabitation avec des peuples de machines autonomes : il s'agissait d'être ce que nous sommes, pas « d'en finir avec ce que nous sommes »[29].

Les analyses explicatives les plus convaincantes de ce tournant que l'on pourrait presque référer à « Action directe », font référence à la « désaffection de l'homme pour lui-même » la « honte prométhéenne[30] » dont Günther Anders a été le grand metteur en scène et qui aurait remplacé progressivement ce qui relevait plutôt de l'intelligence d'un jeu entre la finitude de notre espèce et la finitude du monde. Comme le montrent Jean-Michel Besnier ou Frédérick Lemarchand, c'est bien l'humanité en tant qu'espèce qui peut être traumatisée par ce que certains ont pensé et fait pendant les guerres mondiales, de la boucherie des tranchées à l'extermination des juifs, tziganes, homosexuels, de la guerre chimique à la bombe atomique. La technique n'est pas seule en cause, comme l'a montré le génocide des Tutsis, mais elle a joué son rôle, potentialisant les mauvaisetés humaines.

Comment, alors, ne pas être séduits par le projet de sortir de cette espèce ratée ? On ne sait pas comment valoriser le projet d'en rester à un odorat peu développé et une vision moyenne quand on vous propose l'odorat du chien, la vision du chat, la sensibilité des moustaches du rat, le sens de l'orientation de l'anguille[31]. On ne sait pas valoriser la limite et l'autodiscipline quand on

---

29 David LE BRETON est l'un de ceux qui a le mieux mis en évidence ce sentiment qui dépasse de loin les cercles transhumanistes, *L'adieu au corps*, Ce sentiment, nouveau par rapport aux Lumières, n'empêche pas que le transhumanisme soit dans leur lignée, contrairement à ce que pense Jean-Michel BESNIER : « On ne le souligne pas assez : il (le transhumanisme) est en rupture avec l'idéologie du Progrès, et acquis à *la* rupture, i.e au processus d'arrachement de l'Humanité à elle-même. Les transhumanismes veulent, dès lors, en finir avec nous-mêmes » (article n° 6 dans cet ouvrage sur « Misère du transhumanisme. Esquisses philosophiques », pp. 117 et s.). Alors que Dominique BOURG insiste plutôt sur la continuité dans l'idéologie du progrès (article n° 7 dans cet ouvrage sur « Numérique et menace sur notre souveraineté anthropologique », pp. 133 et s.).

30 BESNIER (J-M.), article n° 6 dans cet ouvrage sur « Misère du transhumanisme. Esquisses philosophiques », pp. 117 et s. et cf. *L'homme simplifié*, Fayard, 2012. Il faudrait pousser plus avant tant la question de la honte est ancienne, de Saussure (Th.), « Un mythe originaire de la honte : Adam et Ève », *Revue française de psychanalyse*, vol. 67, no. 5, 2003, p. 1849 ; BALMARY (M.), *Abel ou la traversée de l'Éden*, Grasset, 1999.

31 BESNIER (J-M.), article n° 6 dans cet ouvrage, précité.

vous propose l'illimité de la béquille informatique et la disponibilité de savoirs externalisés. On ne sait pas valoriser les périodes de mélancolie quand on vous propose le bon dosage chimique du bonheur. Pourquoi faudrait-il s'astreindre à entendre et surmonter les désaccords quand on vous propose de vivre avec votre seule communauté *Facebook* ? Et qu'importe au fond si ce sont les GAFAM et les BATX qui empochent les dividendes … Jean-Michel Besnier explique bien comment la discipline quotidienne de l'esprit, le progrès sur soi réalisé avec peu de choses n'est plus la solution la plus simple de la finitude au contraire de la fusion avec la machine. Et que donnerait un face-à-face entre Mathieu Ricard et Elon Musk ? Didier Coeurnelle est parfaitement capable de dire « Que veulent les transhumanistes ? » alors que les critiques … avec leur monde frugal en choses n'enthousiasment que peu de gens malgré la promesse de meilleures interrelations avec le monde non humain.

Au fond, le seul point sur lequel les transhumanistes ne seraient pas sûrs de l'emporter est la question de l'immortalité, voire de la longévité extrême. Sur le caractère désirable de la mort de la mort, les transhumanistes restent faibles. Passons vite sur la fausse promesse de faire de la mort un simple accident de santé[32]. Didier Coeurnelle ne cache pas la limite naturelle de ce projet car la « durée de vie maximale est inscrite profondément dans nos gènes. Un humain ne vivra jamais, sans progrès de rupture médicale, beaucoup plus qu'un siècle » ; aussitôt, la promesse rebondit : les « technologies de thérapie génique (NDA automatiquement germinales) progressent à pas de géants » et « nous pouvons être optimistes » dit-il. Dont acte.

Mais en règle générale, les TH+ préfèrent insister sur le vieillissement et la mort comme le résultat de l'incapacité actuelle à soigner des maladies « curables » qui seront vaincues par l'industrie du rajeunissement, « plus grande industrie du monde »[33].

En revanche, ils ne réfléchissent jamais à la malédiction du « Pirate des Caraïbes », immortel car expiant une faute dans un corps vide[34]. Pourtant

---

32 Didier COEURNELLE parle ainsi de la plus importante des ambitions transhumanistes : le combat contre la mort involontaire (article n° 1 dans cet ouvrage sur « Introduction aux transhumanismes », pp. 39 et s.).

33 Le propos est très clairement expliqué dans CORDEIRO (J-L.) et WOOD (D.), *La mort de la mort – Les avancées scientifiques vers l'immortalité,* Lucpire Ed. 2020, p. 112 et s. De même qu'ils expliquent très bien le concept de « vitesse d'échappement de la longévité : l'espérance de vie s'accroît plus rapidement que passe le temps ».

34 BODIN (M.), *Le syndrome de Cotard. Revue de littérature et étude clinique*, Thèse Médecine humaine et pathologie. 2018. dumas-01915526 ; CACHO (J.), « Le syndrome de Cotard », *Journal français de psychiatrie*, vol. 35, n° 4, 2009, pp. 10–14.

l'immortalité est aussi un syndrome connu en psychiatrie. Monique Vacquin fait le lien entre les discours sur la mort de la mort et certaines formes de la maladie de Cotard, dans lesquelles les organes que le malade croit détruits font place soit à un remplacement des organes par un matériel étranger, soit au constat par la personne de son immortalité par incapacité à mourir[35]. Cela correspond d'ailleurs bien à des fantasmes de puissance de certains de ces malades qui s'expriment en parlant d'eux comme « la personne de moi-même ».

Les TH+ ne travaillent pas davantage le lien profond entre mort et procréation. Pourtant, le désir d'enfant semble encore plus impérieux aujourd'hui qu'il n'est plus « obligatoire » et que les obstacles peuvent souvent être franchis par la technique. Mais il est intensément lié à la finitude de l'existence. Le désir même d'une existence infinie, dès qu'il sort du fantasme, vient heurter de front le désir de se reproduire sur lequel les TH+ sont très discrets. Or nous mêlons dans un même mouvement la pulsion de vie qui nous fait enfanter, à l'acceptation de la mort qui en est la doublure. Comment faire cohabiter tant de générations successives[36] ? Faudrait-il délivrer un permis d'enfanter sous condition d'accepter de mourir ? Le consentement à la condition mortelle est donc tout autre chose que ce que Didier Coeurnelle voit comme une « gestion par la terreur »[37]. On remarquera d'ailleurs, que les TH+ prennent souvent des positions favorables à l'euthanasie si l'individu estime sa vie terminée, – et c'est logique.

Même le désir de longévité pose problème car il y a un cycle de vie entre tous les membres d'une lignée et il faut savoir laisser la place, laisser s'autonomiser, laisser vivre. Les terrains sur lesquels Didier Coeurnelle fait porter le débat ne donnent que des propositions très faibles, tel l'ennui, assez facile à combattre (à le croire) ; telle encore la préférence aux riches … les transhumanistes français ont la solution avec une sécurité sociale TH+ ! Des arguments plus sérieux sont traités à la va-vite, telle l'augmentation de la population sur une planète finie[38]. Les pays développés ont effectivement réussi

---

35 BODIN (M.), p. 47. Elle évoque aussi l'apparition d'organes, désirée par certains transhumanistes pour améliorer la vision par exemple ou acquérir le sens du magnétisme terrestre ; au titre de l'anamnèse personnelle, elle compte les croyances associées en l'immortalité et la damnation, la conviction longéviste d'avoir mille ans, mais aussi la négation de la lignée (parents, enfants …).

36 Rappelons que l'un des grands romans post-apocalyptiques, *Ravage* de René BARJAVEL, mettait en scène des appartements comprenant une salle où étaient congelée la parentèle … quand le courant électrique disparaît.

37 Cf. notamment GREENBERG (J.), SOLOMON (S.), PYZSYNSKI (T.), *The Worm at the Core: On the Role of Death in Life*, Penguin Random House, 2015.

38 Cf. CORDEIRO (J-L.) et WOOD (D.), *op. cit.* qui esquissent au contraire une dépopulation, p. 156 et s.

à articuler à peu près l'augmentation de la durée de vie et la diminution du nombre d'enfants, mais cette articulation cesse d'être possible au fur et à mesure que la longévité augmente voire « s'éternise ». On connaît déjà aujourd'hui les difficultés que rencontrent des grands-parents pour s'occuper de leurs petits-enfants alors qu'ils se doivent encore à leurs propres parents. Mais les arguments critiques sont eux-mêmes faibles ; ainsi Daniela Cerqui[39] pour qui cela « pose la question fondamentale de savoir si la finitude de la condition humaine peut être considérée comme une maladie. Finalement, ce dont on cherche à nous soigner, c'est de notre humanité ». Si je partage ce point de vue, je ne vois pas comment faire partager cette condition humaine-là à ceux qui la placent dans une extension sans fin de leur droit à la vie.

c. Mais est-il seulement possible de s'opposer ?

C'est Daniela Cerqui encore, l'une des premières à avoir enquêté et écrit sur les courants transhumanistes, qui donne les clés essentielles pour comprendre la difficulté de « s'opposer ». D'une part, elle met en scène le lent mouvement de rapprochement des corps et des machines[40], avec cette addiction puissante du portable au creux de la main – nouvelle figure du « Plus près de toi, mon Dieu ». D'autre part, à propos de la médecine améliorative, elle démontre finement que les projets transhumanistes que certains voudraient pouvoir réprouver suivent sans discontinuité évidente « tous ces bons usages thérapeutiques que l'on n'interroge pas, précisément parce qu'ils apparaissent bons à tous. La médecine actuelle a clairement pris la direction du transhumanisme ... »[41]. On ne peut plus parler des transhumanistes comme d'une secte, c'est « toute notre société (qui) est manifestement engagée dans un processus transhumaniste » – il faudrait ajouter sans aucune conscience de l'être[42].

Cela se marque particulièrement dans certains cercles médicaux qui, eux, en sont bien conscients mais minimisent la portée et l'immédiateté des révolutions pensables de sorte que cela ne gêne pas la recherche ... qui fera que ce sera là

39 CERQUI (D.), article n° 9 dans cet ouvrage sur « La médecine améliorative », pp. 161 et s.

40 CERQUI (D.), article n° 9 dans cet ouvrage, précité.

41 CERQUI (D.), article n° 9 dans cet ouvrage, précité. On peut ajouter que le rapport américain NBIC en est une illustration désolante, Bainbridge & Rocco, *Converging Technologies for Improving Human Performance*, disponible en ligne :https://www.researchgate.net/publication/252444145_Converging_Technologies_for_Improving_Human_Performance

42 Qui, ayant recours à l'AMP pour réaliser un désir d'enfant a conscience de participer à ce désir transhumaniste de « liberté procréative » ?

demain[43]. Pourtant, la conscience des risques est bien là : « Si les projets transhumanistes venaient à se réaliser, nul doute que l'entité supérieure qui en résulterait, se débarrassera de l'Homme ![44] ». Or si le patient se rêve « augmenté », il n'est que le miroir de son « médecin augmenté »[45] ; le médecin magicien[46] advenu avec les greffes cardiaques ou les premiers bébés FIV est probablement l'une des voies de compréhension de ce pas de deux médecin augmenté – malade augmenté. Cela permet à Hervé Chneiweiss, qui admet la diffusion de la doctrine TH+ dans les cercles politiques et médicaux, de s'appuyer, comme les transhumanistes, sur la construction d'un « droit de la condition humaine future[47] » pour savoir comment intégrer de nouvelles capacités qui, une fois acquises, seront transmissibles. Or il admet ne pas adhérer « spécialement » à leurs approches, ce qui signifie qu'il ne les récuse pas « spécialement » non plus, au motif qu'il y a encore bien des progrès à faire, ce qui paraît évident. Cela se

---

43 Ainsi, Hervé CHNEIWEISS ne s'inquiète pas outre mesure de la possibilité d'augmentation des capacités de mémorisation expérimentée sur des souris car, d'une part le passage de la souris à l'homme « reste à démontrer », d'autre part « il n'y a que peu de réalisations concrètes » malgré les discours et les investissements. C'est vrai, mais quand il y a discours et investissement, il y a au moins tentative et fort risque de réalisation ; les mêmes discours avaient été opposés à Jacques TESTART lorsqu'il a fait ses premières alertes dans *L'œuf transparent* – ce n'est pas pour demain, on verra ça plus tard lui fut-il répondu.

44 CHNEIWEISS (H.), article 10 de cet ouvrage sur « Libres propos sur le transhumanisme et ses implications en santé », pp. 179 et s., mais c'est au titre de dérives totalitaires, pas « en soi ».

45 CATHERINE (A.) & VARATHARAJAH (S.), article n° 11 dans cet ouvrage sur « Médecine et transhumanisme : entre réparation et augmentation », pp. 187 et s.

46 MOATTI (A.), *Aux racines du transhumanisme*, Odile Jacob, 2019, a raison de convoquer le mouvement des années 60 à 80 initié par PAUWELS (J.) et BERGIER (J.), *Le Matin des magiciens*, Gallimard, 1960 ; il s'est développé dans la revue *Planète* avec une recherche de conciliation entre sciences, phénomènes fantastiques, spiritualité, urologie. On retrouve de multiples ingrédients chez les TH+ ; sur cette revue, cf. CORNUT (C.), *La revue Planète. Une exploration insolite de l'expérience humaine dans les années 1960*, Éditions de l'Œil du Sphinx, 2006.

47 En référence au Comité International de Bioéthique de l'UNESCO (CIB) dans son rapport de 2003, ce que consacre la Déclaration Universelle sur la bioéthique et les droits de l'homme adoptée par la Conférence générale de l'UNESCO le 19 octobre 2005. Son article 16, intitulé Protection des générations futures dispose précisément en ce sens que : « L'incidence des sciences de la vie sur les générations futures, y compris sur leur constitution génétique, devrait être dûment prise en considération ».

retrouve dans l'apparente évidence de la question qu'il pose : « Leur principale revendication est simple et recueille sans souci l'assentiment de chacun de nous : pourquoi accepter de mourir si l'on peut faire autrement ? Pourquoi accepter les limitations physiques et/ou intellectuelles de la vieillesse si l'on peut faire autrement ? ». Donc, la réponse paraît aller de soi en démocratie : si cela a l'assentiment de chacun de nous, il faut le faire. Mais les risques qu'il reconnaît sont rejetés du côté des entreprises privées (CALICO, *Neuralink* …) et des régimes non démocratiques comme la Chine ; donc si l'on en reste aux chemins démocratiques, à la recherche publique, il n'y a au fond … rien à craindre[48].

Il y a encore quelque chose de très profond qui démonétise la critique, et qui s'éclaire dans le chapitre conduit par les sociologues. Est-il légitime, en effet, que les clivages étudiés se trouvent qualifiés entre deux pôles : les transhumanistes, d'un côté, qui, en clamant haut et fort que le seul risque est de ne pas progresser se trouvent placés spontanément du côté des Lumières, et leurs opposants, de l'autre côté, dont personne ne semble vouloir contester la qualification de « bioconservateurs ». Or, il est bien difficile de situer aujourd'hui ce qu'est un conservateur : les paysans qui revendiquent une appellation d'origine en se fondant sur des races animales évoluant doucement depuis des siècles et des procédés de fabrication traditionnels seraient-ils des bioconservateurs ? Les sciences qui permettraient de fonder une agronomie ayant supprimé les perturbateurs endocriniens qui ont des effets transgénérationnels encore mal déterminés sur les cancers, mais aussi sur la féminisation de certaines populations animales, les sex ratio, des malformations génitales, le comportement, le QI[49] sont-elles bioconservatrices ? Quelle est la légitimité de qualifier ceux qui ne veulent pas changer l'espèce de bioconservateurs plutôt que de tenants de l'espèce humaine comme espèce sauvage, non domestiquée, libre d'évoluer au seul gré des rencontres amoureuses ?

---

48 Le pas de deux entre scientifiques sérieux et petites mains du TH+ est bien décrit par DORTHE (G.), Thèse préc., p. 82 à propos des nanotechnologies, même s'il sous-estime le rôle des scientifiques et des investisseurs.

49 https://lejournal.cnrs.fr/billets/perturbateurs-endocriniens-une-menace-pour-notre-qi ; notons qu'on les retrouve dans le liquide amniotique comme dans les milieux de culture des embryons conçus par FIV.

3. La technique, entre déshumanisation et naturalisation : l'appel au darwinisme

À première vue, le rapport à la nature des TH+ paraît paradoxal. D'un côté, les humains sont priés de reconnaître la supériorité des machines qu'ils ont fabriquées, ce qui semble conforter l'artificialisation du monde au détriment du naturel, imparfait. De l'autre, la référence à Darwin et à la théorie de l'évolution pour décrire l'évolution des techniques, mais surtout celle des machines et particulièrement de l'IA, est constante, ce qui raccroche les machines à la naturalité. Ils proposent donc d'effacer la contradiction en remplaçant une naturalité par une autre. Ce qui oblige à confondre, grâce à des métaphores, dont celle du darwinisme, autonomie de la technique et naturalité des objets techniques. La manière dont les TH+ revendiquent d'expulser l'homme de chair et de sang, malade, atteint de vieillissement, moins compétent que l'IA et terrassé par la mort, est connue. Le retour à la naturalité pour décrire l'évolution des machines est plus compliqué à comprendre, mais d'une part cette évocation de la naturalité peut s'enorgueillir, pour une part, de bases scientifiques consensuelles, d'autre part, une fois ces bases dépassées, elle file la métaphore de manière cette fois illégitime. C'est le troisième point que je voudrais pousser plus avant.

On peut déjà partir d'un exemple simple, celui des IA, incluses ou non dans des robots. La frontière est souvent brouillée entre une IA – instrument d'aide à la compréhension (exemple donné de reconnaissance du glaucome) et une IA d'aide à la décision dans des situations complexes comme en matière de jugement[50] ; or déjà à ce niveau simple, cela n'appelle pas les mêmes précautions ni les mêmes régimes juridiques d'encadrement[51]. Puis, les TH+ glissent vers le

---

50 Y compris dans des formes avancées comme le jeu de go. Dominique BOURG remarque : « Dès lors, le procès à l'encontre de l'exosomatisation manque de pertinence. À titre d'illustration, lorsque l'on dit qu'un logiciel a battu le champion du monde du jeu de Go, c'est un raccourci trompeur. En réalité, cette victoire résulte de toute la tradition exosomatique qui renvoie à des siècles de « progrès », et ce sont en outre les milliers de chercheurs qui ont travaillé sur ce logiciel qui ont réellement gagné. Parler de victoire de la machine sur l'être humain relève du fétichisme » (article n° 7 dans cet ouvrage sur « Numérique et menace sur notre souveraineté anthropologique », pp. 133 et s.).

51 Dès le niveau le plus simple de la numérisation de nos sociétés apparaissent des fragilités nouvelles particulièrement dangereuses dans les installations classées ou les hôpitaux, cf. les travaux de François MASSE l'INERIS, MASSE (F.), ABDO (H.), FLAUS (J-M.), « Vers une approche intégrant les exigences de cyber sécurité à la maîtrise des risques d'accidents majeurs pour les ICPE ». Congrès International

moment où l'IA acquerra une « conscience », ce qui impliquerait, pour eux, la reconnaissance de leur personnalité juridique et de leurs droits « comme tout être biologique conscient (humain ou non) » : infliger des souffrances serait inacceptable, comme leur mise à mort, un « meurtre » par privation d'énergie... Et « ces êtres sentients pourraient un jour dépasser l'humain. Ou, peut être mieux, fusionner avec ceux-ci pour former des consciences plus avancées, voire une conscience globale commune »[52]. « Nous pourrions nommer cette hypothèse « éveil des machines à la conscience universelle » »[53]. Cela a une conséquence en matière juridique puisque les TH+ poussent à la reconnaissance de la personnalité juridique des IA (ce qui a pour principal objet, en l'état, d'éviter la responsabilité de leurs concepteurs[54]).

Jérôme Béranger, par exemple, passe de questions actuelles mais résolues dans le cadre du droit positif (les implants) à des questions qui seraient radicalement nouvelles, mais sont présentées en continuité, pour « ne pas se laisser surprendre ... Car cette conscience et ces affects seront ceux d'une machine et ne seront donc pas parfaitement comparables et similaires à ceux de l'espèce humaine. Il faut donc clairement poser maintenant le problème et les enjeux éthiques de l'usage de la conscience artificielle ». Cela passera vraisemblablement par une digitalisation progressive de toute l'information, des réflexions, voire à moyen terme de la conscience intégrant la notion d'Ethique *by Evolution* afin que « l'Origine des espèces » de Charles Darwin devienne « l'Origine des consciences artificielles ». Ah ! Darwin, chéri des TH+, Darwin dans le chaudron des magiciens. Comme c'est étrange quand même – le grand homme des êtres vivants, héros du non-vivant ...

Pluridisciplinaire en Qualité, Sûreté de fonctionnement et Développement durable (QUALITA 2017), Aug 2017, Bourges, France. ffineris-01863860 f

52 COEURNELLE (D.), article n° 1 dans cet ouvrage sur « Introduction aux transhumanismes », pp. 39 et s.

53 LEMARCHAND (F.), aticle n° 5 dans cet ouvrage sur « Le transhumanisme, entre nature et artifice : pour en finir avec l'human(ocentr)isme », pp. 95 et s. ; on trouvera un excellent guide dans DESMOULIN-CANSELIER (S.) et LE METAYER (D.), *Décider avec les algorithmes – Quelle place pour l'Homme, quelle place pour le droit ?* Dalloz, 2020.

54 Sur ce point, certains poussent de nouvelles formes de responsabilité, y compris à propos de la personnification des IA, tel Alain BENSOUSSAN, on peut consulter son site https://www.alain-bensoussan.com/avocat-robot-et-droit/ ici David GRUSON ; d'autres montrent au contraire qu'il est important de conserver des catégories claires, NEVEJANS (N.), « La robotisation de l'homme au regard du droit », *in* PEDROT (P.) & LARRIEU (P.), *op. cit.*, p. 39 et s.

Cette construction d'une continuité entre l'évolution humaine[55] et l'évolution IA permet à Jérôme Béranger de proposer une éthique « néodarwinienne de la conscience artificielle », comme Pascal Picq annoncera la troisième coévolution quand bien même il n'y ait aucun signal de l'émergence d'une telle conscience des IA. Alors, en quoi l'évolution des techniques et des entreprises qui les mettent en œuvre serait-elle un processus évolutif darwinien, quand elle ne repose que par métaphores sur des concepts darwiniens ? Où sont leur vie, leur mort, leur reproduction / procréation, même si la concurrence peut être comparée à une lutte pour la vie, la faillite à une mort, la croissance à une sorte de reproduction, l'accord entre entreprises à une coopération, les fusions-acquisitions à des prédations, l'évolution pas à pas de certaines techniques à une généalogie …

Ah, mais filer la métaphore devient difficile avec la procréation ! Et que dire des rêves, si importants, qui n'ont simplement pas de sens pour une IA ? Quand elle ne fonctionne pas, on peut toujours la dire en sommeil, mais elle ne dort pas, ne rêve pas[56] ; si l'on veut lui trouver une conscience, où est son inconscient ailleurs que dans l'inconscient de ceux qui en parlent ? Dès lors, l'attitude nécessaire consistant à surveiller de loin les hypothèses improbables pour repérer leur solidification progressive, est en fait une mécanique de familiarisation avec l'émergence d'une soi-disant conscience des machines qui nous permettrait de les révérer.

On notera que cet appel à Darwin qui entend inclure les machines dans le monde des vivants – on y reviendra – devient discret dès que l'on entre dans la séquence « sortir de l'espèce ». Donne-t-on à cette expression un sens biologique classique, autrement dit obtenir des individus qui ont suffisamment divergé du modèle de départ pour qu'ils ne puissent plus procréer les uns avec les autres ? Ce n'est théoriquement possible qu'à travers des interventions germinales massives et de long terme, peu investiguées à ce jour ; cela pourrait être obtenu à travers une colonisation irréversible, séparée et continue de l'espace par des humains – ce qui ferait effectivement diverger les populations concernées à très long terme. Mais aucune de ces hypothèses n'est à l'horizon. De même, l'hypothèse TH+ selon laquelle il est temps de « migrer » vers une

---

55 BERANGER(J.), article n° 13 dans cet ouvrage sur « L'éthique néodarwinienne de la conscience artificielle. L'origine des consciences artificielles », pp. 217 et s. « L'apparition de l'être humain – et de son intelligence, – ne s'est pas faite d'un coup, mais à la suite d'une succession de petites transformations au fil des millénaires », art. préc.

56 DICK (P. K.), *Do Androids Dream of Electric Sheep ?*, Ballantine Books, 1968.

Humanité 2.0 affranchie du « poids de la chair morte » selon l'expression de Günther Anders, ne permet plus de parler de posthumanité, mais d'un monde où cohabiteraient éventuellement des humains plus ou moins équipés et des machines. Car l'utilisation généralisée du terme hybridation, issu de la biologie, pour désigner des humains diversement implantés ou reliés, est un leurre car ces opérations ne sont pas transmissibles à la génération suivante même si celle-ci peut être implantée précocement – voire *in utero*, ce qui produirait certainement des effets[57].

Allons plus loin.

Marouane Jouat explique bien l'importance du concept de *Technium*, forgé par Kevin Kelly pour désigner ce « grand système technologique mondial, massivement interconnecté, vibrant autour de nous » qui aurait une volonté autonome, « *What Technology Wants* » [58]. Il met ainsi en évidence non pas la créativité humaine – peut-être mal avisée – que cela démontre, mais « l'établissement de connexions qui s'améliorent d'elles-mêmes », soit un « organisme qui englobe le tout, les humains et leurs inventions confondus », « force non différente de celle de la Nature », le concept donne vie à la machine *via* son « autonomie ». Autrement dit, l'usage de la technique comme moyen de lutter contre la nature plutôt qu'avec elle – malheur de l'Occident, mute par transfiguration de la technique en nouvelle nature, aimable cette fois … « nous ne savons pas tout de ce que veut le *Technium*, mais nous pouvons apprendre à travailler avec cette force plutôt que lutter contre ». C'est ce que constate un peu amèrement

---

57 CHNEWEISS (H .), – article n° 10 dans cet ouvrage sur « Libres propos sur le transhumanisme et ses implications en santé », pp. 179 et s. – remarque que « plus d'un milliard de dollars ont été investis dans l'entreprise *Neuralink* d'Elon MUSK qui développe des implants cérébraux pour augmenter la mémoire » ; JACKSON (A.), « Neuralink: brain hacking is exceptionally hard, no matter what Elon MUSK says », *The Conversation*, 9 septembre 2020, *disponible en ligne* : https://theconversation.com/neuralink-brain-hacking-is-exceptionally-hard-no-matter-what-elon-musk-says-145711 ; on remarquera que les scientifiques impliqués dans les diverses instances éthiques ont tendance à insister sur la « réelle menace pour la vie privée », mais renvoient volontiers au modèle chinois, bien réel mais facilement renvoyé à la structure non démocratique du pouvoir, et aux débordements d'entreprises privées, sans caractériser les rôles de la recherche publique et des financements publics.

58 JAOUAT (M.), – article n° 4 dans cet ouvrage sur « Transhumanisme : pour une déconstruction terminologique ? », pp. 85 et s. – cite KELLY (K.), *What Technology Wants*, Penguin books, 2011, p. 11.

Daniela Cerqui « Pourquoi en effet devrions-nous interroger la finalité de toutes ces technologies qui nous entourent s'il est naturel de les développer ? »[59].

Quelle merveilleuse dérivation de « l'autonomie de la technique », dénoncée par Jacques Ellul à la sortie de la guerre[60] ! Celui-ci avait critiqué de manière très prophétique l'incapacité du monde politico-économico-scientifique à se préoccuper des conséquences à long terme des inventions. D'autres l'avaient fait de manière plus ambiguë, au titre de l'intérêt d'une relation « amicale » avec la technique, dans la lignée de Gilbert Simondon[61] qui avait introduit au « mode d'existence des objets techniques », son grand livre, – le mot « existence » poussant déjà au glissement non vivant – vivant. En accordant une place centrale à la « relation », Simondon permet à la fois de critiquer de manière précoce la rupture entre l'humanité et les autres vivants, si puissante à l'époque, mais aussi de penser sans répulsion l'idée d'un monde où il n'y a plus de rupture nette entre les sujets vivants et les objets techniques. Technophobes et technophiles étaient également critiqués au nom d'un « nouvel humanisme » comprenant la technique, et d'une nécessité démocratique, nouvel humanisme qui reste malheureusement bien mystérieux. Il faut noter que son intérêt précoce et amical pour la cybernétique ne lui a pas permis d'anticiper le retour à la pensée magique qui l'accompagne, lui qui y voyait la marque d'une pensée primitive. On retrouvera les mêmes positions ambivalentes chez Michel Serres, son Hominescence et ses fascinations pour les petites poucettes[62].

Dans cet ordre d'idées, Pascal Pic était sûrement le mieux placé pour examiner le recours au darwinisme tel que le pratiquent les TH+, puisque, en tant que paléoanthropologue, il a la plus longue expérience des coévolutions entre l'homme et le reste du vivant, puis entre l'homme et ses techniques les plus anciennes comme l'agriculture[63], et il a déjà mis en garde contre les effets contre-productifs des objets

---

59 CERQUI (D.), article n° 9 dans cet ouvrage, précité.

60 ELLUL (J.), *La technique ou l'enjeu du siècle*, Armand Collin, 1954, pour qui la technique renforce les inégalités liées au capitalisme ; même auteur, *Le système technicien*, Calmann-Lévy, 1977 ; même auteur, *Le bluff technologique*, Pluriel 2012.

61 SIMONDON (G.), *Du mode d'existence des objets techniques*, Éditions Aubier, 2012 ; on lui doit une compréhension précoce de la cybernétique par ses dialogues avec Norbert WIENER. Cf. les travaux de BARTHELEMY (J-H.), *Simondon*, Les Belles-Lettres, collection Figures du savoir, 2012.

62 SERRES (M.), *Hominescence*, Le livre de Poche, 2003 et *Petite poucette*, Éditions Le Pommier, 2012.

63 La manière dont il lie les techniques et la physiologie humaine est toujours intéressante : lorsque les humains commencent à s'adonner à l'agriculture, ils deviennent plus petits que ceux qui continuent de nomadiser, et d'un autre côté, lorsque les

techniques, en l'occurrence la voiture … qui ne doit pas nous faire perdre l'usage de la marche[64] ! D'un côté, il pense que l'on est en train de refermer la période lamarckienne qui nous pousse à nous libérer de la nature comme contrainte alors qu'il faut co-évoluer avec elle et accuse, comme Dominique Bourg, les TH+ de rester dans cette trajectoire. De l'autre, il est, comme les TH+, dans l'idée d'une coévolution entre les IA et l'humanité et l'existence d'un darwinisme numérique, dont il critique surtout les conséquences en matière d'inégalités et, de manière plus profonde, l'incapacité à les diriger vers un projet politique commun[65]. Effectivement, le paradoxe des techniques mondialisées est de ne pas créer de commun mais de s'adresser aux individus[66] s'associant en communautés numériques, d'ailleurs plus souvent en guerre qu'en interrelations pacifiques. Depuis le traumatisme de l'attaque du Capitole le 6 janvier 2021 ou le boycott des réseaux sociaux enfin décidé par des sportifs anglais contre le racisme qui s'y diffuse, le risque est un peu mieux perçu – pour combien de temps ? Pour le moment, ni Facebook, ni Twitter n'ont fait part de leur intention de réagir.

Marouane Jouat illustre ces tendances avec la référence à Michel Puech et son « écologie du technologique » : « La technologie est notre environnement avec coévolution de la nature, de la technologie et de l'humain. Pour être possible, l'écologie du technologique doit aujourd'hui faire accepter l'idée que la nature, elle aussi, peut changer »[67] – point de vue peu informé car précisément, la nature est changement. « Ce qui doit "durer", dit-il, c'est le mixte aujourd'hui fusionnel de l'humain, de la nature et de la technologie »[68].

Sauf que le mixte d'aujourd'hui a été reconnu comme non durable.

---

progrès techniques permettent de ne plus porter de charges aussi lourdes, nous grandissons de nouveau ; sur l'IA plus particulièrement, PICQ (P.), *L'intelligence artificielle et les chimpanzés du futur : pour une anthropologie des intelligences*, Odile Jacob, 2019.

64 PICQ (P.), *La marche – Sauver le nomade qui est en nous*, Autrement, 2015.

65 Cette idée revient plusieurs fois dans cet ouvrage.

66 REY (O.), *op. cit.*. Il sous-estime toutefois les velléités sociales d'un petit groupe comme Technoprog, qui ne dit toutefois pas comment sera mise en œuvre cette volonté sociale. En revanche, le risque est effectivement grand, derrière cette volonté que je n'ai aucune raison de croire insincère, que la pharmacologie, pan important des technologies transhumanistes, soient la pente la plus facile pour ne pas travailler à la difficile remise en question des modèles économiques, *in* PEDROT (P.) & LARRIEU (P.), *op. cit.*, p. 101

67 PUECH (M.), *Homo sapiens technologicus : Philosophie de la technologie contemporaine, philosophie de la sagesse contemporaine*, Pommier, 2008, p. 130.

68 *Ibid.*, pp. 130–131.

***

Le *playing God* que j'avais rencontré dans la littérature américaine des débuts du droit de la bioéthique me paraissait être un argument aussi vulgaire que celui de la pente glissante … Je ne les ai jamais utilisés. Trente ans plus tard, je suis embarrassée de constater que je n'ai cessé de voir la bioéthique « glisser », très lentement mais assez sûrement, vers de sombres délires de toute-puissance[69]. Alors, il me semble que Marouane Jouat rappelle à point nommé la double alerte qu'avait lancée Jean Rostand à Louis Armand – acteur important de la construction du tout nucléaire en France –, mais qui concerne l'ensemble des techniques. La première s'adresse plus particulièrement aux juristes lorsqu'il remarque que *l'Homo Biologicus* est sujet et objet de lui-même[70]. Cela devrait suffire aux juristes pour voir que cette évolution qui nous permet de multiplier les démembrements de nous-mêmes n'est pas forcément un progrès de notre subjectivité : jouer avec les gamètes est un jeu dangereux. Le second permet à une auteure athée de finir ses « Libres-propos » en parodiant les mots de Jean Rostand « Où apprend-on le métier de Dieu dans un monde sans dieux ?[71] ».

69 BIOY (X.), « Quels droits de l'homme pour l'humain « programmé » », *in* PEDROT (P.) & LARRIEU (P.), *op. cit.*, p. 109 et s.

70 MOATTI (A.), – article n° 3 dans cet ouvrage, précité, p. 73 – signale que « cette figure de style, en forme de chiasme, est fréquente chez ROSTAND » : (à propos de l'Homme) « Produit de la vie, il serait, à son tour, devenu producteur de la vie. » (ROSTAND (J.), 1971, cité par TETRY (A.), *op. cit.*, p. 152). Cf. aussi JAOUAT (M.), – article 4 dans cet ouvrage lequel souligne que le *Design Ontologique* est une circularité ascendante entre le sujet et l'objet. C'est un point spécifique pour le juriste, car l'endroit où il range les situations, sujets ou objets de droit, détermine tout le système juridique qui s'ensuit.

71 ROSTAND (J.), « Réponse au discours de réception de Louis Armand à l'Académie Française », 19 mars 1964 *disponible en ligne :* http://www.academie-francaise.fr/reponse-au-discours-de-reception-de-louis-armand

Abréviations et acronymes

AFT	:	Association Française Transhumaniste
BATX	:	Baidu, Alibaba, Tencent, Xiaomi
CCNE	:	Comité Consultatif National d'Ethique
DARPA	:	Defense Advanced Research Projects Agency
ETP	:	Emploi Temps Plein
FDA	:	Food and Drug Administration
GAFA	:	Google, Apple, Facebook, Amazon
GAFAM	:	Google, Apple, Facebook, Amazon, Microsoft
IA	:	Intelligence Artificielle
Ibid	:	Au même endroit
NBIC	:	Nanotechnologies, Biotechnologies, Technologies de l'Information et Sciences Cognitives (Convergence)
OMS	:	Organisation Mondiale de la Santé
Op. cit.	:	Ouvrage précité
UNESCO	:	Organisation des Nations Unies pour l'éducation, la science et la culture.
R & D	:	Recherches et Développement
RGPD	:	Règlement Général sur la Protection des Données

Partie I. Premières Approches Des Transhumanismes

Dans la première partie de cet ouvrage, nous tentons de définir ce que sont les transhumanismes car, rapidement, il apparaît que nous naviguons dans un univers protéiforme.

Tout d'abord, il paraît nécessaire de donner la parole directement à Didier Coeurnelle, Vice-président de l'Association Française Transhumaniste. Ce dernier nous livre une « Introduction aux transhumanismes » permettant de mettre en exergue le large éventail des courants, leurs ramifications multiples ainsi que la diversité des objectifs poursuivis. Selon l'auteur : « pour les religions, ce sont les dieux qui créent les humains. Pour les transhumanistes, un jour les humains pourraient créer des dieux ». Il insiste sur le fait que : « Ce qui fait aujourd'hui peur à certains pourra un jour être largement accepté. Ce qui est aujourd'hui du transhumanisme inenvisageable pourra être demain de la simple médecine ». Quelques affinements sont proposés pour distinguer l'intelligence augmentée de l'intelligence artificielle, non sans insister sur les risques existentiels qu'encourent l'Humanité. Enfin, particulièrement intéressé par la quête de l'amortalité, l'auteur rappelle que : « tous les longévitistes ne sont pas transhumanistes, mais (presque) tous les transhumanistes sont longévitistes ». Enfin, les liens avec la protection de l'environnement sont également rappelés : « Pour vivre dans un corps "amortel", il faut une planète "immortelle" » (1. Introduction aux Transhumanismes).

Ensuite, il s'avère important de retracer la généalogie des mouvements transhumanistes en remontant à leurs origines éthiques et philosophiques. Pierre Teilhard de Chardin est l'une des figures incontournables, revendiquée par de nombreux transhumanistes. Qui est-il ? Quel est son parcours ? Comment un père jésuite aux compétences pluridisciplinaires s'avère-t-il le chantre d'une partie des transhumanistes en ce XXIe siècle ? Jacques Arnould, expert éthique au CNES, propose une mise en perspective historique qui sonde les liens tissés par Teilhard de Chardin entre christianisme et transhumanisme, tout en revendiquant une claire appétence pour un « eugénisme libéral » (2. Pierre Teilhard de Chardin et le phénomène transhumaniste).

Enfin, une étude plus large du pré-transhumanisme, articulée autour des travaux de Teilhard de Chardin, Rostand et Huxley permet d'appréhender de manière plus exhaustive la généalogie de l'idée de maîtrise de l'évolution de l'homme par l'homme. Alexandre Moatti, ingénieur en chef des Mines, insiste sur la rupture anthropologique en germe depuis le trasumanar de Dante. (3. Un darwinisme culturel comme forme de pré-transhumanisme chez divers auteurs du XXe siècle).

Didier COEURNELLE[1]

1. Introduction aux transhumanismes. Le futur a-t-il toujours été une idée neuve ?

Le désir de se dépasser, notamment par l'utilisation d'outils, est probablement antérieur à l'humain, *homo sapiens*, datant de l'utilisation, puis de la maîtrise du feu. Les premières tentatives de transformer son corps – de la scarification à la trépanation – sont bien antérieures à l'histoire écrite[2]. Un des premiers récits de l'histoire de l'humanité est l'épopée de Gilgamesh, un récit abordant la quête de l'immortalité. Parmi les premières religions, le taoïsme a des aspects préscientifiques lorsqu'il aborde la recherche d'une vie parfaite. Il s'agit de trouver un mode de contrôle du corps pour atteindre la vie éternelle par un mécanisme progressif d'abstinence de substances « nuisibles ». Le premier empereur de Chine, Qin Shi Huang, était obsédé par la recherche de l'immortalité. Il lance une expédition pour trouver le secret au-delà des mers. Il ordonne des recherches. Mais sans succès bien sûr. Sa mort sera même accélérée par l'ingestion de ce qui était perçu comme un élixir, une pilule de mercure[3]. Les Grecs anciens ont imaginé l'immortalité, mais ils ne semblent pas l'avoir cherchée par la compréhension scientifique. Par contre, l'ancêtre de l'idée de la création d'êtres artificiels est présent dans certains récits anciens. C'est également le cas chez les juifs avec le Golem. L'empire romain est une période d'accélérations technologiques et de puissance. Mais transformer l'humain ne semble pas avoir été un but. Ce n'est qu'au XVe siècle que Pic de la Mirandole exprimera clairement cet objectif : « si nous ne t'avons donné, Adam, ni une place déterminée, ni un aspect qui te soit propre, ni aucun don particulier, c'est afin que la place, l'aspect, les dons que toi-même aurais souhaités, tu les aies et les possèdes selon ton vœu, à ton idée… Tu pourras dégénérer en formes inférieures, qui sont bestiales ; tu pourras, par décision de ton esprit, te régénérer en formes supérieures, qui sont divines »[4]. Dix-huit siècles

---

1 Vice-président de l'Association Française Transhumaniste.

2 HOBERT (L.) ; BINELLO (E.), « Trepanation in Ancient China », *World Neurosurgery*, 2016.

3 WRIGHT (D.C.), *The History of China*, Greenwood Publishing Group, 2001.

4 PIC DE LA MIRANDOLE (J.), *De la dignité de l'homme*, 1487.

après le décès de l'empereur de Chine tué par sa recherche de l'immortalité, Francis Bacon (1561–1626), philosophe et scientifique anglais, en mourra également. Il était fasciné par la possibilité de mieux conserver la vie par le froid. En tentant de prolonger la durée de vie d'un poulet en le conservant dans de la neige, il succomba à un refroidissement[5].

À la fin du XVIIIe siècle et au début du XIXe siècle, certains vont exprimer un optimisme technologique qui impressionne encore aujourd'hui. En 1773, Benjamin Franklin, probablement l'un des plus grands génies de tous les temps, souhaitait qu'il soit possible, dans le futur, d'inventer une méthode pour rappeler à la vie. En 1795, le marquis de Condorcet s'interrogeait : « serait-il absurde, maintenant, de supposer que ce perfectionnement de l'espèce humaine doit être regardé comme susceptible d'un progrès indéfini [...] et qu'enfin la durée de l'intervalle moyen entre la naissance et cette destruction n'a, elle-même, aucun terme assignable »[6]. En 1817, Napoléon Bonaparte déclara que les progrès accomplis par la science permettront peut-être un jour de trouver une voie pour prolonger la vie indéfiniment[7].

Quelques décennies plus tard, en Russie, naît le cosmisme, un mouvement philosophique d'inspiration partiellement chrétienne orthodoxe. Le philosophe Nikolaï Fiodorov (1827–1903) imagine un progrès scientifique qui rendrait possible non seulement l'immortalité, mais aussi le retour à la vie de tous les êtres humains décédés. Il affirmait que la lutte contre la mort devait unir tous les peuples du monde. Au XIXe puis au XXe siècle, avec notamment la révolution née des connaissances de l'évolution, l'idée d'améliorer l'humain, d'une évolution par sélection artificielle progresse. Elle donnera malheureusement aussi naissance à un concept d'élimination des faibles qui culminera avec les exterminations nazies.

Le terme transhumanisme dont l'invention est souvent attribuée à Julian Huxley, fondateur de l'UNESCO, a en fait été utilisé d'abord par le français Jean Coutrot en 1937[8]. Mais c'est dans les années 80 que naît le mouvement

---

5 CHERRELL (K.), « Francis Bacon's Ghost Chicken », 27 décembre 2018, article *disponible en ligne :* https://burialsandbeyond.com/2018/12/27/francis-bacons-ghost-chicken/

6 CONDORCET, (N.), *Esquisse d'un tableau historique des progrès de l'esprit humain suivie de Réflexions sur l'esclavage des nègres*, 1795.

7 NAPOLEON (B.), *Quotations and Commentary,* Edited by L. James Hammond, *disponible en ligne :* http://www.ljhammond.com/notebook/nap-right.htm.

8 MOATTI (A.), *Aux racines du transhumanisme*, Odile Jacob, Chapitre 2, 2019.

transhumaniste contemporain. D'abord et surtout aux États-Unis avec FM-2030 (Fereidoun M. Esfandiary) et les extropiens tels que Max More ou Natasha Vita-More, puis avec David Pearce (Royaume-Uni) et Nick Boström (Suède) qui sont les principaux fondateurs de la *World Transhumanist Association* (aujourd'hui *Humanity+*).

I. Qu'est-ce que le(s) transhumanisme(s) ?

Malgré la vision large qui en a été donnée ci-dessus, malgré l'abondance de la littérature relative à ce mouvement, bien que les interrogations auxquelles répond le transhumanisme soient universelles, vertigineuses et passionnantes, les mouvements transhumanistes ne représentent qu'un groupe réduit de femmes et d'hommes. Il sera décrit plus loin combien cette minorité est diverse, mais voici d'abord ce qui l'unit, bien décrit par l'encyclopédie Wikipédia francophone : « un mouvement culturel et intellectuel international prônant l'usage des sciences et des techniques afin d'améliorer la condition humaine notamment par l'augmentation des capacités physiques et mentales des êtres humains ». C'est donc un mouvement, plus exactement un ensemble de mouvements, dont les membres se mobilisent pour que les connaissances et les capacités technologiques permettent à l'humain de dépasser ses capacités biologiques, qu'elles soient physiques ou mentales. Ceci dans l'espace et dans le temps, en mettant même fin si possible à la mort involontaire. Les transhumanistes se subdivisent en bien des groupements qui se côtoient sans s'ignorer, mais pas sans inimitiés. Pour simplifier, ils seront ici présentés par paires.

1. *Utopistes et catastrophistes*

Cette distinction est peut-être la plus surprenante pour l'observateur extérieur qui s'imagine le transhumanisme comme inconditionnel du progrès technologique. La grande majorité des transhumanistes sont très conscients des risques liés aux progrès technologiques, même bien plus conscients que le citoyen moyen. L'intérêt pour un futur à long terme, une vie beaucoup plus longue, fait étudier les risques, notamment les « risques existentiels », c'est-à-dire ceux qui pourraient mettre fin à l'histoire de l'humanité. Les risques les plus étudiés sont ceux liés à l'intelligence artificielle générale.

Parmi les représentants d'un transhumanisme envisageant la catastrophe, il y a Hugo de Garis et surtout Nick Boström. Ce dernier est à la fois un fondateur du transhumanisme, un longévitiste remarquable et probablement le plus grand spécialiste mondial des risques liés à l'intelligence artificielle.

2. *Transhumanisme et posthumanisme*

Le posthumanisme est un concept utilisé de manière souvent interchangeable avec celui de transhumanisme. Cependant, souvent, les partisans du posthumanisme vont "plus loin" que les transhumanistes dans la vision d'êtres et de concepts au-delà de l'humain. Le terme est aussi plus utilisé par des personnalités tels Stefan Sorgner et Francesca Ferrera plus philosophes, intellectuels « purs » que militants, chez qui « posthumanisme » peut signifier « ce qui vient après les philosophies humanistes ».

Pour en rester aux variantes à base du terme « humain », notons que certains utilisent le terme hyperhumanisme pour un transhumanisme doux ou qui n'ose pas dire son nom. Il y a aussi des personnes, par exemple des chercheurs, qui défendent des modifications de l'humain telles qu'envisagées aussi par les transhumanistes, mais qui affirment ne pas être transhumanistes.

3. *Militants des augmentations et singularitariens*

Pour certains prospectivistes, la marche de l'Histoire vers un monde radicalement différent est inéluctable et va s'accélérant. À un moment donné, pas très éloigné, les progrès seront tels que l'humain sera dépassé par l'intelligence artificielle ou encore se fondra dans celle-ci. Ray Kurzweil est le représentant le plus célèbre et le plus abouti de ce courant. Pour lui, la progression technologique, illustrée par la « loi de Moore », en fait une conjecture[9], nous mène à ce moment appelé Singularité vers 2045.

Pour d'autres transhumanistes, nous vivons effectivement une période comprenant des accélérations technologiques, mais le futur n'est pas certain. Bien des évolutions technologiques sont possibles. Il est souhaitable pour la collectivité d'agir et de communiquer pour que les avancées technologiques se poursuivent et soient utiles.

4. *Athées ou religieux*

La majorité des transhumanistes sont agnostiques. Un rapprochement avec la religion est souvent effectué pour critiquer le souhait des transhumanistes de dépassement. Cela serait « jouer à Dieu » avec arrogance, de l'*hybris*, « refuser notre nature ». Cette accusation a été portée par le passé contre bien des

---

9 Les « lois » de Moore relatives à l'accélération de la puissance informatique exprimées d'abord par MOORE (E.G.), « Progress in Digital Integrated Electronics », *IEEE Text Speech*, 1975.

améliorations humaines, par exemple l'anesthésie, l'accouchement sans (avec moins de) douleur, la vaccination ... Une phrase célèbre d'Arthur Clarke : « toute technologie suffisamment avancée est indiscernable de la magie »[10] peut être adaptée ainsi : « grâce au transhumanisme, nous égalerons les pouvoirs de Dieu ». Pour les religions, ce sont les dieux qui créent les humains. Pour les transhumanistes, un jour les humains pourraient créer des dieux.

Ceci étant écrit, il y a eu par le passé, des (proto) transhumanistes à dimension religieuse. Une idée-clef y est probablement que l'humain « aide », de par la technologie, à rejoindre un « Grand tout » émanant/imprégné d'une puissance supérieure. Dans ce cadre, le mouvement russe cosmiste a déjà été cité. Dans le monde francophone, le plus connu des précurseurs du transhumanisme est certainement Teilhard de Chardin[11]. Aujourd'hui, les transhumanistes religieux sont moins nombreux. Il y a notamment aux États-Unis la Mormon Transhumanist Association et, en 2018, a été organisé à Nashville, Tennessee, la Christian Transhumanist Conference.

5. *Extropiens et technoprogressistes*

Le transhumanisme naît aux États-Unis dans des milieux libertariens, c'est-à-dire dans un milieu acceptant voire souhaitant les inégalités économiques au nom de la liberté d'entreprendre et de penser. Les premiers transhumanistes vont se nommer « extropiens ». Le mot provenant de l'inverse de l'entropie, mais aussi avec la terminaison évoquant le mot « libertarien ». Le mouvement extropien décidera de se dissoudre en 2006[12], officiellement parce que ses objectifs étaient pour l'essentiel réalisés (!?).

Aujourd'hui, les transhumanistes les plus nombreux, particulièrement dans le monde francophone, sont situés politiquement à gauche ou au centre. La seule organisation francophone ayant une existence juridique (association loi 1901) s'appelle « Association Française Transhumaniste – Technoprog ». Le terme « technoprogressisme » exprime l'idée d'une attitude générale favorable aux progrès technologiques, mais aussi sociaux, environnementaux et politiques, un souhait d'un transhumanisme au service du progrès social[13].

---

10 CLARKE (A.), *Profiles of the Future*, Pan MacMillan, 1973.

11 DE CHARDIN (T.), *Le phénomène humain*, Seuil, 1955.

12 EXTROPY INSTITUTE, *Next Steps*, 2006, *disponible en ligne* : http://www.extropy.org/future.htm.

13 COEURNELLE (D.), ROUX (M.), *Technoprog. Le transhumanisme au service du progrès social*, Éditions FYP, 2016.

Lors de la conférence internationale TransVision 2014 qui s'est tenue à Paris, une déclaration technoprogressiste a été adoptée[14]. Elle a ensuite été adaptée lors de TransVision 2017 à Bruxelles. Ce texte a été cosigné par nombre des transhumanistes les plus actifs notamment James Hughes (« inventeur » du terme technoprogressiste), David Wood (le transhumaniste le plus connu et le plus actif du Royaume-Uni) et Marc Roux (président de l'AFT-Technoprog). Le texte a même été cosigné par Natasha Vita-More qui fut membre du mouvement extropien.

La vision d'un transhumanisme libertarien, ultra-libéral et inégalitaire qui apparaît souvent dans les médias, notamment francophones, vient parfois d'une méconnaissance réelle ou feinte de l'évolution actuelle. Elle vient aussi de l'idée fausse que les dirigeants de la *Silicon Valley* et les GAFAM[15], se réclament explicitement du transhumanisme. S'il est certain que des acteurs des entreprises technologiques américaines développent des projets avec des accents transhumanistes, s'il est certain aussi que bien des entreprises de la *Silicon Valley* se préoccupent peu d'objectifs sociaux, en fait aucun dirigeant important n'utilisera le « t-word », le mot transhumanisme pour se définir.

Le reste de ce texte, lorsqu'il y a des différences entre les transhumanismes, sera essentiellement consacré à la description du transhumanisme tel que perçu et souhaité par l'auteur de ces lignes. Un transhumanisme, continuation de l'humanisme, dans des perspectives de progrès corporels, sociaux et technologiques qui pourraient être magnifiques et vertigineux, mais qui ne sont pas certains.

II. Que veulent les transhumanistes ?

A la question de savoir quels sont les objectifs précisément poursuivis par les transhumanistes, il n'existe pas de réponse univoque. Dans le pluralisme des courants, quelques invariants peuvent néanmoins être identifiés : l'amélioration des capacités physiques et mentales (1), la modification du corps et des sens (2) ou encore la modification cognitive (3).

---

14 COLLECTIF, *Déclaration technoprogressiste*, 2014, *disponible en ligne* : https://transhumanistes.com/declaration-technoprogressiste/

15 À noter, de manière pas tout à fait anecdotique, que le terme GAFA ou GAFAM, pour désigner Google, Apple, Amazon et Microsoft, n'est quasiment utilisé que dans le monde francophone. L'encyclopédie en ligne Wikipédia mentionne « Big Tech » comme équivalent anglophone de GAFAM : https://fr.wikipedia.org/wiki/GAFAM.

1. *Amélioration des capacités physiques et mentales*

Tout au long de notre vie et tout au long de l'histoire de l'humanité, nous améliorer, améliorer l'humain s'est fait par l'éducation, la culture, l'acquisition de connaissances... Nous tentons aussi de nous conserver, de nous modifier, de nous améliorer par des actions sur notre corps : de la gymnastique à la chirurgie, en passant par l'alimentation et les pratiques telles que la scarification et les tatouages.

Le transhumanisme, c'est aller plus loin dans ces démarches, et de manière plus consciente. Pour beaucoup de transhumanistes, la frontière entre médecine et transhumanisme, entre améliorations acceptées par tous et améliorations souhaitées par certains, est floue et mouvante. Ce qui fait aujourd'hui peur à certains pourra un jour être largement accepté. Ce qui est aujourd'hui du transhumanisme inenvisageable pourra être demain de la simple médecine. Tout comme une anesthésie totale, une échappée totale de la conscience pendant quelques minutes ou quelques heures, aurait paru inimaginable à un philosophe du temps des Lumières.

2. *Modifications du corps et des sens*

La transformation du corps par des moyens biologiques, mécaniques, informatiques est, avec « l'immortalité », ce qui est le plus souvent cité dans les médias lorsque le transhumanisme est abordé. Bien des documentaires et émissions à ce sujet comprennent un extrait du générique de *L'homme qui valait trois milliards*, série dans laquelle des parties du corps du héros sont remplacées par des prothèses bioniques coûteuses qui améliorent considérablement ses performances physiques. La devise olympique de Pierre de Coubertin *Citius, Altius, Fortius*, « Plus vite, Plus haut, Plus fort » peut aussi être citée.

En ce qui concerne les améliorations physiques, il s'agit de permettre aux femmes et aux hommes qui le souhaitent de se modifier. Cependant, les modifications ici abordées sont assez rarement tentées par les transhumanistes. Dans la société contemporaine, courir plus vite et être plus fort a un intérêt relativement limité, à l'exception de la compétition sportive. Dans ce cadre, seule une compétition en dehors des règles actuelles serait évidemment envisageable, des jeux olympiques pour personnes différentes[16].

---

16 Une compétition appelée Cybathlon ayant pour but de mobiliser les humains et les technologies se tient à Zurich en principe tous les 2 ans, https://cybathlon.ethz.ch/

Ce qui est plus souvent envisagé par les transhumanistes, c'est l'amélioration des perceptions. Ainsi, un odorat dépassant celui des chiens, une perception des couleurs et de l'intensité lumineuse au-delà de nos capacités biologiques, peuvent être imaginés. L'introduction de sens qui n'existent pas chez l'humain comme l'écholocation ou la perception du champ magnétique est également recherchée. Il est aussi imaginable de permettre un jour la transmission de pensée et l'accès direct du cerveau à des données informatiques. C'est d'ailleurs le projet d'Elon Musk par l'intermédiaire de la société *Neuralink*. « La Terre, est le berceau de l'Humanité, mais on ne passe pas sa vie entière dans un berceau », écrivait Constantin Tsiolkovski en 1911[17]. Beaucoup de transhumanistes rêvent, un jour, de quitter la planète, de coloniser l'espace. Si un jour ceci se réalise, nous affronterions des milieux fondamentalement hostiles à l'humain tel qu'il est aujourd'hui. Des modifications de notre physiologie pourraient faciliter l'adaptation pour respirer une autre atmosphère, vivre dans une autre pesanteur, supporter d'autres radiations…

Certains, dans une proposition très controversée[18], ont même envisagé des modifications physiologiques dans la perspective d'une adaptation plus respectueuse de notre environnement actuel : être de plus petite taille, consommer moins de viande, avoir un métabolisme qui permette une alimentation réduite…

3. *Modifications cognitives*

Usuellement, c'est l'écriture qui marque le début de l'Histoire. Améliorer notre intelligence, nous l'avons donc fait par l'écriture depuis le début de l'Histoire. Déjà, Socrate s'indignait de ce moyen artificiel de s'améliorer. Il disait que l'écriture empêche la philosophie[19]. Il n'avait pas entièrement tort. Choisir l'écriture, c'est utiliser une « béquille » intellectuelle. Si nous n'avions pas l'écriture, nous mémoriserions mieux. Choisir, c'est renoncer.

Améliorer notre intelligence, nous pourrions un jour le faire par d'autres moyens que l'écriture, en transformant notre cerveau. Être plus intelligent nous

---

17 TSIOLKOVSKI (C.). Citation tirée d'une lettre écrite à Kalouga en 1911, disponible en ligne : https://fr.wikipedia.org/wiki/Constantin_Tsiolkovski

18 MATTHEW (S.-L.), SANDBERG (A.), ROACHE (R.), « Human Engineering and Climate Change », *Ethics Policy & Environment*, vol. 15, 2012, Issue 2, pp. 206–221, *disponible en ligne* : https://doi.org/10.1080/21550085.2012.685574

19 Platon sur l'écriture, Phèdre 274–276, Traduction de Mario Meunier, 1922, disponible en ligne : https://cercamon.net/2006/05/10/platon-sur-lecriture-phedre-274-276/

permettrait de mieux comprendre le monde, de mieux nous entraider. Améliorer notre intelligence n'est qu'un des objectifs possibles. Un autre est d'être plus heureux et aussi plus soucieux des autres. Cela aussi un jour, nous pourrions le modifier. La capacité au bonheur, la capacité à l'empathie, ou plus exactement la compassion, ont des dimensions qui ressortent de fonctionnements physiologiques, notamment liés au cerveau.

Bien sûr, ceci nous changera fortement. Tout au long de nos vies, nous changeons. Une femme âgée au soir de sa vie n'a que très peu en commun avec l'adolescente qu'elle fut. Sauf la perception de la continuité. Cette perception de la continuité nous concerne aussi, humains contemporains, devant les progrès technologiques. Nous nous sommes habitués à avoir dans la poche un accès à des connaissances innombrables. Nous ne pourrions plus guère nous en passer, alors que les plus âgés d'entre nous n'auraient pu imaginer en disposer lorsqu'ils étaient adolescents.

III. Intelligence augmentée et intelligence artificielle

En ce qui concerne les augmentations cognitives, ce que les transhumanistes envisagent n'est probablement pas pour un avenir proche. Augmenter de manière durable l'empathie, l'intelligence, le bien-être suppose des connaissances de ce qui est l'organe le plus complexe de l'univers connu, le cerveau, plus précisément le système nerveux. Si vous lisez le chiffre 157 en ce moment, il se trouve quelque part dans votre cerveau. Si vous le mémorisez, il sera stocké ailleurs. En fait, nous ne savons pas comment ce chiffre est « stocké ». Cela n'est presque certainement pas une information binaire, cela résulte très probablement de liaisons neuronales, mais lesquelles, nous l'ignorons. Par contre, du point de vue de l'informatique, du développement de l'intelligence artificielle, nous progressons rapidement. Conduire, calculer, dessiner, reconnaître des objets, traduire, comprendre la parole, jouer aux jeux les plus complexes : la machine dépasse l'humain dans d'innombrables domaines.

Attention, les transhumanistes sont généralement conscients des limitations actuelles de l'IA et surtout de la robotisation. Ils savent que bien des choses simples pour l'humain sont extraordinairement compliquées pour une machine. Un enfant de 3 ans reste aujourd'hui plus performant que le meilleur des robots au monde pour grimper un escalier, ouvrir une porte et soulever un verre d'eau. Le même enfant, lorsqu'il aura vu une seule girafe dans un zoo pourra, sa vie durant, reconnaître toute girafe, là où l'intelligence artificielle a besoin de nombreuses photos et peut parfois encore être « trompée ».

Cependant, les transhumanistes sont également conscients que l'impossible d'aujourd'hui peut être le possible de demain et le banal d'après-demain.

1. *L'intelligence artificielle pourrait un jour dépasser l'intelligence humaine, sans nécessairement être consciente*

La science-fiction imagine fréquemment des êtres artificiels intelligents, et ce depuis longtemps. Mais, il est extrêmement difficile d'imaginer de les concevoir sans qu'il y ait de processus conscient. Pourtant, c'est envisageable. Aujourd'hui d'ailleurs, un « téléphone intelligent » est capable d'effectuer d'innombrables tâches, même certains choix, dont vous êtes incapables, mais ceci, pour autant que nous le sachions, sans une once de conscience.

La question du développement d'une intelligence artificielle « large », « générale », « supérieure à l'humain » et la question du développement d'une intelligence artificielle « consciente » sont donc deux questions différentes, même si elles comportent bien sûr des liens.

Ce qui complexifie encore les questions qui se posent est que, non seulement nous ignorons ce qu'est précisément la conscience, mais également, nous ne savons pas totalement comment prouver qu'un être est conscient. En fait, le seul être dont nous avons la certitude qu'il est conscient, c'est nous-mêmes. Nous pourrions même envisager que les autres ne soient que ce que certains ont appelé des « zombies philosophiques »[20], des êtres ayant toutes les apparences de la conscience, mais pas celle-ci.

Si une intelligence artificielle consciente, sentiente, est un jour créée, cela posera d'innombrables questions éthiques vertigineuses. Bien des transhumanistes y ont déjà apporté certaines réponses :

- Une intelligence artificielle consciente aurait des droits tout comme un être biologique conscient (humain ou non).
- Infliger à un être non biologique conscient des souffrances évitables serait inacceptable, immoral. De la même manière, leur « mise à mort », par destruction, absence d'entretien ou privation d'énergie, équivaudrait à un meurtre.
- Ces êtres sentients pourraient un jour dépasser l'humain. Ou, peut être mieux, fusionner avec ceux-ci pour former des consciences plus avancées, voire une conscience globale commune.

20 CHALMERS (D.) *The Conscious Mind: In Search of a Fundamental Theory*, Oxford University Press, 1996.

Si par contre, l'intelligence globalement supérieure à l'humain est sans conscience, ces questions ne se posent pas. Les transhumanistes peuvent alors imaginer un monde proprement paradisiaque pour l'humain, des formes de développements technologiques rendus possibles par l'IA d'une utilité extraordinaire pour notre santé, pour l'automatisation des tâches, pour rendre la vie plus agréable, plus résiliente, plus passionnante et pour créer un environnement durable[21]. Nous aurions des outils à notre service pour des usages allant au-delà de notre imagination actuelle. Nous ne serions plus obligés de travailler. Et, par une allocation universelle, un revenu de base créé par le développement des moyens nés de l'automatisation et de l'IA, nous aurions tout le temps pour nous divertir et laisser le champ libre à notre créativité. Comme écrivait Arthur Clarke : « le futur, c'est le plein chômage, pour qu'on puisse jouer ».

2. *L'Intelligence artificielle et les risques existentiels*

Il est souvent reproché aux transhumanistes de ne voir que le bon côté du progrès technologique. Rien n'est plus faux pour nombre d'entre eux. Nick Boström est un des deux principaux fondateurs du mouvement transhumaniste. Il crée, avec David Pearce, la *World Transhumanist Association* en 1998. Il compte aussi parmi les spécialistes des risques liés aux progrès technologiques. En ce qui concerne les risques liés à l'intelligence artificielle, son ouvrage de 2014, *Superintelligence : chemins, dangers, stratégies*[22], fait référence.

Voici quelques-uns des risques imaginables. Beaucoup ont été abordés dans les récits de science-fiction. Sont notamment envisageables, certains risques provenant d'une intelligence artificielle forte qui :

- Se « rebelle » contre l'humain, impose ses propres règles ;
- Élimine les humains (voire toute vie) « par erreur », parce qu'elle n'a pas compris ce qui lui était demandé ;
- Est utilisée pour des guerres globales (nucléaires ou autres) ;
- Est utilisée par des terroristes ou « illuminés » pour (auto)détruire l'Humanité ;

---

21 ASSOCIATION FRANCAISE TRANSHUMANISTE, « Manifeste viridien : Propositions technoprogressistes et écologistes », Février 2020, *disponible en ligne* : https://transhumanistes.com/manifeste-viridien-propositions-technoprogressistes-et-ecologistes/.

22 BOSTRÖM (N.), *Superintelligence: Paths, Dangers, Strategies. Oxford University Press,* 2014.

- Crée des réalisations technologiques qui, à leur tour, détruisent l'Humanité, voire l'Univers entier.

Voilà qui clôt la description des transhumanismes avant d'aborder la partie la plus déterminante, la plus importante des ambitions transhumanistes : le combat contre la mort involontaire.

IV. À la recherche du temps gagné

Nous avons parlé plus haut des augmentations physiologiques. Aujourd'hui, malgré les progrès technologiques, nous sommes encore bien éloignés des prothèses bioniques faciles d'utilisation. La liaison entre le biologique et les matériaux artificiels reste encore difficile à établir de manière stable. Des thérapies géniques d'augmentation ne sont pas non plus pour demain. Nous connaissons de plus en plus notre patrimoine génétique, mais celui-ci est d'une complexité de fonctionnement énorme. Il y a pire. Malgré des milliers d'années de recherches, d'espoir, de rêves, nous ne maîtrisons même pas encore suffisamment notre corps pour ralentir considérablement son vieillissement.

Le dépassement de la limite temporelle, l'immortalité ou plus précisément l'amortalité, voici un but transhumaniste fondamental, existentiel. Tous les longévitistes ne sont pas transhumanistes, mais (presque) tous les transhumanistes sont longévitistes.

1. *Immortalité biologique, amortalité, réjuvénation…*

Très souvent, pour décrire l'objectif, le mot « immortalité » est utilisé. En fait, l'immortalité est d'abord un concept philosophique ou religieux. L'impossibilité absolue de mourir n'est guère envisageable. De plus, cela n'est pas souhaitable. Ce qui est l'objectif, c'est de mettre fin à la mort involontaire.

Aujourd'hui, dans le monde, plus de 7 décès sur 10 sont consécutifs aux maladies liées au vieillissement. Dans les pays riches, c'est même plus de 9 sur 10. Dans un pays comme la France, s'il n'y avait pas de vieillissement, l'espérance de vie serait déjà pour les femmes de bien plus de 1.000 ans (un peu moins pour les hommes).

Il s'agit donc de mettre fin aux principales causes de mortalité par vieillissement : les maladies cardiovasculaires, les cancers et les maladies neurodégénératives. En fait, ce dont nous ne nous rendons pas compte, c'est que la plupart des autres causes de mortalité sont aussi liées au vieillissement. Le risque de mourir d'une mauvaise chute, d'une grippe, d'une maladie infectieuse, et même d'un accident de voiture, est proportionnellement plus élevé à un âge plus avancé.

L'objectif premier est donc de mettre fin au mécanisme de sénescence, d'atteindre ce qui est parfois appelé l'« immortalité biologique » et ce que les transhumanistes appellent souvent l'« amortalité », une durée de vie indéfinie.

Évidemment, lorsque la mort par vieillissement sera vaincue, les transhumanistes voudront également écarter les autres sources de décès.

2. *En quoi la longévité est-elle une bonne chose pour chacun ?*

Pour un transhumaniste, la question est presque étrange. Vivre est la condition de tous les droits humains. Sans vieillissement, nous vivrions mieux et plus longtemps. Permettre de vivre mieux et plus longtemps, c'est ce qu'a toujours recherché la médecine. Une bonne santé, c'est ce que nous nous souhaitons à tous en d'innombrables circonstances.

Ne devons-nous pas craindre l'ennui d'une vie trop parfaite ? Et bien non, les horizons à découvrir sont innombrables. Ce n'est pas la mort qui fait évoluer la société, c'est l'inventivité des vivants. Jamais nous n'avons vécu aussi longtemps et jamais nous n'avons été aussi ouverts aux nouveautés. Un jeune enfant ne sait pas encore que la vie est courte et la mort inéluctable. Il pense que la vie est sans limite. Pourtant, il ne s'ennuie pas plus souvent qu'un adulte, au contraire.

À quoi cela servirait-il de vivre beaucoup plus longtemps si c'est pour se dégrader petit à petit ? Comme Tithon, prince grec dans la mythologie qui avait reçu l'immortalité, mais vieillissait sans fin. Cela ne servirait pas à grand-chose en effet, mais l'objectif est ailleurs. C'est une vie beaucoup plus longue en bonne santé, sans mécanisme de dégradation suite au vieillissement.

Vouloir permettre la réjuvénation de tous, n'est-ce pas détester les vieilles et les vieux ? Bien sûr que non. Est-ce que vouloir lutter contre la faim dans le monde, c'est détester les affamés ? Est-ce que vouloir vaincre le cancer, c'est ne pas aimer les cancéreux ? Il s'agit de diminuer les maladies liées au vieillissement pour tous, à commencer par les plus âgés, les plus fragiles…

Vouloir obliger à vivre sans fin, cela serait l'enfer disent des anti-transhumanistes ! Peut-être pour certains, mais il n'en est pas question. Le jour où des thérapies existeront, pourquoi devraient-elles être obligatoires ?

3. *En quoi la longévité est-elle une bonne chose pour tous ?*

Ne faut-il pas craindre que la « pilule de l'immortalité » soit seulement pour les immensément riches ? Bien sûr que non, répondent les transhumanistes. Ils rappellent que les téléphones mobiles et l'accès à internet furent aussi envisagés comme des produits de luxe avant de devenir accessibles à la majorité des citoyens de la planète. Dans le domaine médical, les thérapies qui concernent des centaines de millions de personnes sont souvent peu coûteuses, par exemple les vaccinations. Enfin, cela serait un avantage économique de rendre les thérapies accessibles à tous. Les personnes en mauvaise santé souffrent de dégradations et représentent des dépenses énormes pour la société. Investir pour la réjuvénation, c'est aussi investir pour une société moins coûteuse à terme.

Les transhumanistes favorables à la libre entreprise, notamment du côté de la *Silicon Valley*, insistent sur l'hypothèse dite de "ruissellement". Ce qui est d'abord accessible aux riches deviendra accessible à tous. Pour des raisons d'équité, mais aussi d'efficacité, les technoprogressistes, dont l'Association Française Transhumaniste, demandent d'abord des investissements publics, que les connaissances en matière de longévité en bonne santé soient considérées comme un bien public. Les thérapies doivent être accessibles à tous dès que possible, en commençant non pas par les plus riches, mais par les plus faibles.

Si après-demain, nous trouvons des moyens pour vivre beaucoup plus longtemps, la vie deviendra plus précieuse que jamais. Certains « anti-transhumanistes » s'en inquiètent. Cela nous empêcherait de prendre des risques, disent-ils. Et bien tant mieux que nous prenions moins de risques ! Parce que prendre des risques pour notre vie, c'est le plus souvent aussi risquer la vie des autres. Parce que, malheureusement, les progrès technologiques rendent la violence et le meurtre massifs de plus en plus « faciles » techniquement. Il est souhaitable et pourrait même être indispensable un jour, pour la survie de l'Humanité que la violence, la mise à mort d'autrui soient psychologiquement impossibles. Plus la mort involontaire devient exceptionnelle, plus la mise à mort volontaire non seulement devient inacceptable, mais même inimaginable.

4. *En quoi la longévité est-elle une bonne chose pour l'environnement ?*

Certains imaginent que vivre beaucoup plus longtemps nous amènerait à une planète surpeuplée. En fait, c'est exactement l'évolution contraire qui s'est produite jusqu'ici. Avec les progrès de la médecine, mais aussi de l'hygiène, des connaissances, … la durée de vie s'allonge, le nombre d'enfants par femme diminue et la population se stabilise, voire diminue dans les pays les plus riches. Ce sont dans les pays où la vie est courte, particulièrement les pays d'Afrique subsaharienne, que la croissance de la population reste très/trop forte.

Demain, si nous trouvons la « pilule de l'immortalité », que se passera-t-il ? Les femmes et les hommes seront plus prudents que jamais avec l'environnement. Jusqu'ici, la protection de la planète était souvent un concept abstrait, renvoyé « aux générations futures », qui ne nous concernait pas vraiment.

Si nous savons que nous pouvons être là encore dans deux siècles, il est plus important que jamais que l'environnement reste « viable ». Pour vivre dans un corps « amortel », il faut une planète « immortelle » !

5. *Mais alors comment avons-nous appris à aimer la mort (de vieillesse) ?*

> « Certain Renard Gascon, d'autres disent Normand,
> Mourant presque de faim, vit au haut d'une treille
> Des Raisins mûrs apparemment,
> Et couverts d'une peau vermeille.
> Le galand en eût fait volontiers un repas ;
> Mais comme il n'y pouvait atteindre :
> Ils sont trop verts, dit-il, et bons pour des goujats.
> Fit-il pas mieux que de se plaindre ? »[23].

Il se peut que certains animaux soient conscients de ce qu'est la mort. Mais l'être humain est le seul animal à avoir conscience de l'inéluctabilité de sa fin. Ceci dans des circonstances telles que, au fond, nous ne la souhaiterions même pas à nos ennemis.

Alors que faire pour ne pas devenir fou ? Il faut rendre la mort plus acceptable, voire souhaitable. Il faut aussi rendre l'immortalité mauvaise, car rêver un impossible espoir serait un poison. C'est pourquoi, nous nous racontons des histoires innombrables pour rendre la mort belle, des histoires religieuses, mais pas seulement. Nous refusons de considérer globalement la vieillesse comme une maladie.

Le processus par lequel la mort est rendue souhaitable n'est jamais sans ambiguïté et il a une part inconsciente importante[24]. C'est ce qui s'appelle la théorie de la gestion de la terreur[25]. Ce sont des processus par lesquels, sans en être conscients, nous acceptons, assumons voire même avons des pulsions de mort, mais sans nous en rendre compte.

Et là réside probablement une des difficultés les plus intenses du transhumanisme. Le soleil ni la mort ne se peuvent regarder fixement, disait de La Rochefoucauld. Il faut aux transhumanistes, comme pour tout humain, accepter la

---

23 DE LA FONTAINE (J.), *Le Renard et les Raisins, Fables de La Fontaine*, 1668.

24 BECKER (E.) *The denial of Death,* Free Press, 1973.

25 Cf. notamment GREENBERG (J.), SOLOMON (S), PYZSZYNSKI (T), *The Worm at the Core: On the Role of Death in Life*, Penguin Random House, 2015.

mort aujourd'hui. Mais il faut aussi, pour soi-même et pour les autres, lutter pour la longévité demain.

6. *Comment les transhumanistes veulent-ils "vaincre" la vieillesse ?*

- Comme déjà écrit, les transhumanistes sont toujours longévitistes. Ils savent que la « pilule de l'immortalité » n'est très probablement pas pour demain et d'ailleurs ne sera très probablement pas une simple pilule. Très souvent, ils voient la défaite de la grande faucheuse comme un travail en étapes :
- Utiliser au mieux et faire progresser ce dont nous disposons selon la médecine d'aujourd'hui et ce que nous connaissons pour ralentir le vieillissement.
- Explorer les pistes de réjuvénation biologiques qui n'existent pas encore aujourd'hui : les thérapies génétiques, les nanotechnologies médicales, les microchirurgies, les produits médicaux nouveaux, …
- Parallèlement aux développements de la recherche médicale, faire progresser les autres sciences de manière générale et particulièrement tout ce qui concerne l'intelligence artificielle, le traitement de données massives (« big data »), les nanotechnologies.

Enfin, pour beaucoup de transhumanistes, mais pas pour tous, la vie au-delà de nos limites humaines, mais dans les limites d'un corps de chair et de sang, n'est pas la frontière ultime. Si un jour, il est possible de remplacer le corps humain par un support informatique plus résilient et plus efficace, c'est souhaitable.

Deux nuances importantes sont à apporter dans ce cadre :

- Ceci n'est pas l'objectif, et certainement pas l'objectif proche, de tous les transhumanistes. Pouvoir vivre dans un monde meilleur, pas tellement différent du monde d'aujourd'hui, mais sans limitation de durée peut être suffisant. Avoir plus de temps pour s'aimer, vivre, découvrir, améliorer la planète, tout cela pourrait se faire dans une enveloppe biologique.
- Pour ceux qui envisagent un tel monde, cela pourrait se faire à travers l'étape intermédiaire du *cyborg*, laquelle, en réalité, a déjà commencé (pacemakers, prothèses avec des composants informatiques). Il pourrait s'agir d'une transition douce, d'une émulation progressive. Il se pourrait que la vie informatique soit ce qu'est un beau film par rapport à la réalité : un monde ressemblant au monde actuel, mais en mieux. Nous pouvons déjà reproduire le son, l'image, de manière plus performante que ce que permettent de percevoir l'œil ou l'oreille biologiques. Un jour, il pourrait en aller ainsi de tous les sens et de toutes les fonctions.

De nombreux transhumanistes, qui envisagent une avancée technologique de la médecine insuffisante de leur vivant, songent à se faire cryogéniser, c'est-à-dire conserver à une température extrêmement basse. Cependant force est de constater que très peu d'entre eux ont réellement recours à ce traitement. Le coût relativement élevé de la cryogénisation est un obstacle, mais pas toujours le principal. Un contrat de cryogénisation est d'ailleurs moins élevé qu'un petit appartement dans la banlieue française. L'obstacle est surtout social et psychologique. À un moment, dans la majorité des cas, même un transhumaniste se résout à sa fin, inévitable en fonction des connaissances actuelles.

7. *En quoi l'amortalité est-elle un objectif réaliste ?*

Les transhumanistes rappellent que, contrairement à ce qui est souvent affirmé, la mort de vieillesse n'est pas indissociable de la vie. Il existe des êtres vivants qui n'ont pas de mécanisme de sénescence mesurable. Des sequoias, des coraux, des organismes unicellulaires peuvent vivre des milliers d'années. En ce qui concerne les vertébrés, la durée de vie semble toujours limitée. Mais bien des vertébrés dépassent la durée de vie de Jeanne Calment, femme ayant (probablement) vécu le plus longtemps dans l'histoire de l'humanité (122 ans). Des tortues et des baleines peuvent vivre deux siècles et les requins du Groenland peuvent vivre plus de quatre siècles.

La durée de vie maximale est inscrite profondément dans nos gènes. Un humain ne vivra jamais, sans progrès de rupture médicale, beaucoup plus qu'un siècle, même s'il est placé dans un environnement parfaitement sain. Une souris ne vivra jamais beaucoup plus que 4 ans, même placée dans un « paradis pour souris ».

Parfois, les transhumanistes font preuve de trop d'optimisme. Ils mentionnent l'augmentation moyenne de la durée de vie d'un trimestre par année, en oubliant que la durée de vie maximale, elle, n'augmente plus depuis le décès de Jeanne Calment en 1997. Ils envisagent ce que Aubrey de Grey a appelé la « vitesse d'échappement à la longévité »[26], c'est-à-dire un gain d'une année de vie par année écoulée, qui aboutirait donc à ne plus mourir de vieillesse. C'est oublier cette barrière aujourd'hui infranchissable. Mais c'est parce que cette limite est purement génétique et que les technologies de thérapie génique progressent à pas de géants, que nous pouvons être optimistes.

---

26 «Actuarial Escape Velocity», *The Futurist*. 25 mars 2020, *disponible en ligne* : https://www.singularity2050.com/2008/03/actuarial-escap.html

L'obstacle majeur n'est probablement pas dans la technologie, il est dans nos têtes : « Ils ne savaient pas que c'était impossible, alors ils l'ont fait » est une maxime parfois entendue. La situation de l'amortalité pour la communauté scientifique aujourd'hui est plutôt inverse : « Ils ne savent pas que c'est possible, alors ils n'essayent pas de le faire ». Ou plus précisément : « Ils se cachent à eux-mêmes, le plus souvent inconsciemment, que c'est possible parce que l'espoir est un poison ».

8. *Quelques leçons issues de la pandémie de Covid-19*

Les décès suite au Covid-19 sont, pour l'immense majorité des décès de personnes âgées. La moyenne d'âge d'une personne mourant du Covid-19 en Italie est de 79,5 ans[27]. Après des hésitations, les décideurs, partout dans le monde, se sont mobilisés pour protéger les plus faibles de nos concitoyens comme jamais auparavant dans l'Histoire de l'Humanité. Ceci pour un coût économique énorme. Cette mobilisation n'était pas inscrite d'avance. Il aurait suffi d'un peu moins d'intérêt pour les vies humaines « non rentables », d'un peu moins de crainte d'effets de contagion aussi pour les plus jeunes… pour que cette mobilisation ne se fasse pas.

La pandémie a été l'occasion de certains progrès foudroyants. Nous avons réussi à transférer dans le virtuel une partie énorme de l'économie. Les administrations, les entreprises et les citoyens ont fait preuve de résilience. Les progrès scientifiques ont été énormes en ce qui concerne la recherche de thérapies et d'un vaccin. Même si la pandémie a causé, outre des centaines de milliers de décès, d'innombrables souffrances et une crise économique sans précédent, ceux qui annonçaient une société fragile, des violences et un écroulement ont eu globalement tort.

La pandémie a aussi montré un aspect moins enthousiasmant d'un point de vue transhumaniste (et du point de vue médical). Des moyens financiers gigantesques, des milliers voire des millions de chercheurs, des milliards de personnes mobilisées, tout ceci n'a pas suffi à vaincre rapidement la maladie. Au moment d'écrire ces lignes (août 2020), aucune thérapie vraiment efficace n'existe encore. Les incertitudes et controverses scientifiques sont presque plus

---

27 « Coronavirus en Italie : l'âge moyen des personnes décédées du virus est de 79,5 ans », *RTBF*, 18 mars 2020, *disponible en ligne : https://www.rtbf.be/info/societe/detail_coronavirus-en-italie-l-age-moyen-des-personnes-decedees-du-virus-est-de-79-5-ans?id=10461609*

nombreuses que les points de consensus. Et surtout, la perception que le Covid-19 est une maladie du vieillissement parmi beaucoup d'autres, que c'est contre le processus de vieillissement qu'il faut lutter d'abord ne s'est pas faite.

Pour aller plus loin rapidement, cette prise de conscience est nécessaire. Il faut également des recherches scientifiques rigoureuses (études randomisées en double aveugle, recherches avec obligation de publication de résultats, ...). Il faut enfin que les tests cliniques humains puissent être effectués plus rapidement, que les responsables éthiques soient tenus de mettre tout en haut de leurs priorités le devoir de sauver les vies des malades et la possibilité pour les volontaires bien informés d'expérimenter pour le bien commun.

9. *La longévité, après-demain*

Pour certains, la vie n'est pas soutenable. La possibilité d'y mettre fin dans la dignité doit être un droit pour ceux qui le désirent. Cependant la liberté des uns ne peut entraver celle des autres. Pour les autres, tous les autres, nous pourrions avoir les moyens de ne plus vouer nos enfants à la mort. Nous pourrions faire de nous-mêmes, voire peut-être de nos parents, la dernière génération condamnée à mourir de la vieillesse.

V. Le futur du transhumanisme : être plus humain ?

Nous parcourons cette planète depuis 200.000 ans. Pas un seul des passagers d'aujourd'hui n'a accompli un millième du voyage.

Jamais le monde n'a été aussi beau pour l'Humanité. Jamais nous n'avons vécu aussi bien, accumulé autant de connaissances, vécu avec autant d'abondance. Les perspectives qui s'ouvrent sont plus extraordinaires encore : une vie sans durée définie, une amélioration des sensations, des empathies, des connaissances, des bonheurs.

Mais jamais non plus, le monde n'a été aussi dangereux. Par le passé, il était d'abord dangereux par ce que nous étions incapables de réaliser. Aujourd'hui, il est plus dangereux encore par ce que nous sommes capables d'accomplir. Comme disait, avec un humour glacé un spécialiste de l'intelligence artificielle[28], chaque 18 mois le quotient intellectuel nécessaire pour détruire l'humanité diminue d'un point.

---

28 YUDOWSKY (E), *Accelerating Change*, 2005, *disponible en ligne* : https://pjammer.livejournal.com/151502.html

Pour autant que nous le sachions, nous sommes tout seuls dans l'Univers pour poursuivre le trajet périlleux. Nous ne pouvons l'accomplir sans continuer à nous améliorer pour le bien de tous.

Pour être plus humain demain.

Jacques ARNOULD[1]

2. Pierre Teilhard de Chardin et le phénomène transhumaniste

Parce qu'il bouscule, même sous le mode du projet ou de l'hypothèse, l'idée que nous nous faisons de la condition humaine et de son possible futur, parce qu'il en décrit son possible dépassement, le transhumanisme aborde les rivages de ce que nous qualifions habituellement de sacré, de divin ainsi que les manières dont nous les pratiquons, dont nous en parlons, autrement dit les religions et les théologies. Bien plus, en cherchant à atteindre, à acquérir l'immortalité, les humains ne prétendent-ils pas devenir comme ceux que les différentes cultures humaines qualifient de « dieux » ? Dès lors, il n'est pas étonnant de trouver, de la part des religions « traditionnelles » et de leurs représentants, souci, crainte, critique, refus vis-à-vis des propos et des projets transhumanistes[2]. Si des théologiens chrétiens considèrent le phénomène transhumaniste comme une occasion de questionner leurs traditions religieuses elles-mêmes[3], ils ont été précédés par un penseur chrétien qui, avant même que soit donné au terme de transhumanisme le contenu que nous lui connaissons désormais, a posé des bases théologiques originales face à ses espoirs et ses promesses. Je veux parler de Pierre Teilhard de Chardin.

I. Un jésuite, à la confluence de la science et de la religion

Il n'est pas question de brosser ici un portrait complet de Teilhard de Chardin[4], mais seulement d'en rappeler les traits qui permettront de comprendre la relation qu'il est possible d'établir avec le transhumanisme.

Né en 1881 d'une famille profondément ancrée dans la tradition catholique, le jeune homme paraît emprunter une voie prévisible en entrant dans la Compagnie de Jésus, autrement dit les jésuites, en même temps que dans le

1 Expert éthique au Centre National d'Études Spatiales.

2 Cf. REY (O.), *Leurre et malheur du transhumanisme*, Desclée de Brouwer, 2018 ; TERENCE (M.), *Le transhumanisme est un intégrisme*, Cerf, 2016.

3 ARNOULD (J.), *Quand les hommes se prennent pour Dieu*, Salvator, 2020.

4 EUVE (F.), *Pour une spiritualité du cosmos. Découvrir Teilhard de Chardin*, Salvator, 2015 ; ARNOULD (J.), *Pierre Teilhard de Chardin*, Perrin, 2005.

XXe siècle. De ses parents, il n'a pas seulement hérité une foi solide ; il nourrit aussi un vif intérêt pour les sciences de la nature. Tout en poursuivant la longue formation philosophique et théologique propre à son état religieux, il se forge une expérience de géologue amateur. Il acquiert, ensuite, les grades universitaires jusqu'au doctorat auprès des paléontologues et des préhistoriens les plus compétents de son époque. Son travail scientifique et sa pensée religieuse s'inscrivent clairement dans une vision évolutionniste, même s'il ne partage pas la perspective darwinienne qui, au cours de la première moitié du XXe siècle, émerge et devient prédominante.

Au début des années 1920, il inquiète les autorités catholiques par l'audace de sa pensée : ne met-il pas en question l'historicité d'Adam et d'Ève ? Il est alors sommé de ne plus s'exprimer en matière de théologie et de rejoindre la Chine. Il y participe à la découverte de l'Homme de Pékin, un des « maillons » de la famille humaine. Il prend part à la Croisière Jaune, et ne rentre de Pékin, après la Deuxième Guerre mondiale, que pour repartir en exil, mais cette fois aux États-Unis. Sa réputation dans le monde scientifique lui offre encore l'occasion de suivre les premières fouilles menées en Afrique du Sud, le berceau de l'Humanité. Il meurt à New York, le dimanche de Pâques 1955.

La publication de ses écrits, rendue possible après son décès, lui offre une singulière réputation posthume, par-delà les frontières des communautés chrétiennes. S'il influence les travaux du concile Vatican II, au début des années 1960, il inspire des penseurs de diverses obédiences idéologiques par sa vision d'une humanité portée, emportée par des processus, des phénomènes évolutifs et convergents vers un (mystérieux ou hypothétique) point Oméga. La pensée de Teilhard de Chardin est fondée sur l'optimisme d'un croyant qui n'ignore l'existence du mal, de la mort (il a servi comme infirmier durant toute la Grande Guerre, en particulier à Verdun en 1916), mais place toujours son regard par-delà la situation présente, confiant dans la réussite finale de la vie.

II. Une question de paternité

La coutume est d'attribuer à Julian Huxley la paternité du terme et de la définition du transhumanisme. Dans son essai *New Bottles for New Wine*, le biologiste a effectivement écrit : « L'espèce humaine peut, si elle le souhaite, se transcender elle-même, pas seulement de manière sporadique (…) mais dans son entier, en tant qu'humanité. Nous avons besoin d'un nom pour cette nouvelle conviction. Peut-être que transhumanisme pourrait servir : un homme restant homme, mais se transcendant lui-même, en réalisant de nouvelles possibilités par et pour sa nature humaine »[5]. Ce texte a été publié en 1957.

Il n'est pas question de mettre en cause cette traditionnelle paternité : à cause de ses engagements, de ses fonctions (dont celle de premier directeur de l'UNESCO) et des idées qu'il a défendues (un humanisme, en même temps qu'une forme modérée d'eugénisme), Huxley la mérite… à condition toutefois de remarquer qu'un homme dont le savant britannique connaissait les travaux et avait contribué à diffuser la pensée, que cet homme, Pierre Teilhard de Chardin, avait utilisé semblable expression une quinzaine d'années auparavant, dans un contexte certes différent, mais une perspective assez voisine. Alors qu'il est retenu à Pékin par les troupes d'occupation japonaises, il écrit en septembre 1940 à deux amis de France, Max et Simone Bégouën : « La paix n'est pas le contraire de la guerre (pas plus que l'Esprit le contraire de la Matière) : elle est la guerre portée au-delà et plus haut qu'elle-même, dans la conquête du transhumain (comme dirait Coutrot), absolument comme le vrai Esprit est de la trans-Matière »[6]. Et voilà qu'un nouveau personnage apparaît, Jean Coutrot, qui avait créé avec Alexis Carrel et Aldous Huxley, le frère de Julian et l'auteur du *Meilleur des mondes*, le « Centre d'études des problèmes humains » et qui développait une sorte de mystique de l'avenir, une régénération de l'espèce, bref une forme « primitive » de transhumanisme qui, pour Coutrot, fédérerait plusieurs sortes d'humanisme, économique et social, marxiste et libéral[7]. Huxley, Teilhard de Chardin, Coutrot ? Il est inutile de s'engager dans une recherche de paternité ou, plus exactement, de priorité intellectuelle. Ces trois noms suffisent à montrer que l'idée même de transhumanisme appartient à l'atmosphère du XXe siècle, à l'ambiance d'une époque qui s'émerveille encore des progrès des sciences et des techniques et, dans le même temps, commence à en découvrir les méfaits et à s'en inquiéter : la mécanisation des conflits avec la Première Guerre mondiale, la possible destruction de l'Humanité tout entière avec la mise au point de l'arme nucléaire au terme de la Deuxième, bientôt le gaspillage des ressources naturelles et la dégradation des milieux et des climats terrestres.

Le propos de Teilhard de Chardin témoigne à la fois de l'impact des deux conflits mondiaux sur la pensée de son époque et du sens originel à donner au

---

5 Cité dans DAMOUR (F.), *La tentation transhumaniste*, Salvator 2015, p. 26.

6 TEILHARD DE CHARDIN (P.), « Lettre à Max et Simone Bégouën », 20 septembre 1940, dans *Le rayonnement d'une amitié. Correspondance avec la famille Bégouën* (1922–1955), Lessius, 2011, p. 171.

7 MOATTI (A.), *Aux racines du transhumanisme. France, 1930–1980*, Odile Jacob, 2020.

mouvement transhumaniste : « la guerre portée au-delà et plus haut qu'elle-même », écrit-il, alors que lui-même a été plongé dans celle des tranchées et doit subir, au moment où il rédige sa lettre, les effets de la désormais mondialisation des conflits. Pourtant, s'il condamne la violence qui accompagne la guerre, il cherche, presque obstinément, à en tirer les leçons les plus pertinentes, à analyser les sentiments éprouvés par ceux qui la subissent. « On pourrait montrer, écrit-il à une correspondante en 1917, que le front n'est pas seulement la ligne de feu, la surface de corrosion des peuples qui s'attaquent, mais aussi, en quelque façon, le 'front de la vague' qui porte le monde humain vers ses destinées nouvelles[8]. »

Le propos de Teilhard de Chardin paraît clair : il invite ses correspondants à ne pas opposer la guerre à la paix, pas plus que la matière à l'esprit, mais à comprendre ou, sans doute plutôt, à croire que la paix et l'esprit sont la guerre et la matière portées au-delà, plus haut qu'elles-mêmes. Cette perspective est audacieuse lorsqu'il est question de la guerre et des conflits face auxquels nous préférons adopter une posture plus franchement dualiste. Elle n'est pas moins surprenante et pourtant remarquable, lorsqu'il est question du couple matière-esprit, dont le jésuite n'hésite pas à décrire les conséquences pour l'attitude chrétienne à l'égard du monde : « C'est sans doute une conception chrétienne bien imparfaite que celle qui se donne comme idéal de '*traverser la vie*', en *restant* pure. Comme si la vie était une chose mauvaise et dangereuse, et non le chemin de l'être. L'idéal chrétien est sans doute de *se mêler profondément à la vie*, pour la *purifier*, et s'y purifier. La vie n'est pas de la boue, mais de l'or à raffiner… »[9]. Cette page du *Journal* de Teilhard de Chardin, écrite sur le front de la Grande Guerre, et la lettre à ses amis Bégouën, rédigée alors qu'il est retenu, presque emprisonné, en Chine me paraissent offrir une ouverture originale de la notion de transhumanisme, à partir de la pensée teilhardienne.

III. Pour un trans-christianisme

Teilhard de Chardin écarte donc toute forme de dualisme entre la matière et l'esprit ; il cherche au contraire à les associer le plus étroitement possible dans ce mouvement de « traversée » auquel il croit et aspire, pour lui-même comme pour l'Humanité. Je ne vois guère d'expression plus ajustée de ce qui serait la réponse, l'objection en même temps que la proposition chrétienne, face aux

---

8 TEILHARD DE CHARDIN (P.), « Lettre à Claude Aragonnès », 23 septembre 1917, dans *Genèse d'une pensée. Lettres (1914–1919)*, Grasset, 1961.

9 TEILHARD DE CHARDIN (P.), « 17 mai 1918 », dans *Journal*, Fayard, 1975, p. 325.

perspectives, aux projets transhumanistes, mais aussi aux critiques qu'ils suscitent. La vie, martèle Teilhard de Chardin, n'est pas chose mauvaise ou dangereuse qu'il faudrait impérativement chercher à fuir ; elle est au contraire le chemin de l'être et donc, pour le religieux, le chemin de Dieu. Creusons cette perspective.

Selon la pratique des religieux jésuites, Teilhard de Chardin consacre chaque année un moment à une retraite spirituelle. Dans les notes qu'il rédige à de telles occasions, il laisse comme une trace de l'esprit qui inspire ses entreprises, sa démarche scientifique et spirituelle, ses réponses aux aléas d'une vie d'aventure : « (…) ne jamais faire volte-face, fuir, devant l'ennui, le dégoût, la peur, le doute, mais aller toujours plus outre »[10]. Lui qui, au cours de la Grande Guerre, a reçu plusieurs décorations pour avoir accompli sa mission d'infirmier dans des conditions particulièrement dangereuses, lui qui n'a jamais hésité à se lancer dans de périlleuses expéditions scientifiques, n'est pas homme à fuir. Il n'aime pas non plus l'immobilité qu'il considérait comme son pire ennemi. Enfin, il lui arrive de se plaindre en des termes sans équivoque : « Rien que la Terre, c'est insuffisant »[11]. Toujours, il veut aller de l'avant, en avant, plus outre.

Plus outre : l'expression revient souvent sous sa plume, car elle résume à la fois l'orientation de son existence, parfois imposée par les autorités ecclésiastiques, et sa spiritualité qui, fortement enracinée dans la tradition catholique, ne craint pas le progrès ou même la transgression. Et il attend de l'Église à laquelle il est si attaché qu'elle fasse de même, qu'elle devienne même « trans-chrétienne » : « Seulement je suis de plus en plus convaincu que le Christianisme ne convertira le Monde ultra-humain qui s'annonce qu'en devenant lui-même ultra (ou, si vous préférez, trans-chrétien…) »[12].

Le vocabulaire du savant jésuite peut surprendre ; il a même choqué nombre de ses premiers lecteurs, dans les années 1950 et 1960. Sans doute y a-t-il une part de provocation mais aussi d'impatience chez cet homme qui se trouve, presque paradoxalement, à l'avant-garde des recherches en paléontologie et en préhistoire, en même temps que fidèlement enraciné dans un riche terroir culturel, philosophique, théologique. Il aspire donc à une religion, à une Église qui soit à la hauteur du monde de son époque, de ses connaissances, de ses

---

10 TEILHARD DE CHARDIN (P.), *Notes de retraites (1919-1954)*, 1922, Seuil, 2003, p. 102.

11 TEILHARD DE CHARDIN (P.), « 1er septembre 1926 », dans *Lettres de voyage (1923-1939)*, Grasset, 1956, p. 97.

12 TEILHARD DE CHARDIN (P.), « Lettre au comte Henri Bégouën », 9 janvier 1955, dans *Le rayonnement d'une amitié*, *op. cit.*, p. 218.

espoirs : « qu'irions-nous demander à la Judée d'il y a deux mille ans ? Non, ce que j'appelle, comme tout être, du cri de toute ma vie, et même de toute ma passion terrestre, c'est bien autre chose qu'un semblable à chérir : c'est un Dieu à adorer »[13]. Panthéiste par nature, Teilhard de Chardin est chrétien par profession de foi, « christien » devrais-je peut-être écrire car, ne cesse-t-il pas de répéter, « le Christ doit être aimé comme un Monde, ou plutôt comme le Monde, c'est-à-dire comme le centre physique (d'ultime détermination et de véritable consistance) imposé à tout ce qui doit survivre de la Création »[14]. Il n'est pas anodin de trouver, chez Teilhard de Chardin comme chez les transhumanistes, ce même souci de la survie, qu'il s'agisse de la nature tout entière, confessée comme création divine, ou de la seule Humanité. Mais le regard du religieux se porte plus loin, lorsqu'il s'interroge : « j'ai souvent l'impression que notre Christ n'est qu'un voile et une ébauche, derrière quoi nous attend et nous attire Quelqu'un ou Quelque chose d'incomparablement plus grand »[15]. Soucieux de découvrir le Dieu désormais attendu par la Terre, celui que les hommes d'aujourd'hui pourraient accepter de reconnaître et d'adorer, il porte donc son regard, sa foi au-delà de cet horizon et parle d'« un Dieu trans-, ultra-humain (et non un Dieu super-, extra-humain) »[16], d'un « Trans-Christ », de « Jésus II », écrit-il même. Non pas un mélange « christiano-islamo-bouddhiste », précise-t-il, mais un Dieu ultra-Christique, ultra-chrétien, trans-chrétien. Jamais le jésuite n'a abandonné ses racines chrétiennes ; mais jamais il n'a prôné d'y rester strictement accolé : le chrétien doit aller plus outre ! Tels sont l'interprétation et l'usage du terme « trans » par Teilhard de Chardin.

IV. La question eugéniste

L'humanité n'a pas attendu le début du XXe siècle pour tenter de s'opposer aux lois de la nature ou de les tourner en sa faveur. La médecine, sous quelque forme que ce soit, les coutumes et les lois sociales (par exemple, le soutien des personnes et des familles défavorisées), la culture elle-même sont autant de manières d'influencer le cours de l'évolution naturelle. Mais, s'interrogent les généticiens de cette époque, est-ce réellement pour le « bien » de l'espèce

---

13 TEILHARD DE CHARDIN (P.), « Le Milieu divin » (1927), *Œuvres*, tome 4, Seuil, 1957, p. 157.

14 TEILHARD DE CHARDIN (P.), « Lettre à Auguste Valensin », 12 décembre 1919, dans *Blondel et Teilhard de Chardin*, Beauchesne, 1965, p. 28.

15 TEILHARD DE CHARDIN (P.), *Notes de retraites*, 1946, *op.cit.*, p. 277.

16 TEILHARD DE CHARDIN (P.), *Notes de retraites*, 1954, *op.cit.*, p. 346.

humaine ? Ne conviendrait-il pas de se soucier davantage de son patrimoine, de sa protection à l'égard de toute atteinte qui pourrait la dégrader ? Le temps n'est-il pas venu d'offrir à l'Humanité les moyens de prendre en main l'évolution de son patrimoine ? La science de l'eugénique est née de cette perspective : faciliter, voire provoquer la naissance d'individus et de populations qui soient « bons », c'est-à-dire meilleurs. Cette discipline scientifique apparaît au cours des années 1910, dans le Royaume-Uni, en Allemagne et en France ; mais l'Anglais Francis Galton emploie le terme d'eugénique dès 1883 pour désigner « l'étude des éléments contrôlables socialement qui peuvent améliorer ou détériorer les qualités raciales des futures générations, physiquement ou mentalement ». L'eugénique est fondée sur deux postulats : d'une part, les gènes sont à l'origine de potentialités et de comportements différents d'un individu à l'autre ; ils sont soumis à des pressions évolutives ; d'autre part, l'espèce humaine est le fleuron de l'évolution du vivant ; elle le doit à la sélection naturelle, qu'il faut désormais suppléer pour perpétuer ce statut. À ce stade, la qualité biologique individuelle et le pouvoir scientifique restent les principes essentiels du projet de Galton. Les choses changent et l'eugénique devient l'eugénisme lorsque les scientifiques prétendent réaliser cette utopie en absorbant les autres sciences humaines, afin de contrôler, au nom de la science, la société dans ses dimensions civiles et politiques. Comme le montrent les idées de Huxley et les propos de Teilhard[17], les limites de l'eugénisme sont plus difficiles à définir.

Teilhard de Chardin, qui n'est pas lui-même généticien, aborde à plusieurs reprises la question eugéniste ; ainsi écrit-il explicitement, dans *Le Phénomène humain* : « Nous avons certainement laissé pousser jusqu'ici notre race à l'aventure, et insuffisamment réfléchi au problème de savoir par quels facteurs médicaux et moraux *il est nécessaire*, si nous les supprimons, *de remplacer les forces brutales de la sélection naturelle*. Au cours des siècles qui viennent il est indispensable que se découvre et se développe, à la mesure de nos personnes, une forme d'eugénisme noblement humaine. Eugénisme des individus, – et par suite eugénisme aussi de la société. De ce grand corps, fait de tous nos corps, nous trouverions plus commode, et nous inclinerions même à estimer plus sûr, de laisser les contours se déterminer tout seuls, par le jeu automatique des fantaisies et des poussées individuelles. Ne pas interférer avec les forces du Monde !… Toujours le mirage de l'instinct et de la prétendue infaillibilité de la

17 Cf. KEVLES (D. J.), *Au nom de l'eugénisme. Génétique et politique dans le monde anglo-saxon*, PUF (Science, histoire et société), 1995 ; ROSENTAL (P.-A.), *Destins de l'eugénisme*, Seuil, 2016.

Nature. Mais n'est-ce pas le Monde tout justement qui, aboutissant à la Pensée, attend que nous repensions, pour les perfectionner, les démarches instinctives de la Nature ? À substance réfléchie, arrangements réfléchis. S'il y a un avenir à l'Humanité, cet avenir ne peut être imaginé que dans la direction de quelque conciliation harmonieuse du Libre avec le Plané et le Totalisé. Distribution des ressources du globe. Régulation de la Poussée vers les espaces libres. Usage *optimum* des puissances libérées par la Machine. Physiologie des nations et des races. Géo-économie, géo-politique, géo-démographie. L'organisation de la Recherche s'élargissant en une organisation raisonnée de la Terre. Que nous le voulions ou non, tous les indices et tous nos besoins convergent dans le même sens : il nous faut, et nous sommes irrésistiblement en train d'édifier, au moyen et au-delà de toute Physique, de toute Biologie, et de toute Psychologie, une *Energétique humaine* »[18].

Si le penseur chrétien commence par se placer au niveau des individus et donc de l'eugénique, il étend immédiatement sa vision à celui de la société et de l'espèce, autrement dit de l'eugénisme ; ne précise-t-il pas ailleurs que l'eugénisme désigne toute volonté, toute action de « perfectionnement dans la prolongation et l'achèvement de l'espèce »[19]. Et il ne faudrait pas croire que cette mention de l'eugénisme soit isolée, voire unique. Ainsi, dans le passage suivant, tiré de *L'Energie humaine*, il avance l'argument, désormais connu et souvent utilisé, du caractère limité des ressources naturelles. Mais, pour justifier le contrôle des naissances, Teilhard de Chardin ne se contente pas de l'argument quantitatif ; il y ajoute une argumentation qualitative qui résonne étrangement, sous la plume d'un héritier de la tradition chrétienne et évangélique : « Sur ce terrain, les apôtres du *birth-control* (encore qu'animés trop souvent par le désir étroit de soulager des peines individuelles) nous auront rendu un service : celui d'ouvrir nos yeux à l'anomalie d'une société qui s'occupe de tout, sauf d'organiser le recrutement de ses propres éléments. Or l'eugénisme ne se limite pas à une simple sélection des naissances. Toutes sortes de questions connexes s'y rattachent, à peine soulevées encore malgré leur urgence. Quelle doit être, par exemple, l'attitude de fond à adopter, vis-à-vis des groupes ethniques fixés ou décidément peu progressifs, par l'aile marchante de l'Humanité ? La Terre est une surface fermée et limitée. Dans quelle mesure doit-on y tolérer, racialement

18 TEILHARD DE CHARDIN (P.), « Le Phénomène humain » (1940), *Œuvres*, tome 1, Seuil 1955, p. 314–315.

19 TEILHARD DE CHARDIN (P.), « Les Directions et les Conditions de l'Avenir » (1948), *Œuvres*, tome 5, Seuil 1959, p. 301.

ou nationalement, des aires de moindre activité ? – Plus généralement encore, comment faut-il juger les efforts que nous multiplions pour sauver, dans les hôpitaux de toutes sortes, ce qui n'est souvent qu'un déchet de vie ? Quelque chose de profondément beau et vrai (je veux dire la foi en la valeur irremplaçable et aux ressources imprévisibles contenues dans chaque élément personnel) se cache évidemment sous cette opiniâtreté à tout sacrifier pour sauver une existence humaine. Mais cette sollicitude de l'homme pour son prochain individuel ne devrait-elle pas s'équilibrer d'une passion plus haute, naissant de la foi en cette autre personnalité supérieure qui est attendue, nous le verrons, de la réussite terrestre de notre évolution ? Jusqu'à quel point le développement du fort (si tant est qu'on puisse clairement définir celui-ci) ne devrait-il pas primer la conservation du faible ? Comment concilier, dans un maximum d'efficience, le soin à prodiguer aux blessés avec les nécessités supérieures de l'attaque ? En quoi consiste la vraie charité ? »[20].

Teilhard le répète à plusieurs reprises : l'Humanité doit désormais instaurer un eugénisme généralisé, appliqué aussi bien aux individus qu'aux groupes sociaux, aux races. Les raisons ne sont pas seulement d'ordre économique et alimentaire : il s'agit d'installer, d'instaurer les conditions nécessaires à une maturation biologique du genre humain comme, d'ailleurs, de la biosphère. La sphère biologique n'est pas la seule concernée : la même démarche volontariste et finalisée doit être appliquée à l'esprit, à « l'Energétique spirituelle ». À la dispersion des formes de foi et d'amour doit succéder un nouveau régime : celui d'un Monde capable de réfléchir sur lui-même et surtout de se transformer lui-même, de se vouer à l'étude des conditions d'une telle évolution.

Une question vient rapidement à l'esprit : en défendant aussi ouvertement un « eugénisme généralisé (racial autant qu'individuel) », Teilhard de Chardin se révèle-t-il raciste ? Lui-même s'en est défendu : « On dit que je suis raciste, mais je ne suis pas raciste », affirme-t-il à son collègue et ami Claude Cuénot. Certes, nous connaissons ses doutes à l'égard de l'avenir des peuplades d'Abyssinie ou même des populations de Chine. Et, toujours dans une conversation avec Cuénot, commentant une déclaration de l'UNESCO sur la question raciale, il explique : « Et puis même si certains esprits, insuffisamment 'humanisés', se trouvaient offusqués par le fait que, dans l'avance humaine commune, il existe, non seulement des individus, mais des groupes 'mieux doués', des 'groupes-leaders', – qu'y faire ? »[21]. Cette question, « qu'y faire ? », relève du fait, non de

---

20 TEILHARD DE CHARDIN (P.), « L'Énergie humaine » (1937), *Œuvres*, tome 6, Seuil, 1962, p. 166–167.

21 Cité dans CUENOT (Cl.), *op. cit.*, p. 364.

l'*a priori,* qui est au fondement de la plupart des idéologies racistes. Teilhard de Chardin constate des différences, il ne les introduit pas. C'est pourquoi il n'est pas étonnant de le voir s'offusquer des mesures prises par le gouvernent sud-africain, en faveur de l'*apartheid*. Durant son séjour au Cap, au cours de l'été 1953, il écrit à l'un de ses confrères : « Ici comme là [à Johannesbourg] une seule chose ou impression désagréable : l'effort du gouvernement pour maintenir désespérément la suprématie blanche (on re-forme les écoles pour indigènes sur le principe de l'inégalité des races, à inculquer aux enfants). Les anglicans réagissent courageusement. Mais on n'entend jamais la voix catholique, me semble-t-il »[22]. Maintenir coûte que coûte une suprématie, voilà qui relève du racisme et que le jésuite récuse. Agir en faveur de la prolongation et de l'achèvement de l'espèce humaine, voilà qui caractérise l'eugénisme et que Teilhard défend. Notons-le bien : Teilhard ne précise pas les moyens à mettre en œuvre pour le bien de l'humanité, pour prendre en main l'évolution biologique, pour s'opposer à la « prétendue infaillibilité de la Nature » et à ses lois. Il s'en tient, comme j'ai essayé d'en rendre compte, à des convictions clairement et même froidement énoncées.

J'ai été surpris, voire choqué, de rencontrer de tels propos sous la plume de cet homme. Pourtant, à les examiner, plutôt qu'à les oublier ou à les dissimuler, je crois qu'ils peuvent nous être aujourd'hui d'un grand intérêt. Demandons comment un homme de la trempe de Teilhard peut penser et surtout écrire ces propos eugénistes autour des années 1950, une fois connues (et heureusement interrompues) l'entreprise nazie, mais aussi les campagnes de stérilisation menées par les États-Unis et la Suède. Bien sûr, Teilhard de Chardin n'est pas le seul à s'être ainsi exprimé, en dehors même d'Alexis Carrel. De même faut-il souligner que la pensée teilhardienne est ici plus globale qu'individuelle, qu'elle propose une « attitude de collaboration sympathique dans la participation unanime à un effort 'd'ultra-humanisation' où chaque nuance d'Humanité a besoin de toutes les autres pour arriver à maturité »[23]. Simultanément et en prenant un peu de distance, il convient de constater que l'eugénisme du savant français, avant d'être une idéologie sociale ou un programme politique, peut être présenté et compris comme une brèche dans l'édifice que constitue la vision déterministe et orthogénétique de l'univers, du vivant, enfin de l'Humanité,

---

22 TEILHARD DE CHARDIN (P.), « Lettre au Père André Ravier », 24 septembre 1954 dans *Lettres intimes à Auguste Valensin, Bruno de Solages, Henri de Lubac, André Ravier,* Aubier Montaigne, 1974.

23 Cité dans CUENOT (Cl.), *op. cit.*, p. 365.

qui est celle du jésuite. En d'autres termes, défendre l'eugénisme pourrait être approché et admis comme une manière de mettre en avant la responsabilité humaine dans l'achèvement du processus évolutif, dans l'accomplissement de l'union créatrice. Et cette part confiée à l'Humanité serait suffisamment importante et cruciale, pour faire courir à cet immense processus le risque de l'échec. Teilhard de Chardin ne dit-il pas parfois que le péché originel (autrement dit, la chute de l'Humanité) serait, d'une certaine manière, encore à venir ? Dès lors, le degré de liberté conféré à l'espèce humaine ne devrait-il pas être assujetti à une perspective aussi volontariste et efficiente que celle proposée par l'eugénisme ?

Ces questions ne sont pas vaines. Les contemporains de Teilhard de Chardin, Huxley, Carrel et d'autres se les posent, tentent d'y apporter des réponses qui soient cohérentes avec leur vision de l'Humanité, de sa destinée. Jusqu'à un certain point, et loin de prétendre me faire l'inquisiteur ou le juge de quiconque, je pense convenable de reconnaître, avec Claude Cuénot, qu'il y a quelque chose « de juste, de sain et d'authentique » dans l'eugénisme de Teilhard. Il n'y a *a priori* rien d'autre, chez lui, que le désir de « bien » faire, d'œuvrer pour le bien de l'espèce humaine, de rechercher pour elle un *optimum* (l'expression revient à plusieurs reprises sous sa plume, lorsqu'il aborde la question eugéniste). Il n'est pas le seul à vouloir travailler dans cette perspective. Pensons aux personnalités et aux courants politiques, aux organisations nationales et internationales, qui disent se soucier du bien-être humain, dans son acception la plus large. Tous veulent bien faire. Mais jusqu'où les moyens mis en œuvre peuvent-ils les conduire ? Le plus souvent, la question du bien-être rencontre celle du bien-naître (que le lecteur excuse ce jeu de mots facile), donc de l'eugénisme. Aujourd'hui, la question de la maîtrise possible et souhaitable des naissances et des évolutions démographiques est, plus encore qu'en 1950, d'actualité. Mais que penser de la manière dont elle peut être imposée aux pays dits du Tiers-Monde ou des motivations des programmes mis en place ? Quel équilibre choisissons-nous entre le respect des individus et le souci des populations ? Que dire, par ailleurs, des techniques, voire des programmes de décryptage du génome humain, de dépistage des maladies héréditaires, de tri d'embryons ou encore de thérapie génique ? Il convient de distinguer la démarche individuelle qui conduit des parents à utiliser l'une de ces méthodes, de la réglementation totalitaire d'un Etat qui désigne les individus autorisés à se reproduire. Pourtant, grâce à une orchestration médiatique efficace, l'engouement suscité par ces techniques, auxquelles s'ajoutent ou qu'intègrent les projets transhumanistes, ne contribue pas nécessairement à une prise de conscience et une responsabilisation par chaque personne, couple, famille ou groupe social, telles que Teilhard de Chardin et Huxley semblent les promouvoir.

V. Apocalypse

La question posée par le religieux français, au milieu du XXe siècle, reste donc d'actualité : en quoi consiste la vraie charité ? A-t-elle encore sa place dans les projets qui s'inquiètent de l'avenir de l'Humanité ? Comment choisir entre le développement du fort et la conservation du faible, pour reprendre l'alternative posée par Teilhard de Chardin ? Les propos évangéliques (ou peut-être la fraternité dont parle Régis Debray)[24] ont-ils leur place dans ce choix dont le jésuite a souligné la réalité, voire l'urgence ? Sa lucidité peut aujourd'hui nous rendre un grand service, même si ses propos restent sujets à discussion. Et ils conduisent aussi à nous demander si la charité, comprise comme une vertu morale et religieuse, peut revendiquer une influence sur la conduite de l'avenir de l'Humanité, à une époque où les sciences et les techniques lui offrent les pouvoirs et les perspectives que Teilhard ou Huxley devinent déjà en 1950 et que nous leur connaissons. À côté de ses enjeux moraux, le dossier transhumaniste interroge aussi la manière dont le savant religieux et, plus largement, la pensée chrétienne, pensent la relation entre le développement des sciences et les enjeux de la foi.

Le transhumanisme ne nous révélera rien sur l'Humanité que nous ne connaissions déjà ou, au mieux, que nous n'ayons déjà imaginé. Même s'il traverse ou traversait les frontières de notre condition humaine – qui nous paraissent les plus infranchissables, les plus sacrées –, il ne fait, il ne ferait encore, de par son origine même, que mettre en œuvre des possibles déjà contenus dans l'espace de notre patrimoine biologique, psychologique, culturel ou spirituel, y compris la probable disparition de notre espèce. Plus encore que notre planète orbitant autour d'une étoile ordinaire, notre Humanité est en quelque sorte le cachot d'elle-même.

Une telle limite existe encore lorsque nous nous prenons à imaginer la suite de notre histoire et poussons cet exercice de pensée jusqu'à son terme supposé. Ce que nous qualifions de fin des temps ne peut raisonnablement être que la fin de notre temps et les formes, les teintes apocalyptiques dont nous la parons ne sont rien d'autre que la mise en scène de souffrances déjà endurées et de terreurs par nous imaginées. Le transhumanisme n'a donc rien d'une véritable révélation, d'une apocalypse ; il ne fait que dévoiler, je le répète, une facette peut-être encore inconnue de notre Humanité. En interrogeant le transhumanisme, c'est encore à l'Humanité que nous nous intéressons.

---

24 DEBRAY (R.), *Le Moment fraternité*, Gallimard, 2009.

D'une manière équivalente, je ne crois pas qu'il faille parler, ni même rêver d'une « trans-théologie » ou d'une forme de « théologie augmentée » (je laisse aux philosophes le soin de s'interroger sur le sens d'une trans-philosophie). À l'heure où, au travers des promesses transhumanistes, notre Humanité se pense, se mire, s'interroge sur elle-même comme elle ne l'a peut-être encore jamais fait, elle n'échappe pas à cette voix qui, depuis l'aube de l'Humanité et pour longtemps encore, ne cesse d'interroger chacun d'entre nous au plus intime de lui-même, une voix qu'entendait jadis Teilhard de Chardin, une voix qu'aucune autre interrogation, qu'aucune crainte, qu'aucun rêve ne peut étouffer : « Et toi, que dis-tu ? Pour toi, qui suis-je ? ».

Alexandre MOATTI[1]

3. Un darwinisme culturel comme forme de pré-transhumanisme chez divers auteurs du XXe siècle (Teilhard, Rostand, J. Huxley)

Dans le cadre de nos travaux sur les prémices du transhumanisme en France (1930–1980)[2], nous proposons de présenter trois personnages : Pierre Teilhard de Chardin (1881–1955), Julian Huxley (1887–1975), Jean Rostand (1894–1977) – le premier et le dernier sont français, le second est britannique, mais très présent et commenté en France pendant cette période. Nous évoquerons leur utilisation de concepts « au-dessus de l'humain » : l'ultra-humain chez Teilhard, le transhumanisme chez Huxley, divers concepts chez Rostand (le surréalisme biologique, le sapientior[3],...) ; sur ce sujet comme sur d'autres, l'étude de la terminologie et de son évolution nous paraît épistémologiquement et historiquement importante[4]. Nous examinerons aussi leur rapport très lâche à la science, et notamment à la théorie de l'évolution darwinienne, dont ils font une forme de métaphysique ou d'utopie – ce qui nous amène à parler de *darwinisme culturel* : l'Homme n'évoluerait plus biologiquement, et l'évolution culturelle a remplacé l'évolution biologique ; la spécificité de l'Homme, animal culturel, est de représenter « l'Évolution devenue consciente d'elle-même ».

Avant de commencer la revue de chacun de ces auteurs, soulignons le réseau qu'ils constituent. Par leurs idées et leur période d'action d'abord. Mais aussi entre eux : Julian Huxley préface la traduction anglaise de l'œuvre majeure de Teilhard, *The Phenomenon of Man*, en 1959, d'ailleurs en revendiquant une forme d'antériorité sur certains concepts de Teilhard : « J'ai anticipé

---

1 Ingénieur en chef des Mines, Chercheur Associé à l'Université de Paris-Diderot.

2 Ces travaux ont depuis donné lieu à la publication d'un ouvrage *Aux Racines du transhumanisme. France (1930–1980)*, Paris, Odile Jacob, 2020. Il fait suite à l'obtention de notre Habilitation à Diriger des Recherches (HDR) en 2019 à Sorbonne-Université (garant Olivier Dard).

3 *Sapientior* (lat.) est le comparatif (« plus intelligent ») associé à *sapiens* (« intelligent », *in Homo sapiens*).

4 DARD (O.), MOATTI (A.), « Aux origines du mot 'transhumanisme' », *Futuribles*, Association Futuribles, 2016, *disponible en ligne* : https://halshs.archives-ouvertes.fr/halshs-01618448

indépendamment le titre du grand livre du Père Teilhard en décrivant l'humanité comme un phénomène [...] quelques jalons que j'ai indépendamment trouvés sur mon chemin. » Quant aux deux Français, Rostand et Teilhard, ce furent deux frères ennemis, l'un chrétien, l'autre laïque, ferraillant par presse et titres d'ouvrages interposés[5].

Commençons donc, par ordre d'année de naissance, avec Teilhard. Dans son œuvre protéiforme, nous nous limiterons comme annoncé à son rapport possible avec le transhumanisme ou une forme de pré-transhumanisme. Déjà, de nos jours, plusieurs interprétations à ce sujet s'opposent : Eric Steinhart, philosophe à la William Paterson University (NJ), veut inciter « les transhumanistes à étudier l'œuvre de Teilhard »[6] ; tandis que Marie-Jeanne Coutagne, philosophe, administratrice de la Fondation Teilhard, enseignante invitée au Centre jésuite Sèvres à Paris, indique au contraire que « [p]our conjurer la menace transhumaniste, il convient justement de revenir à Teilhard pour développer une analyse résolument critique »[7].

Chez Teilhard existent trois stades que nous essaierons d'expliciter – le second, « l'ultra-humain », étant le plus important. D'abord, *l'humain* : c'est « une portion définie de Matière localement portée à un état d'extrême complexité »[8] ; il forme, au sommet du Vivant, « un noyau de substance cosmique "hyper-psychisée" »[9], reconnaissable à son pouvoir croissant d'auto-évolution

---

5 Par exemple l'article « Réflexions d'un biologiste » de Teilhard (1950), qui fait écho à l'ouvrage *Pensées d'un biologiste* de Rostand (1939). Pour une description plus précise de ces passes d'armes, Cf. MOATTI (A.), « Vocabulaire et controverses autour de la cybernétique et du transhumain, années 1960–1970 », *L'homme et la société*, L'Harmattan, 2017, L'Homme machine I – Le travailleur-machine, p. 109–131, *disponible en ligne :* https://halshs.archives-ouvertes.fr/halshs-01881419

6 « Teilhard de Chardin and Transhumanism », *Journal of Evolution and Technology*, vol. 20/1, December 2008 – p. 1–22, en ligne. Un article approfondi du 18 avril 2017 du *Guardian*, « God in the machine: my strange journey into transhumanism », décrit E. Steinhart comme un philosophe transhumaniste, *disponible en ligne :* https://www.theguardian.com/technology/2017/apr/18/god-in-the-machine-my-strange-journey-into-transhumanism

7 Présentation du cours 2018–2019 de COUTAGNE (M.-J.), « Teilhard de Chardin au défi du transhumanisme », Centre Sèvres-Paris, Facultés jésuites, *disponible en ligne :* https://centresevres.com/evenement/teilhard-de-chardin-au-defi-du-transhumanisme/, consulté le 30 juin 2019.

8 TEILHARD DE CHARDIN (P.), *L'Avenir de l'homme*, Points Seuil, 2001 [1959], p. 311.

9 *Ibid.*, p. 312. Nous ne commentons pas ici le style très particulier de l'écriture teilhardienne.

raisonnée. Quant à l'*hominisation*, c'est la façon dont l'homme doit continuer à se faire, le deuxième stade étant justement l'*ultra-humain*. Lors de ce second stade, après l'extension géographique de la population humaine sur la planète, celle-ci a dû « se disposer le mieux possible à la surface fermée de la Terre »[10] ; la compression des peuples se met à l'emporter sur leur extension géographique : l'Homme est bénéfiquement obligé à innover, par la technique, en même temps que les cerveaux humains se rapprochent les uns des autres, pour le plus grand bien de ce développement technique, dans cette phase de « socialisation compressive »[11]. C'est la montée de la « cérébration[12] », « l'ultra-cérébration[13] », correspondant au couplage du potentiel de pensée des humains, dans une « noosphère » : une sphère de la pensée, au-dessus et complémentaire de la biosphère, sphère du vivant. On comprend que ces concepts teilhardiens aient pu inspirer, ou soient à rapprocher de la philosophie des pionniers de l'internet et du numérique, comme Pierre Lévy (né en 1956)[14].

Avant de passer au troisième stade, celui du transhumain chez Teilhard, nous souhaitons rappeler que la démarche de Teilhard se veut *scientifique* :

> Pour être correctement compris, le livre que je présente ici demande à être lu, non pas comme un ouvrage métaphysique, encore moins comme une sorte d'essai théologique, mais uniquement et exclusivement comme un mémoire scientifique. Le choix du titre l'indique. Rien que le Phénomène. Mais aussi tout le Phénomène[15].

Et pourtant le chapitre d'épilogue de l'ouvrage (*Le Phénomène humain*) devient finalement « Le Phénomène Chrétien » : « Et ici se découvre l'importance pour la Science du Phénomène Chrétien [...] ce n'est pas le croyant convaincu, c'est le naturaliste qui parle et qui demande à être entendu »[16]. Le lien avec la science est pourtant quelque peu lâche, comme l'est celui avec la théorie darwinienne de l'évolution : sans la critiquer ouvertement, il participe à son discrédit[17], afin

---

10 *Ibid.*, p. 316, article « Sur l'existence probable, en avant de nous, d'un "ultra-humain" (Réflexions d'un biologiste) », Inédit, Paris, 6 avril 1950.

11 *Ibid.*, p. 317.

12 *Ibid.*, p. 337.

13 *Ibid.*, p. 338.

14 Cf., par exemple, assez précocement, LEVY (P.), *La Machine Univers*, Paris, La Découverte, 1987, ou *L'Intelligence collective. Pour une anthropologie du cyberespace*. Paris, La Découverte, 1994.

15 TEILHARD DE CHARDIN (P.), *1. Le Phénomène humain*, Seuil, 1955, p. 21.

16 *Ibid.*, p. 325.

17 Ainsi déplore-t-il que « l'Évolution, pour beaucoup de gens, ce n'est toujours que le Transformisme », qui lui-même ne serait « qu'une vieille hypothèse darwinienne

de mieux introduire sa propre vision de l'évolution : jusqu'à l'Homme, c'est la sélection naturelle qui était à l'œuvre – tandis que, « à partir de l'Homme, ce sont les forces d'*invention* qui ont pris en mains les rênes de l'Évolution »[18].

Si l'on revient à la trilogie humain / ultra-humain / transhumain chez Teilhard, la troisième étape consiste, assez logiquement à la suite du « phénomène chrétien » susmentionné, à la rencontre de l'Homme et de Dieu : « notre passage, par retournement ou dématérialisation, sur une autre face de l'Univers : non pas une fin de l'Ultra-humain, mais à son accession à quelque Transhumain, au cœur même des choses »[19]. On n'est guère éloigné de l'ancien *trasumanar* de Dante (1321) : le dépassement de la condition humaine à la rencontre de Dieu. La suite de l'Évolution, c'est la prolongation de la vie humaine ailleurs : plus encore qu'un darwinisme culturel appuyé sur la théorie de l'Évolution, on peut presque parler chez Teilhard, aussi oxymorique que cette locution puisse paraître, d'un *darwinisme religieux.*

Julian Huxley, dans sa préface à l'édition anglaise de Teilhard, renchérit : « J'ai anticipé indépendamment le titre du grand livre du Père Teilhard en décrivant l'humanité comme un phénomène, à étudier et à analyser par des méthodes scientifiques »[20]. On est amenés à J. Huxley par plusieurs voies françaises : son empathie pour Teilhard ; la participation de son frère Aldous aux travaux du Centre d'Études des Problèmes Humains (CEPH) de Jean Coutrot en 1937–1939, où se forge le terme *transhumanisme*[21] ; sa direction de l'UNESCO à Paris en 1946–1948 ; la reprise de ses interviews par la revue *Planète* au début des années 1960. En revanche d'autres jalons nous manquent : une étude plus complète de sa réception en France, et une analyse de la façon dont sa carrière

---

[…] caduque » (*Ibid.*, p. 242) ; nous avons déjà noté cette tactique qui consiste à s'attaquer à une théorie en la déclarant obsolète ou dépassée (alors qu'elle ne l'est pas) (Cf. MOATTI (A.), *Einstein, Un siècle contre lui*, Odile Jacob, 2007, p. 256) ; Teilhard discrédite à dessein l'ancienne théorie, en allant chercher l'ancien terme (le Transformisme), sans mentionner la théorie scientifique en vigueur (la théorie néo-darwinienne de l'évolution), pour mieux introduire sa théorie propre.

18 TEILHARD DE CHARDIN (P.), *L'Avenir de l'Homme*, p. 339.

19 *Ibid.*, p. 342.

20 TEILHARD DE CHARDIN (P.), *The Phenomenon of Man*, with an introduction of Sir J. Huxley, New York, Evanston, London: Harper and Row, 1959. Préface p. 11–12 (traduction A.M.).

21 Cf. DARD (O.), MOATTI (A.), « Aux origines du mot *transhumanisme* », *op. cit.*.

se transforme de biologiste (Rice University, TX, puis Kings College, Londres) en philosophe et vulgarisateur de la biologie, vers 1928, à la quarantaine[22].

La carrière d'Huxley fut protéiforme[23], mais on peut en tirer quelques lignes directrices quant à notre sujet. Dans son manifeste de l'UNESCO en 1946, il plaida pour un humanisme scientifique mondial, basé sur une approche évolutionnaire[24] ; il voyait « la culture comme un degré supérieur de l'évolution, supplantant la sélection naturelle dans les sociétés humaines »[25] : c'est une illustration de ce que nous appelons *darwinisme culturel*. Il donne à Jacques Pauwels en 1963 dans la récente revue *Planète* une interview (reprise d'un de ses articles de 1942), titrée « Une religion sans révélation »[26]. L'ouvrage d'Huxley portant ce titre – destiné à un grand public –, avait été publié en anglais en 1957 mais n'avait pas encore été traduit en français – il ne le sera qu'en 1968 ; *Planète* est là, comme souvent, en avance sur l'événement. Huxley y indique, de manière un peu contradictoire au titre de son ouvrage, que « l'humanité a reçu une nouvelle révélation » ; tout en se démarquant (modérément) du christianisme teilhardien, il indique que la religion « est un besoin absolu pour les hommes » – prenant pour exemple le marxisme qu'il considère comme une religion. En 1968, la 4e de couverture de la traduction française de son ouvrage nous indique :

> Donc ce qu'il nous faut aujourd'hui, c'est une religion sans révélation, une religion humaniste évolutionniste. En conclusion, Julian Huxley pense que cela pourrait

22 Voir notamment les aspects biographiques de l'article de WEINDLING (P.), « Julian Huxley and the Continuity of Eugenics in Twentieth-century Britain », *J. Mod Eur Hist.* 2012 November 1 ; 10 (4) : 480–499 (nous remercions Pierre Franchet de nous avoir fait connaître cette référence). Nous recherchons quels furent les apports scientifiques *effectifs* de Julian Huxley à la théorie synthétique de l'évolution (avant 1927, date à laquelle il met de côté sa carrière de chercheur) ; de nombreux autres chercheurs élaborent cette théorie dans les années 1920—1930, et HUXLEY popularisera la désignation du nom théorie synthétique de l'évolution dans un ouvrage de 1942, *Evolution : the modern synthesis*, Allen & Unwin, London.

23 "A full-scale critical biography of Huxley has eluded historians, because of the sheer complexity of his activities. [...] Huxley was a chameleon like figure." (WEINDLING, *op. cit.*).

24 HUXLEY (J.), *UNESCO: its Purpose and Philosophy*, 1946, pp. 7–8.

25 WEINDLING, art. cité.

26 *Planète*, n° 12, sept.–oct. 1963 (la revue avait été créée 2 ans plus tôt à la suite du succès de l'ouvrage de PAUWELS (L.) et BERGIER (J.), *Le Matin des magiciens*, Gallimard, oct. 1960).

déboucher sur un « transhumanisme », c'est-à-dire sur un total accomplissement de l'homme en tant qu'individu et en tant qu'habitant de la planète terre.[27]

Quant aux termes utilisés par Huxley, ils furent eux aussi... évolutifs. En 1931, il évoque un *humanisme scientifique* : « Un humanisme qui est également scientifique voit l'homme doté d'un pouvoir de maîtrise infini [...]. L'humanité apparaît ainsi comme un phénomène fort spécial, – une fraction de la matière universelle du monde qui a été [...] rendue consciente de son moi »[28]. Puis, arrive le concept le plus fréquemment utilisé, celui *d'humanisme évolutionnaire*, qui l'a aidé, dit-il, à comprendre que « la science et la religion peuvent être réconciliées »[29] . Quant au terme *transhumanisme*, il est esquissé, de manière interrogative, dans une conférence de 1951 :

La race humaine, si elle le souhaite, se dépassera elle-même – non pas sporadiquement, grâce à un individu ici par une voie, un individu là par une autre voie – mais en sa totalité, en tant qu'humanité. Il nous faut un nom pour cette foi nouvelle. Peut-être *transhumanisme* serait approprié : l'homme demeurant homme, mais se transcendant en réalisant les nouvelles possibilités de sa nature, et en égard à sa nature humaine. « Je crois dans le transhumanisme », dès l'instant où un nombre d'individus affirmeront avec conviction que la race humaine est au seuil d'une nouvelle forme de vie, aussi différente de la nôtre que la nôtre l'est de celle de l'homme de Pékin. Elle accomplira ainsi, consciemment son véritable destin.[30]

Quant à notre troisième figure, Jean Rostand, il a finalement été peu étudié. Il a pourtant été le héraut constant d'une possible modification de l'homme par l'homme, soit pour l'exalter, soit pour la faire craindre – dans un discours

---

27 4e de couverture de HUXLEY (J.), *Religion sans révélation*, Stock, 1968 (trad. De *Religion without Revelation*, London : M. Parrish, 1957)

28 *in* HUXLEY (J.), *L'Homme cet être unique*, Paris, O. Zeluck ; Neuchâtel, Éditions de la Baconnière, 1947 (ici réf. P. 322) – dont nous avons souligné la similitude du titre avec l'ouvrage de Carrel, avec le même démonstratif *cet* – est en fait, comme souvent à l'époque, un recueil de chapitres correspondant à des articles ou conférences antérieurs. La préface donnée par HUXLEY (datée du 29 octobre 1940, à Londres) permet de reconstituer que ce chapitre 'L'Humanisme scientifique' correspond à un article de 1931 : HUXLEY (J.), "Human Power and its Control," *Yale Review* 4 (1931) : 649–669.

29 HUXLEY (J.), *Religion sans révélation, op. cit.*. A noter que dans la 4e de couverture de l'ouvrage (Voir *supra* dans le texte), le concept est mal traduit, en « humanisme évolutionniste ».

30 L'Homme de Pékin est le nom donné à un ensemble de fossiles de l'espèce *Homo erectus*, découverts à partir de 1921 (et plus activement de 1927 à 1937) sur le site de Zhoukoudian, près de Pékin, en Chine. TEILHARD DE CHARDIN a activement participé à ce chantier de fouilles paléontologiques.

ambigu, comme l'était son discours vis-à-vis de la science.[31] Ainsi, en 1956, explicite-t-il ainsi le titre de son ouvrage *Peut-on modifier l'Homme ?* (Il publiera aussi en 1962 un ouvrage titré *Aux Frontières du surhumain*) :

> Ne pouvons-nous prétendre à modifier, non plus des individus humains, mais une lignée tout entière, afin de créer une race ou une espèce d'hommes qui soit supérieure à celle d'aujourd'hui ? [32]
>
> Ce sera « l'homme lui-même, et non pas la nature, qui provoque la venue du *sapientior*, apte à lui succéder »[33]

Mais, avant d'entrer plus avant dans ces occurrences pré-transhumanistes chez Rostand, il est utile de revenir sur son parcours dans la science et la vulgarisation, comme nous l'avons fait sur l'épistémologie chez Teilhard. Jusqu'à 1928, à 34 ans, Rostand, fils de famille, écrit des livres de maximes de salon[34], avant de s'orienter dans la diffusion de la connaissance scientifique[35] et la vulgarisation (par exemple en faisant connaître dès 1930 les découvertes du généticien américain H. J. Muller, futur prix Nobel 1946 – les mutations induites par les rayons X dans les chromosomes). Il est, après-guerre, le vulgarisateur attitré de la biologie, avec de très nombreux ouvrages chez Gallimard, et une forte présence à la télévision naissante et sa seule chaîne : très télégénique, il joue le rôle de « père scientifique de la Nation ». En 1959, il indique à la télévision, de manière très surprenante, qu'il ne croit ni en la théorie darwinienne, ni en Lamarck : « J'écarte les deux théories de l'évolution [...] je mets simplement un immense point d'interrogation »[36]. Même s'il est dépassé par la nouvelle

---

31 Pour de plus amples développements et références sur cette ambigüité, nous renvoyons au chapitre de notre ouvrage *Aux Racines du transhumanisme, op. cit.*.

32 ROSTAND (J.), *Peut-on modifier l'homme ?* Gallimard, 1956, p. 120.

33 ROSTAND (J.), *Inquiétudes d'un biologiste*, Stock, 1967, p. 47.

34 Il faut feuilleter son ouvrage *Le Mariage* (Hachette, 1927), recueil d'aphorismes et de maximes sur la femme et le mariage, pour voir à quel point ce type d'écrits est loin de notre époque ; et à quel point ROSTAND a sans doute bien fait de s'orienter, à la fin des années 1920, vers la vulgarisation en biologie, même si sa vulgarisation est critiquable.

35 Il est directeur de collection 'L'Avenir de la science' chez Gallimard avec 47 ouvrages publiés de 1936 à 1968. Ses propres ouvrages, y compris sur la science, paraissaient aussi chez Gallimard, mais pas dans cette collection, qui était plus spécialisée.

36 Vidéo INA *disponible en ligne* : https ://www.ina.fr/video/I05168316. Sa biographe et collaboratrice Andrée TETRY (*Jean Rostand, prophète clairvoyant et fraternel*, Paris, Gallimard, 1983) précise que ROSTAND « croit au fait de l'évolution, mais aucune théorie explicative ne lui donne satisfaction ». La justification est un peu courte.

biologie moléculaire, issue de la découverte de l'ADN en 1953 (qu'il appelait dans un premier temps *hérédine*), il reste *le* vulgarisateur de référence en biologie pour le grand public – en tout cas pour une certaine génération –, avant que la France et les plus jeunes générations ne découvrent en 1970 les ouvrages grand public de ses récents prix Nobel[37], Jacques Monod (1910–1976) et François Jacob (1920–2013), plus jeunes, plus modernes et surtout bien plus en prise avec la science de leur temps que Rostand – de fait bien plus compétents scientifiquement que lui. La pratique scientifique de Rostand était en effet assez limitée : sans doute un des derniers « savants isolés », par sa fortune familiale (à la Maurice de Broglie, qui le précédait chronologiquement), il poursuit les travaux d'Eugène Bataillon (1864–1953) sur la parthénogénèse provoquée[38] chez la grenouille, dans le fameux étang de sa résidence de Ville-d'Avray – d'où son intérêt pour le clonage et l'homme augmenté, mais de manière fort éloignée de sa pratique effective de la science.

Quant au sujet qui nous intéresse, il traverse l'œuvre de Rostand : mettre en garde ou exalter « la modification intentionnelle de l'homme par l'homme »[39], soit par sélection eugénique, soit par manipulation chromosomique. L'accent étant souvent emphatique : « Étant admis que nous pourrons tout, qu'allons-nous faire de cette omnipotence ?[40] ». Rostand promouvra une forme d'eugénisme sa vie durant – en tout cas encore dans les années 1960 : s'il est un fervent opposant au nucléaire, c'est parce que les radiations des bombes peuvent à terme détériorer le « patrimoine humain », c'est-à-dire son génome :

> Outre les conséquences déplorables que peut avoir l'état de civilisation, du seul fait qu'il réduit l'effet épurateur de la sélection naturelle, il tend, de surcroît, à augmenter le nombre même des mutations, par l'intermédiaire de la science et de la technique […] Du seul fait des explosions nucléaires qui ont déjà eu lieu, apparaîtront, dans les

---

37 MONOD (J.), *Le Hasard et la nécessité : Essai sur la philosophie naturelle de la biologie moderne*, Seuil, 1970 ; François Jacob, *La Logique du vivant, une histoire de l'hérédité*, Gallimard, 1970. Tous deux étaient, avec André LWOFF (1902–1994), prix Nobel de physiologie et de médecine en 1965.

38 La parthénogénèse est le développement de l'ovule sans spermatozoïde, ou « naissance virginale ». Elle peut être naturelle, chez certains insectes, en complément ou non de la reproduction sexuée. Elle peut être aussi provoquée, chez d'autres espèces (comme la grenouille) ; pour les mammifères, elle conduit aux techniques de clonage (brebis Dolly, 1996).

39 ROSTAND (J.), *Inquiétudes d'un biologiste, op. cit.*, p. 16.

40 *Ibid.*, p. 12.

générations prochaines, un surcroît de tares de toute sorte : hémophiles, aveugles, sourds, idiots, etc., qui, autrement, n'eussent point vu le jour[41].

Cette insistance sur une possible « modification de l'homme par l'homme » relève aussi d'une forme de darwinisme culturel, cette fois-ci plus appuyée sur la science (et chez Rostand la sélection eugénique reste une science). La Nature s'étant arrêtée dans son travail évolutif chez l'espèce humaine, c'est à l'Homme de prendre le relais de la Nature, pour « un revif de ces variations évolutives dont elle paraît avoir perdu le génie »[42] – notons que cette idée apparaît dès 1932, en conclusion prospective d'un de ses premiers ouvrages. Et la permanence de cette idée chez Rostand apparaît ainsi trente ans plus tard :

> Au seuil du « meilleur des mondes », nous voici au point de commander à l'hérédité, d'altérer le fonds génétique de l'espèce […] Demain, l'*Homo biologicus* – sujet et objet tout ensemble[43] – ne pourra se soustraire à l'atteinte de ses propres pouvoirs. Que fera-t-il de soi ? À l'image de quoi voudra-t-il se recréer ? Où apprend-on le métier de Dieu ?[44]

En conclusion provisoire de nos travaux, nous nous sommes permis de donner quelques pistes autour de ce que nous pourrions appeler « études transhumanistes »[45], qui iraient en-deçà de 1930 et qui, en sus des essais, pourraient explorer la mythologie (par exemple le Golem), la fiction comme la science-fiction.

---

41 Conférence du 3 février 1962 devant l'Institut de la Vie, publiée dans ROSTAND (J.), *Le Droit d'être naturaliste*, Paros, Stock, 1963 ; citée dans ROSTAND (J.), *Un Biologiste contre le nucléaire*, textes choisis par DUBOIS (A.), préface de TESTART (J.), Berg International, 2012 (pp. 30–31). Dans la même conférence (p. 39), ROSTAND décrit l'Institut de la Vie comme « le siège des fonctions défensives de l'espèce », un conservatoire général du patrimoine génétique humain, « le grand quartier général de la défense de l'*Homo Sapiens* ».

42 ROSTAND (J.), *L'Évolution des espèces. Histoire des idées transformistes*, Hachette, 1948 [1932], p. 198.

43 Cette figure de style, en forme de chiasme, est fréquente chez ROSTAND : (à propos de l'Homme) « Produit de la vie, il serait, à son tour, devenu producteur de la vie. » (Rostand, 1971, cité par TETRY (A.), *op. cit.*, p. 152).

44 ROSTAND (J.), Réponse au discours de réception de Louis ARMAND à l'Académie Française, 19 mars 1964 *disponible en ligne :* http://www.academie-francaise.fr/reponse-au-discours-de-reception-de-louis-armand

45 Dans le cadre du colloque biennal de la SFHST (Société française d'histoire des sciences et des techniques), à Lyon en mai 2020, Franck DAMOUR (UCL) et moi-même avions organisé un atelier « Études transhumanistes » *disponible en ligne :* https ://calenda.org/713221. Ce colloque n'a pu avoir lieu pour les raisons de crise sanitaire.

Le concept, sous différentes formes, de « religion de l'humanité » serait à tracer historiquement dans ce cadre, de Comte à Renan, jusqu'à Huxley et aux transhumanistes contemporains. La problématique de l'homme diminué *vs* l'homme augmenté a aussi traversé nos travaux sur la période, et mérite d'être explorée plus avant.

Enfin, le concept de *darwinisme culturel* nous paraît à creuser ; nous le voyons de nos jours comme un grand récit, en partie lié à une religion de l'humanité. Un bel exemple d'un tel grand récit est celui de Yuval Noah Harari, pour qui le premier pas de l'Homme sur la Lune en 1969 est « un tour de force de l'évolution »[46] . D'autres discours contemporains révèlent un darwinisme culturel décomplexé, fort éloigné de ce qui chez Huxley restait une forme d'humanisme : ainsi de l'idéologue Laurent Alexandre, qui distingue les « dieux » des « inutiles », êtres « substituables »[47] – l'existence de ces derniers serait un fait *culturel*, contre lequel on ne peut rien faire, et qu'on ne peut que déplorer. Le lien entre ce transhumanisme contemporain d'une part et le néo-libéralisme extrême d'autre part[48] – avec les notions de démocrature et technocratie associables à ce dernier – est un sujet d'études politiques à développer dans les années qui viennent, y compris dans une perspective historique.

46 HARARI (Y.N.), *Sapiens : Une brève histoire de l'humanité*, Albin Michel, 2015, p. 293.

47 Conférence du Dr L. ALEXANDRE à l'École polytechnique, Débat « Le Transhumanisme », Entretiens du Plateau de Saclay, 14 janvier 2019, *disponible en ligne :* https :// www.youtube.com/watch?v=-WRMZaGpCZ4 (vidéo consultée et enregistrée le 19 juillet 2019).

48 Pour les liens entre eugénisme et néo-libéralisme ou social-démocratie après-guerre, voir la dernière partie de ROSENTAL (P-A.), *Destins de l'eugénisme*, Seuil, 2016.

Partie II. Approches Sociologiques Des Transhumanismes

Dans la deuxième partie de cet ouvrage, nous abordons les questions soulevées par les transhumanismes du point de vue sociologique.

Doctorant à l'université de Caen, Marouane Jaouat propose une déconstruction terminologique du transhumanisme. Son article part du postulat selon lequel il existerait un clivage terminologique susceptible d'expliquer le gouffre séparant transhumanisme et bio-conservatisme. Il revient tout d'abord, sur la notion de Technium qui désigne « le grand système technologique mondial, massivement interconnecté ». Il explore, ensuite, les concepts de design ontologique et d'émergences technologiques pour conclure à la perte de repères de notre époque face à la convergence technologique (3. Transhumanisme : risques et déconstruction terminologique).

Frédérick Lemarchand, professeur de sociologie, nous livre un éclairage original sur le rapport de l'homme à la technique. L'obsolescence de l'homme deviendrait une réalité, en raison des objets dont il s'est rendu créateur. Une nouvelle Humanité pourrait ainsi apparaître sous l'effet de la technique. Elle pourrait s'avérer envisageable dans un contexte où l'espèce humaine serait vouée à une disparition programmée dans un contexte de changement climatique et de risques nucléaires. Ainsi, insiste-t-il : « après le refus de la transcendance divine, puis celle de l'Humanité des Lumières, voici l'auto-transcendance de la technique comme horizon technologique » (4. Le transhumanisme, entre Nature et Artifice : pour en finir avec l'human(ocentr)isme).

Marouane JAOUAT[1]

4. Transhumanisme : pour une déconstruction terminologique ?

L'une des hypothèses susceptibles d'élucider le clivage entre transhumanistes et bioconservateurs, est celle de l'existence d'un gouffre terminologique qui rend imperméable le discours transhumaniste dans certains pays dans lesquels rôdent encore les démons historiques de l'eugénisme. Il est toutefois utile de préciser qu'il s'agit seulement d'un angle d'attaque parmi d'autres, et qu'une analyse terminologique, à elle seule, ne saurait rendre compte de la complexité de ce mouvement en pleine ébullition. Aussi, pour le besoin de cette contribution, nous avons choisi de poser, de manière binaire, les deux tenants de la question transhumaniste : entre transhumanistes et bio-conservateurs, existe tout un éventail de positionnements que nous ne pouvons ici analyser. Nous partons du postulat que, dans les thèses transhumanistes et les critiques qui lui sont adressées, il y a utilisation des mêmes termes mais sans revêtir le même sens, sans participer du même imaginaire. En d'autres mots, l'obstacle qui empêcherait les concepts, les imaginaires et les opinions de communiquer, n'est pas forcément et seulement logique, mais probablement aussi, et surtout, terminologique.

Nous proposons donc une immersion dans la terminologie et l'imaginaire de certains transhumanistes, même s'ils sont loin d'être représentatifs de toute la complexité et de la diversité de ce mouvement éclectique. Cette immersion dans l'imaginaire transhumaniste pourrait s'avérer utile dans la compréhension de ce qui anime ce mouvement et, à terme, comprendre leurs aspirations souvent perçues comme insensées, voire folles, par nombre d'intellectuels se penchant sur la question. Il s'agit, finalement, d'une tentative de compréhension de ce mouvement de l'intérieur, sans pour autant y adhérer ou en justifier les thèses.

Nous commencerons, dans un premier temps, par présenter le problème terminologique que pose, d'emblée, le mot et l'idée du transhumanisme (1). Puis, dans un second temps, nous présenterons la vision transhumaniste de la technologie (2). Ensuite, nous détaillerons ce que la technologie représente dans

---

1 Doctorant en Sociologie, Université de Caen Normandie – CERREV EA 3918.

l'imaginaire transhumaniste collectif (3), avant de l'analyser à travers les deux paradigmes que sont le *Design Ontologique* (4) et l'émergence technologique (5).

I. Définir le transhumanisme ?

Force est de constater que l'un des aspects les plus frappants du transhumanisme est l'incapacité de le définir spontanément. Il y a autant de transhumanismes qu'il y a de transhumanistes s'en revendiquant. Il est, dès lors, plus juste de le conjuguer au pluriel : il n'y a pas un transhumanisme, mais des *transhumanismes*. Se posant la question de savoir si le mot [transhumanisme] permet de saisir l'idée du transhumanisme, Franck Damour souligne la difficulté de la démarche, « surtout lorsque ce mot désigne une vision du monde, un courant de pensée ou un projet politique ! Car alors la définition vaut prise de position et évaluation. Il en va ainsi du mot "conservatisme" : qui est conservateur ? Celui qui se considère ou que les autres identifient comme tel ? Existe-t-il une définition générale ? Cela peut s'appliquer à bien d'autres vocables : communiste, romantique, réformiste, utopiste, etc… »[2]. Et Franck Damour de conclure que si le transhumanisme devait être « quelque chose », il serait clairement une « controverse ». L'impossibilité de *vraiment* le définir est révélatrice de sa nature, mieux, elle est l'un des aspects le définissant.

Pourtant, dès sa naissance comme mouvement plus ou moins structuré, le transhumanisme représentait une vision du monde précise et relativement partagée. Aujourd'hui, il est devenu un mot-valise jouissant de différentes significations. Cela étant, l'on peut distinguer sommairement un transhumanisme au sens large et un autre au sens restreint : « Au sens large, il désigne un imaginaire et un questionnement sur l'histoire et l'avenir de l'homme : le transhumanisme comme question, dont on trouve trace chez des scientifiques, des philosophes, des écrivains, des cinéastes, des plasticiens, etc. Au sens restreint, le transhumanisme est un mouvement de pensée qui s'est structuré à la fin du XXe siècle, réunissant autour d'une idéologie minimale et d'aspiration utopiques des militants, des intellectuels et des capitaines d'industrie : pour tous, le transhumanisme n'est pas seulement un questionnement, mais une réponse »[3]. Cependant, s'il y a un point sur lequel il n'y a pas de divergence, c'est bien celui de la technique (ou de la technologie plus généralement et du discours sur la technique)

2 DAMOUR (F), *Le transhumanisme : histoire, technologie et avenir de l'humanité augmentée*, Eyrolles, 2019, p. 19.

3 *Ibid.*, p. 15.

constituant la pierre angulaire du transhumanisme, agent de concrétisation des attentes et des aspirations transhumanistes.

II. Vision transhumaniste de la technologie

Le rédacteur en chef et fondateur du magazine *Wired*, Kevin Kelly, a écrit son livre *What Technology Wants* où il détaille et expose ce qu'il entend par Technologie en tant que transhumaniste. Pour ce faire, il forge un néologisme, le *Technium* pour désigner « le grand système technologique mondial, massivement interconnecté, vibrant autour de nous »[4]. Ce système inclut, selon lui, la culture, l'art, les institutions sociales et les créations intellectuelles quelles qu'elles soient. Comprenant également des éléments intangibles comme les logiciels, le droit et les concepts philosophiques, il comprend surtout « les impulsions génératrices de nos inventions encourageant la fabrication d'outils, l'invention de nouvelles technologies et l'établissement de connexions qui s'améliorent d'elles-mêmes[5] ». Plus loin, Kevin Kelly définit également le *Technium* comme un organisme qui englobe le tout, les humains et leurs inventions confondus. Il le décrit comme une force non différente de celle de la Nature qui serait un « organisme vivant », « notre deuxième peau », « le 7e règne de la vie ». Étant la sédimentation de la totalité des techniques ayant vu le jour depuis que l'Homme est Homme, le *Technium* est soumis aux mêmes lois de l'Évolution, dont l'origine remonte aux commencements de la vie elle-même. Mieux, « nous ne savons pas tout de ce que veut le *Technium*, mais nous pouvons apprendre à travailler avec cette force plutôt que lutter contre[6] ».

Surprenante est la similitude entre les deux approches holistiques de la Technique qu'engagent Kevin Kelly et Jacques Ellul ; ce dernier portant un discours critiquant la technique avec son *Système Technicien*, tandis que le premier tient un discours l'exaltant avec son *Technium*. Les deux discours constituent les deux faces de la même réalité technologique qui sous-tend les thèses transhumanistes : « la projetant chacune à sa manière comme les deux faces d'un prisme »[7]. C'est dire que le discours critiquant la technique et celui l'exaltant sont les deux faces de la même réalité, tous deux participant à une meilleure compréhension du phénomène technique et, par ricochet, du fait transhumaniste.

---

4 KELLY (K), *What Technology Wants*, Penguin books, 2011, p. 11.

5 *Ibid.*, p. 12.

6 *Ibid.*, p. 17.

7 MOATTI (A), « Vocabulaire et controverses autour de la cybernétique et du transhumain, années 1960—1970 », *L'Homme & la Société*, 2017-3 (n° 205), p. 109.

III. La technologie comme extension de nous-mÊmes

Les deux philosophes David Chalmers et Andy Clark introduisent le concept du « *Extended Mind* », selon lequel la technologie ne serait qu'une « extension de notre esprit, de notre portée et de notre vision ». à les suivre, la technologie serait un prolongement de soi, une extension de nos facultés physiques et mentales, l'incarnation de l'imagination et de la créativité humaines dans le monde. La toile d'araignée serait à l'araignée ce que la technologie est à l'être humain. Ils proposent un changement de paradigme qui consisterait, non plus à redouter la technologie, mais à la comprendre pour ce qu'elle est et représente. Ils posent une question névralgique : « Où s'arrête l'esprit et où commence le monde ? »[8]. Il existerait, selon eux, une symbiose entre nous et le monde extérieur, comprenant l'ensemble des techniques. Cette thèse est également défendue par le philosophe français Gilbert Simondon, dont une grande partie des travaux est focalisée sur l'analyse du mode d'existence des objets techniques[9]. Selon ce dernier : « la présence de l'homme aux machines est une invention perpétuée. Ce qui réside dans les machines, c'est de la réalité humaine, du geste humain fixé et cristallisé en structures qui fonctionnent »[10].

Philippe Breton, quant à lui, propose une vision qui va au-delà de la matérialité des objets techniques qui nous environnent. Il décrit l'ordinateur, et plus largement toute nouvelle technologie avancée, comme « un formidable document anthropologique qu'il faut lire non pas comme un texte technique, mais comme le reflet d'une représentation particulière de l'humain. Il constitue le point de départ contemporain du désir de construire un être à l'image de l'homme. Cette opération est rendue possible par une double réduction, de l'humain à l'intelligence, et de l'intelligence au traitement de l'information. Elle suppose également l'évacuation du corps, du moins de sa dimension biologique »[11]. Cette grille de lecture de la technologie, perçue non comme l'ensemble d'objets étrangers non naturels, mais comme une extension de nous-mêmes, une extériorisation de nos intériorités et une incarnation de notre imagination collective, contribue à la hisser au rang du Vivant. Kevin Kelly est convaincu que l'humain d'aujourd'hui est loin d'être l'aboutissement de sa trajectoire

---

8 MENARY (R.), *The Extended Mind*, Cambridge, Massachusetts London, 2010, p. 27.

9 SIMONDON (G.), *Du mode d'existence des objets techniques*, éd. augm., Aubier, 1989.

10 SIMONDON (G.), *op. cit.*, p. 12.

11 BRETON (P.), *A l'image de l'homme : Du Golem aux créatures virtuelles*, Seuil, 1995, p. 138.

évolutive. Il en est plutôt « l'intermédiaire, placé au milieu, à équidistance, entre ce qui naît et ce qui se fabrique »[12].

Parler de l'évolution de la technologie ou de la co-évolution Humain-Machine n'est pas sans rappeler le vieux débat Nature-Culture. Gilbert Simondon souligne la tension résultant d'une mauvaise lecture de l'objet technique : « La culture comporte ainsi deux attitudes contradictoires envers les objets techniques : d'une part, elle les traite comme de purs assemblages de matière, dépourvus de vraie signification, et présentant seulement une utilité. D'autre part, elle suppose que ces objets sont aussi des robots et qu'ils sont animés d'intentions hostiles envers l'homme, ou représentent pour lui un permanent danger d'agression, d'insurrection. Jugeant bon de conserver le premier caractère, elle veut empêcher la manifestation du second et parle de mettre les machines au service de l'homme, croyant trouver dans la réduction en esclavage un moyen sûr d'empêcher toute rébellion »[13]. Michel Serres, quant à lui, parle de « l'exo-darwinisme » des objets techniques, qu'il définit comme leur sortie des lois évolutives : lorsque « la technique-lièvre prend de vitesse l'évolution-tortue[14] ». Pour lui, il existerait également une coévolution entre l'humain et ses machines. Ces dernières nous permettraient de multiplier nos chances de survie, de réduire les risques que nous courons. Ainsi définies, nos techniques apparaissent comme des antihasards nous permettant de prendre notre destin (biologique) en main. Ainsi, les objets techniques suivraient une évolution « naturelle », mais celle-ci serait plus rapide que celle des humains. Selon Bruce Mazlish[15], cette coévolution infligerait à l'espèce humaine une « blessure narcissique » comparable à celles qui lui ont été assénées auparavant par Darwin, Copernic et Freud. Dresser une opposition entre la culture et la technique est, pour Simondon, sans fondement, car elle « masque derrière un facile humanisme une réalité riche en efforts humains et en forces naturelles, et qui constitue le monde des objets techniques, médiateurs entre la nature et l'Homme »[16].

---

12 KELLY (K.), *op. cit.*, p. 356

13 SIMONDON (G.), *op. cit.*, p. 12.

14 SERRES (M.), *Hominescence*, Librairie générale française, 2003, p. 65.

15 MAZLISH (B.), *The fourth discontinuity: the co-evolution of humans and machines*, Yale University Press, 1993.

16 SIMONDON (G.), *op. cit.*, p. 9.

IV. La technologie sous le prisme du Design Ontologique

L'un des transhumanistes qui a le plus popularisé le concept du *Design Ontologique* pour le rendre *mainstream* est Jason Silva[17], le sortant ainsi du domaine purement académique. L'idée sous-tendant le *Design Ontologique* peut être résumée par la maxime souvent attribuée à Marshall McLuhan : « nous façonnons nos outils, et ceux-ci, à leur tour, nous façonnent »[18]. Sans utiliser le vocable du *Design Ontologique,* Michel Serres en explicite le sens en l'intégrant dans le processus d'Hominescence qui nous rend cause de nous-mêmes : « par boucle de rétroaction [...], nous construisons notre corps par l'intermédiaire des produits de notre corps, puisque les objets techniques appareillent de lui. Ainsi, l'hominisation ressemble moins à l'évolution vitale qu'à une production propre ; [...] il s'agit là d'un processus d'autohominisation. Nous nous construisons nous-mêmes »[19] par le truchement des techniques que nous déployons.

Il existerait donc une réciprocité continue et une circularité constante entre créateur(s) et créature(s), entre nous et nos outils, une influence bilatérale entre tout ce que nous créons et nous-mêmes. Il y aurait une relation et un conditionnement réciproques de causalité circulaire entre nous et nos technologies : elles nous recréent autant que nous les créons.

Les exemples du *Design Ontologique* sont légion. Le langage, l'architecture et internet illustrent ce concept récurrent dans les discours transhumanistes[20]. L'Homme crée un langage lui permettant d'exprimer ses sentiments, ses idées et ses intériorités, et ce même langage, à son tour, façonne son identité et sculpte sa perception du monde. Le langage révèlerait à l'Homme ce que l'Homme pense de lui-même, tel un cercle herméneutique[21]. Ayant perçu le *Design Ontologique* dans sa version sociale, Charles Horton Cooley est connu pour cette formule qu'il a proposée dans son ouvrage *Human Nature and the Social Order*[22] : « Je ne suis pas celui que je pense être. Je ne suis pas celui que tu penses que je suis. Je suis celui que je pense que tu penses que je suis ». Il s'agit donc d'une

---

17 SILVA (J.), *What is Ontological Design*, [vidéo en ligne], YouTube, 11/12/2014 [consultée le 5 juin 20 0] : https://www.youtube.com/watch?v=aigR2UU4R20

18 McLUHAN (M.), *Understanding Media: The Extensions of Man*, 1997 cop. 1964, Routledge, p. 2.

19 SERRES (M.), *op. cit.*, p. 62.

20 Dope Magazine, *Jason Silva – Ontological Design*, [vidéo en ligne], YouTube, 28/02/2018 [consultée le 5 juin 20 0] : https://www.youtube.com/watch?v=HTw3jocJBrw

21 WILLIS (A-M.), « Ontological Designing », *Design Philosophy Papers*, 2006-2, p. 92.

22 COOLEY (C-H.), *Human nature and the social order*, Transaction Books, 1983.

mise en abyme qui concerne toutes les créations humaines. Et Stephen Johnson d'ajouter que nos idées façonnent nos espaces, et ces derniers, à leur tour, nous rendent la faveur[23]. Il explique que l'architecture, concrétisation de nos idées, peut aller jusqu'à interférer avec nos sentiments les plus intimes – si elle est construite avec une certaine intentionnalité. Un *ouroboros* ontologique, donc. Au final, la création d'une toile comme internet, qui était initialement conçue dans un but militaire, a créé un monde digital parallèle qui, à terme, a révolutionné la communication entre les humains et a ébranlé tous les domaines de leur existence – travail, éducation, divertissement, commerce, etc...-. Le *Design Ontologique* est une circularité ascendante entre le sujet et l'objet.

Dans la mesure où nous avons conscience que la technologie obéit à la loi du *Design Ontologique*, une responsabilité nous incombe : faire en sorte que le *feedback loop*, autrement dit la *boucle rétroactive* entre les technologies et nous-mêmes, soit bien désirable et bénéfique pour tous. Ce dont nous nourrissons nos machines complexes quotidiennement devrait faire l'objet d'une attention soutenue et critique afin d'assurer la sécurité de tous. Car le risque est bien réel, lorsque « par des boucles nouvelles et inattendues entre nous et nos créations technologiques, nous finissons nous-mêmes par dépendre des choses qui dépendent globalement de nous »[24].

V. Le paradigme de l'émergence technologique

À l'instar du *Design Ontologique*, l'émergence technologique offre, elle aussi, une grille de lecture susceptible de faciliter la compréhension de la nature évolutive de la technologie selon la vision transhumaniste. Généralement, il y a émergence lorsque « le total dépasse la somme des parties ». Appliquée au monde des objets techniques, l'émergence peut être perçue, par exemple, dans la prise de conscience que tout ce qui a pu être écrit, sur tous supports confondus, n'est qu'une combinaison d'une poignée d'alphabets dont le nombre est limité. L'émergence technologique supposer une infinité de possibilités à partir d'un nombre fini de composants. Appliquée au champ de l'intelligence artificielle (IA), cette dernière créerait une autre IA plus performante et sophistiquée que la première par le biais de *softwares* écrivant leurs propres *hardwares*. Comme le souligne Philippe Breton : « Tout le paradoxe de l'intelligence artificielle est

---

23 JOHNSON (S.), *Where Good Ideas Come From: The Natural History of Innovation*, Riverhead Books, 2010.

24 SERRES (M.), *op. cit.*, p. 23.

contenu dans ce projet d'une machine qui fait plus que ce que son créateur lui a demandé de faire »[25].

James P. Carse consacre son livre intitulé *Finite and Infinite Games*[26] à l'explication des jeux de la Vie. Il en distingue deux types : le jeu fini, dont l'objectif est de gagner ; le jeu infini, dont la finalité n'est pas de gagner ou de perdre, mais de continuer à jouer, de maintenir la continuité du jeu. Il ajoute que le jeu fini se joue à l'intérieur des limites, contrairement au jeu infini dans lequel on joue *avec* les limites. Pour illustrer ce propos, nous pouvons avancer que la Nature joue au jeu infini, dans le sens où il y a des naissances et des morts pour préserver la perpétuité des espèces. Un *yin* et *yang* naturels pour que l'espèce humaine, entre autres, puisse évoluer et se perpétuer dans le temps. Touchant au vivant, les nouvelles technologies émergentes nous donnent progressivement la possibilité de cesser de jouer à l'intérieur des limites, pour commencer à jouer avec les limites qui nous sont imposées par l'ordre naturel. L'intelligence artificielle, combinée avec les nano/biotechnologies et autres technologies dites disruptives, permet un séquençage de plus en plus rapide du génome[27]. L'émergence et la convergence des nouvelles technologies nous permettent de reprendre les rennes et les commandes de notre propre Évolution. Les transhumanistes sont convaincus qu'un nouveau champ d'intervention sur le destin biologique de l'Humanité n'aura de cesse de s'élargir, nous permettant de décider ce que nous aimerions devenir et voir advenir. L'émergence technologique est susceptible de rendre l'*homo sapiens*, selon le biologiste Edward O. Wilson (souvent cité par les transhumanistes), la première espèce à se libérer de la sélection naturelle, mieux, « à la rendre caduque […] nous devons regarder au fond de nous-mêmes et décider ce que nous souhaitons devenir »[28].

VI. Conclusion

Nous avons constaté que nombre de termes, pourtant clés, ne revêtent pas toujours la même signification. C'est notamment le cas des mots « technologie », « évolution » ou simplement « humain ». Si, pour Jacques Ellul, la technologie porte intrinsèquement en son sein le facteur aliénant, pour d'autres,

---

25 BRETON (P.), *op. cit.*, p. 142.

26 CARSE (J. P.), *Finite and infinite games: a vision of life as play and possibility*, Free Press, 2012.

27 La progression de la nouvelle technique CRISPR-Cas9 en est une illustration majeure.

28 WILSON (E-O.), *Consilience: The Unity of Knowledge*, Knopf (Random House), 1998, pp. 3–303.

transhumanistes en l'occurrence, elle serait neutre en soi. C'est ce que l'on en fait qui devrait faire l'objet d'un jugement de valeur : elle est à double tranchant, tout comme le feu qui, estomac externalisé servant à prédigérer la nourriture, peut aussi brûler les ennemis. Il en va de même du langage, qui permet de saisir l'ineffable et d'écrire d'extraordinaires textes proustiens ou baudelairiens mais peut, en même temps, être utilisé pour proférer des insultes et répandre la haine. La technologie, au sens large, ne ferait donc pas exception. Nous avons vu comment la Chine, avec ses 300.000.000 caméras de surveillance à reconnaissance faciale avancée a pu retracer le mouvement de toute la population par le biais et l'analyse des Big Data, et a su limiter ainsi la propagation de la Covid-19 grâce aux progrès de l'intelligence artificielle. Dès lors, comment concilier le développement d'une IA et le respect de la vie privée et des valeurs que nous estimons essentielles et inaliénables ? Peut-on inculquer à l'IA les principes que nous jugeons moraux ?

Outre le *Design Ontologique* et l'émergence technologique, paradigmes à travers lesquels nous avons tenté de comprendre certaines représentations transhumanistes de la technologie, il existe d'autres analyses de l'évolution de cette dernière. Ray Kurzweil, par exemple, tente de déconstruire la peur que nous éprouvons à l'égard de la technologie. Il estime que la technologie évolue exponentiellement et a un impact global, alors que nous serions « programmés », au fil du temps long de notre Évolution, à penser linéairement et de façon locale[29]. Pour rendre compte de la vitesse à laquelle évolue la technologie, Buckminster Fuller forge le concept d'accélération accélérante. Selon Rémi Sussan : « l'accélération accélérante du rythme de l'innovation technologique va nous précipiter brusquement dans un monde au-delà de notre compréhension »[30]. Une dissonance cognitive en découle, laquelle expliquerait cette peur qui entoure les aspirations transhumanistes. Autrement dit, d'un point de vue transhumaniste, si d'aucuns ont peur du développement effréné des technologies, ce n'est pas parce que ce dernier est dangereux, mais parce qu'ils le comprennent mal. D'autant plus que les technologies dites disruptives provoquent un sentiment d'angoisse vertigineuse, nourri par une panoplie de productions science-fictionnelles dystopiques contemporaines (Westworld, Black Mirror, etc.).

---

29 KURZWEIL (R.), *The Singularity is Near: When Humans Transcend Biology*, Viking, 2005, pp. 25–28.

30 SUSSAN (R.), *Les utopies posthum ines : Contre-culture, cyberculture, culture du chaos*, Omniscience, 2005, p. 134.

Ce décalage à la fois terminologique et réel entre notre capacité à comprendre et à suivre l'évolution des technologies et leur prolifération exponentielle à impact global, conduit à ce que Jean-François Lyotard appelle « la crise des grands récits ». Il s'agirait d'une perte de repères qui broierait les modèles élaborés durant le XIXe siècle. Au fond, c'est à une crise de légitimité que nous sommes désormais confrontés. Toujours selon Jean-François Lyotard, nous aurions « perdu les grands récits, les métarécits de la modernité, de la science, du progrès, de la civilisation grâce auxquels se constituait le sens des entreprises collectives et individuelles »[31] .

Enfin, Michel Puech propose, quant à lui une « écologie du technologique ». Il affirme que : « la technologie est notre environnement. La question porte sur la coévolution de la nature, de la technologie et de l'humain. Pour être possible, l'écologie du technologique doit aujourd'hui faire accepter l'idée que la nature, elle aussi, peut changer »[32]. Habiter technologiquement le monde serait accepter que la technologie constitue également une façon naturelle d'habiter le monde. Selon lui, nous devrions composer à trois : humains, nature et technologie. Il critique ceux qui sont réfractaires à l'idée d'une évolution tripartite : « Le développement durable ne peut pas signifier un gel des avantages acquis de l'humanité en se réclamant très hypocritement du droit de la nature à rester la même (celle qui nous convient). Ce qui doit "durer", c'est le mixte aujourd'hui fusionnel de l'humain, de la nature et de la technologie »[33]. Nul besoin de se révolter contre l'artificialisation de la vie qui bouscule nos habitudes et notre perception du monde environnant. Pour ceux qui se plaignent de la robotisation et de l'automatisation du travail, par exemple, Gilbert Simondon, péremptoire, répond : « La machine prend la place de l'homme parce que l'homme accomplissait la fonction de la machine, de porteurs d'outils »[34]. La fonction de l'Homme serait d'être le coordinateur, le chef d'orchestre, des machines qui l'entourent : « il est parmi les machines qui opèrent avec lui[35] ».

---

31 LYOTARD (J-F.), *La condition post-moderne. Rapport sur le savoir*, Minuit, 1979.

32 PUECH (M.), *Homo sapiens technologicus : Philosophie de la technologie contemporaine, philosophie de la sagesse contemporaine*, Pommier, 2008, p. 130.

33 *Ibid.*, pp. 130–131.

34 SIMONDON (G.), *op. cit.*, p. 15.

35 *Ibid.*, p. 12.

Frédérick LEMARCHAND[1]

5. Le transhumanisme, entre nature et artifice : pour en finir avec l'human(ocentr)isme

> *« Le franchissement des seuils de violence, la destruction des tabous moraux sont sans doute plus aisés quand ils s'originent plus dans l'angoisse que dans l'espoir »*
>
> *Johann Chapoutot,*
> *in La mystique face aux guerres mondiales, 2010.*

L'idée de ce texte a germée à Montréal, dans le jardin de la demeure de mes amis Karl Parent et Louise Vandelac habitant les rives de la Rivière des Prairies, alors que je préparais avec cette dernière mon intervention à un colloque que nous organisions à l'Université du Québec à Montréal[2] sur les enjeux anthropologiques du transhumanisme. J'appelais la partie du cours d'eau qu'il m'était donné de contempler depuis ma chambre le « lac » car cette dernière était clairement découpée par des arbres qui ne laissaient entrevoir qu'une portion, ce qui ne manquait pas d'amuser mes hôtes. L'humanité est ainsi faite que nous n'en percevons toujours qu'une partie, la communauté des vivants, laissant dans l'oubli, en aval, les morts et en amont, ceux qui ne sont pas encore advenus. Les êtres du passé sont pourtant ceux qui nous ont engendrés et qui, au cours d'un long processus nommé Évolution, nous ont permis d'être ce que nous sommes, en nous léguant la culture. Notre descendance, que nous nommons « les générations futures », avec une pointe d'inquiétude fort légitime, ne semble plus appartenir à une « communauté de destin » telles que pouvaient encore les figurer les dernières formes d'humanisme religieux ou progressiste, alors même que la survie de l'espèce est engagée comme nous allons le voir. Nous ne voyons qu'un lac là où coule un fleuve, le long fleuve d'une Humanité désormais soumise aux forces titanesques de la technique et du marché, à l'âge de l'anthropocène, où les forces libérées par le Prométhée déchainé sont supérieures à celles de la nature et de la géologie. L'une des ambitions de ce texte serait justement de

1 Professeur de sociologie, Université de Caen-Normandie.
2 Colloque de l'AISLF, « Biotechnologies et destin de l'humain », UQAM, 2016 auquel Emilie GAILLARD a également participé.

tenter d'articuler une définition possible de notre anthropologie, de notre sentiment d'humanité, à ces deux modes d'existence de l'espèce et du genre humain, d'un côté ceux qui nous ont laissé en héritage une culture que la modernité a peut-être trop rapidement souhaité liquider et de l'autre, ceux qui ne sont pas encore advenus, mais dont le destin est pourtant plus que jamais scellé à ce que nous faisons dans le temps présent.

I. Du trasnhumanisme

Le problème posé par le « transhumanisme » est qu'une partie de l'Humanité semble prête à franchir un cap. Nous assistons, en effet, à un désir sans précédent d'intégration aux machines, d'assimilation à la technique, analysé pour la première fois dans les années cinquante par le philosophe Günther Anders[3] dans son exil américain. Ce désir, dont les racines puisent largement dans l'inconscient individuel et collectif, se traduit par une demande sociale croissante d'ingénierie humaine qui n'émane pas que des « extropiens »[4] et autres gourous prêts à quitter la Terre, mais de millions de citoyens ordinaires, quoi que ce qualificatif ne puisse avoir qu'une validité dans un espace et une époque donnée. Comme des millions d'applications sont téléchargées chaque jour, non pas parce qu'elles répondent à un besoin exprimé, mais parce qu'elles sont simplement disponibles, les technologies du vivant, au sens large, sont appelées à être de plus en plus demandées, essayées et éventuellement adoptées. Nous ne pensons pas seulement aux « exploits » technologiques, tels que les greffes d'implants bioniques ou la connexion cerveau/machine, mais plus largement à l'usage des psychotropes (drogues licites et illicites), et plus particulièrement au fait de posséder cette « technologie embarquée » qu'est le portable, appelé abusivement téléphone, alors qu'il s'agit en réalité d'une interface numérique de type ordinateur connecté et dont l'usage a radicalement modifié notre rapport au monde, aux autres, au travail, au langage, à l'espace et au temps.

Le fondement de notre anthropologie s'est décalé, sans pour autant se métamorphoser brutalement. Peut-être vivons-nous un type d'expérience qui ne se produit que tous les mille ans, une expérience comparable à ce qui s'est produit au Néolithique, au début de l'ère chrétienne ou à la Renaissance.

---

3 ANDERS (G.), *L'Obsolescence de l'homme*, Encyclopédie des Nuisances, 2002/1956.

4 Fondé par Max MORE au tournant des années 2000, l'extropianisme se définit, contre le principe d'entropie (tendance à la dégénérescence des systèmes) et repose sur la croyance en une organisation croissante des systèmes par la science et les techniques, fondée sur un progrès supposé illimité de celles-ci.

Serait-on, en d'autres termes, en train de basculer dans un nouveau paradigme, à la recherche d'un nouvel humanisme ? En tout cas différent de celui au sein duquel s'est accomplie la révolution moderne depuis le XVe siècle italien. Peut-on se contenter d'une critique romantique, campée sur les humanismes traditionnels progressistes – chrétien et scientifique – s'opposant frontalement à ce nouveau destin de l'humain, sans pour autant sembler capables d'en modifier le cours ? Nous pensons au contraire qu'une analyse compréhensive du paradigme transhumaniste – car il faut bien le nommer – à l'œuvre dans l'entreprise technoscientifique et la déconstruction des catégories de pensée qui le sous-tendent, pourrait permettre de sonder la pertinence et la solidité des arguments éthiques qu'on lui oppose. Sans céder à l'injonction technoscientiste d'abandonner les derniers points d'ancrage qui retiendraient l'Humanité rivée au sol, à la Terre et aux dispositifs d'enracinement symboliques (le langage, la filiation…), il nous semble opportun, au moins à titre exploratoire, de formuler quelques hypothèses sur la possibilité de reconsidérer notre Humanité, comme sentiment et comme idée, à l'aune de l'autonomisation de la technique d'une part, et de l'émergence de nouvelles formes de vulnérabilités de l'espèce humaine et des milieux susceptibles de l'accueillir (la nature, la technique), d'autre part.

Il s'agira, dans un premier temps, de considérer que le discours et les pratiques portés par les protagonistes qui se revendiquent de courants transhumanistes ne font qu'incarner et amplifier le projet de la technoscience contemporaine : celui de changer l'humain en l'améliorant techniquement jusqu'à l'arracher définitivement à sa condition première (dans un moment appelé Singularité) grâce à la mise en œuvre d'une convergence méta-disciplinaire des domaines les plus opératoires de la technique (informatique, biologie, neurosciences). Nous donnerons au transhumanisme une définition plus anthropologique que sociologique. Cette dernière privilégie l'étude des acteurs et des courants qui se reconnaissent sous la bannière du transhumanisme « officiel », c'est-à-dire autoproclamé, sans d'ailleurs se soucier de la cohérence de cette appellation. Nous privilégierons quant à nous la dimension fondamentale qui lie dans un même mouvement, malgré leur diversité, les techniques qui visent à augmenter l'efficacité des fonctions naturelles du corps – intelligence comprise – tout en se revendiquant d'une forme d'humanité de l'homme. Ainsi la procréation médicalement assistée avec tri d'embryon, nouvel eugénisme[5] à peine voilé, entend donner aux parents stériles de nouvelles possibilités de reproduction et d'émancipation que nous sommes invités à considérer comme un progrès pour

5 TESTART (J.), *Des hommes probables*, Seuil, 1999.

l'homme. Il en est de même pour l'ensemble des technologies « connectées » et « embarquées », de la e-santé et de l'assistance à la décision par des algorithmes, dans des domaines aussi divers que la justice ou l'armée, que l'on nomme abusivement « intelligences artificielles »[6]. Nous allons donc tenter d'imaginer de quoi serait constituée l'anthropologie d'une Humanité qui n'aurait foi ni dans un Dieu, ni dans l'Homme, ni dans le Progrès technique, au point d'en ignorer toutes les conséquences. Cette question est celle qui s'est faite jour chez de nombreux analystes des désastres du XXe siècle et en particulier ceux qui considèrent que nous avons perdu la foi en l'humain après Auschwitz. La réflexion s'est étendue aux désastres technologiques, aux catastrophes nucléaires d'Hiroshima et de Nagasaki jusqu'à Tchernobyl[7] et Fukushima. Une première série de questions avait même émergée dans le contexte du tremblement de terre de Lisbonne en 1755, catastrophe emblématique venant sceller le passage d'une interprétation divine du malheur à une lecture rationnelle des désastres. Rousseau incrimina ainsi l'urbanisme et le choix de bâtir des maisons si près les unes des autres en un temps où l'on comprenait encore ces phénomènes comme des châtiments divins. La question qui se posait alors, puisque de toute catastrophe naît la question du pourquoi, était de savoir comment penser le mal une fois privés des références divines. La réponse émergea un siècle plus tard alors que l'humanisme philosophique des Lumières allait céder, durant le siècle industriel, à une foi sans limites dans le progrès technique et dans l'activité rationnelle : il fallait s'en remettre à la puissance du rationnel[8]. La crise des sciences européennes, pour reprendre la formule de Husserl, allait accoucher de deux guerres mondiales où certes, le progrès technique allait triompher, mais où la foi dans la Raison allait finir par capituler devant l'ouverture des camps et la première destruction d'une ville habitée par la bombe atomique.

Depuis lors, le nihilisme né des années décisives n'ayant pas disparu, mais ayant peut-être simplement changé de forme, l'Occident s'est « développé » en inventant des sociétés de consommation ostentatoires (ou si l'on veut, de gaspillage des ressources) qui ont libéré des forces destructrices devenues supérieures

---

6 Des recherches ont montré que certains systèmes de reconnaissance faciale avaient plus de mal à identifier les femmes ou les gens de couleur à cause de l'appartenance culturelle dominante des analystes programmeurs. *Ongoing Face Recognition Vendor Test (FRVT) Part 2: Identification*, National Institute of Standards and Technology (NIST)

7 LEMARCHAND (F.), « Un héritage sans testament », *in Rue Descartes*, 2016, n° 88, pp. 128–137.

8 JANICAUD (D.), *La puissance du rationnel*, Gallimard, 1985.

aux forces géologiques, nous faisant entre dans une ère à laquelle le géochimiste Paul Cruutzen a donné le nom d'anthropocène. L'humain façonne le monde, de « l'homme augmenté » à la géo-ingénierie, dernière lubie des technoprogressistes pour lesquels les problèmes posés par la technique[9] seront résolus par la technique. Ici le climat et le problème du carbone, là le devenir de l'humain dans son interconnexion avec les machines et d'autres formes d'intelligences pourront toujours être résolus par la mobilisation de moyens supplémentaires. Nous pourrions donc interpréter le développement de la science moderne comme une levée d'inhibitions, la société laïque s'affranchissant progressivement mais inexorablement de tous les interdits, les tabous, les garde-fous et les appels à la prudence de l'antique « sagesse populaire », pour transformer le monde en champ d'expérimentation – et non pas d'expérience – planétaire poussé par la curiosité morbide, l'appât du gain et le désir de catastrophe qui hante notre conscient et notre inconscient[10]. Les deux-mille essais atomiques en plein air, la destruction des ressources non renouvelables et de la biodiversité, notamment par les pesticides, quatre catastrophes nucléaires ainsi que d'innombrables autres catastrophes écologiques et industrielles, et bientôt la perspective d'un réchauffement climatique qui pourrait être témoin du dernier sursaut de l'espèce humaine, n'auront donc produit aucune pédagogie du désastre. Le nouvel horizon de la colonisation technologique, étroitement liée à la logique du capitalisme, est celui du corps (incluant le cerveau) et de son interconnexion avec la technique. Le processus semble être devenu autonome, le train du Progrès lancé sur les rails du développement, pour reprendre l'expression de Marx, pourrait être celui d'un effondrement général à la fois idéel et matériel. La question posée n'en est rien moins que celle du destin de l'humain dans sa diversité culturelle et anthropologique, de nos innombrables manières d'être humains, c'est-à-dire mortels, enracinés[11] et constitués par le langage. C'est la raison pour laquelle il nous faut rappeler le sens du concept anthropologique fondamental de catastrophe car ce qui arrive avec le transhumanisme ne se laisse pas saisir par le concept, ô combien réducteur, de risque calculable.

---

9 Nous entendons par technique (moderne), au sens de Jacques ELLUL, « la recherche de l'efficacité maximum en toute chose ». ELLUL (J.), *La technique ou l'enjeu du siècle* (1954).

10 JEUDY (H.-P.), *Le Désir de catastrophe*, Aubier, 1990.

11 Sur les liens entre humanité et enracinement, voir l'ouvrage fondamental de ALPHANDERY (P.), BITOUN (P.) et DUPONT (Y.), *L'Équivoque écologique*, La Découverte, 1991.

II – Catastrophe et société : pistes pour une nouvelle éthique

L'approche catastrophiste, qualitative et complexe, développée par la philosophie ou la socio-anthropologie, en réaction au concept de risque, qui tend à nous éloigner de nos responsabilités[12], mériterait d'être ressaisie par les gestionnaires et producteurs des nouveaux risques totaux comme celui d'une sortie en douce de l'espèce humaine[13]. Parmi les premiers à avoir lancé l'alerte depuis Ivan Illich, Jacques Ellul et surtout Günther Anders, le philosophe allemand Hans Jonas a élaboré dans les années 1990 un « principe responsabilité » qui, accordant une valeur heuristique à la peur, constituerait le socle d'une éthique de la responsabilité. Insistant sur la vulnérabilité de l'espèce humaine et soucieux des générations à venir, Jonas a proposé une analyse rigoureuse des conséquences qui pourraient découler de « l'excès de puissance » dont dispose l'homme moderne, et montré « comment cette formidable réussite (…) menace de s'inverser en catastrophe par destruction de sa propre base naturelle »[14]. Son point de départ est l'obsolescence de la responsabilité morale établie par Kant face à des menaces totales et d'origine anthropique : le développement des sciences et des techniques menace l'homme *et* la nature, il faut donc penser ces derniers ensemble et non l'un contre l'autre. Deux nouveautés sont pour lui nécessaires : d'abord changer d'horizon temporel en incluant les actes à venir, dont les générations futures, au cœur de notre problématique. Ensuite, se doter d'un nouvel impératif catégorique, que l'on peut résumer comme suit « agis de façon que les effets de ton action soient compatibles avec la permanence d'une vie authentiquement humaine sur Terre »[15]. C'est donc la vulnérabilité qui créé le devoir, comme pour la mère face au nourrisson démuni. C'est là le propre de l'humain que de naître vulnérable et de nécessiter le soin et l'attention des parents. Mais, c'est désormais l'espèce toute entière qui est menacée.

Le rétablissement du paradigme de la catastrophe (en grec, « renversement » et « chute », mot qui désigne le dernier acte de la tragédie, le moment

---

12 LEMARCHAND (F.), « COVID : risque ou catastrophe ? Ce dont il est question, précisément », *in Terrestres*, 16 juin 2020, *disponible en ligne* : https://www.terrestres.org/2020/06/12/covid-risque-ou-catastrophe-ce-dont-il-est-question-precisement/

13 VANDELAC (L.), « Sortir en douce de l'espèce humaine… », *in Le Devoir*, 7 octobre 2000.

14 JONAS (H.), *Pour une éthique du futur*, éd. Rivages poche, 1998, p. 58 ; Cf. également, JONAS (H.), *Le principe responsabilité. Une éthique pour la civilisation technologique*, Éditions du Cerf, 1990.

15 JONAS, (H.), *Le Principe Responsabilité*, *op. cit.*, p. 30

du retournement de situation), contre celui du risque calculable, a donné lieu à une littérature fructueuse et stimulante. Citons les travaux du philosophe Jean-Pierre Dupuy, lequel, inspiré de Jonas et d'Anders, considère que ni notre action, ni notre imagination ne sont à la hauteur de ce que nous savons (sur la prolifération nucléaire, l'effondrement de la biodiversité, le changement climatique et, bien entendu, le transhumanisme). S'il existe bien sur tous ces maux une littérature scientifique précise, comment alors expliquer notre inaction ? Ce n'est donc pas, contrairement à ce que prône le principe de précaution, l'incertitude qui est la cause de notre inhibition mais, pour Dupuy, parce que *nous ne croyons pas ce que nous savons*, idée reprise à G. Anders dans *L'Obsolescence de l'homme*. Or, s'il l'on veut éviter ce que nous redoutons, il faut croire en sa possibilité *avant* qu'il ne se produise, la catastrophe ayant tendance à devenir « possible » (et l'ayant toujours été) à partir du moment où elle a eu lieu. La proposition faite par Dupuy s'inscrit, nous le voyons, dans la redéfinition métaphysique de la question du temps, en essayant d'inscrire la catastrophe ontologiquement dans l'avenir, et donc sur un modèle totalement différent du *risque* qui construit l'événement comme une occurrence parmi d'autres, pouvant ou non avoir lieu. Nous devons sortir du paradigme de la prévention (faire qu'un possible ne se réalise pas) en abandonnant ce que l'auteur nomme le « temps de l'Histoire » (communément représenté par un arbre de décisions) pour adopter ce qu'il nomme le « temps du projet » (figure ci-contre). Cette nouvelle temporalité boucle, de manière rétroactive, passé et futur, de telle sorte que l'avenir et le passé se déterminent réciproquement. Concrètement, il s'agit de considérer l'avenir dont on ne veut pas (la catastrophe) comme certain, comme un point fixe, un destin… pour pouvoir s'en détourner. Prenant comme référence, mais en négatif, le discours positif et performatif de la planification des années soixante, Dupuy définit l'enjeu du catastrophisme comme étant celui de d'« obtenir par la futurologie et la méditation sur les fins de l'homme une image de l'avenir suffisamment catastrophiste pour être repoussante et suffisamment crédible pour déclencher des actions qui empêcheraient sa réalisation »[16].

La catastrophe désigne donc, selon nous, à la fois la chose et sa représentation, l'expérience de l'effondrement (ainsi que son objet) et l'idée que l'on s'en fait. Elle joua ainsi de la métaphore notamment dans l'art romantique du XIXe, époque du vertige moderniste et du mal de vivre. La catastrophe désigne, en anthropologie, l'espace de réflexion qui, dans la culture, gère la question du partage entre l'humain et l'inhumain, participant ainsi à la définition de

16 DUPUY (J.-P.), *Pour un catastrophisme éclairé*, Seuil, 2004, p. 197.

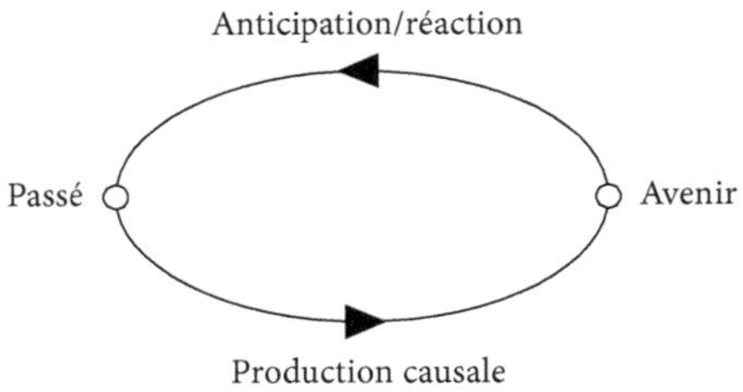

Figure 1. Temps de la catastrophe selon Jean-Pierre Dupuy.

l'humanité de l'homme propre à chaque société, dans chaque époque donnée. Il existe ainsi autant d'imaginaires catastrophiques qu'il existe – et a existé – de types de sociétés. Les attentes millénaristes occidentales au Moyen Age, la Fin des temps dans les écrits testamentaires, le mythe du *mappo* dans le bouddhisme ou encore les fictions du posthumain – sans compter, les innombrables sectes et augures eschatologiques – ont tous en commun de proposer/dessiner une fin, de tracer une frontière, une limite, entre le monstrueux, l'inhumain et ce qui définit une anthropologie. Nous appelons donc catastrophe cette instance universelle qui, dans la culture au sens anthropologique – ensemble des pratiques, croyances, attitudes et représentations – règle la question des limites collectives ultimes et des fins (au double sens de finalité et finitude), en traitant des rapports de l'homme avec la nature (l'animalité, l'inceste), de l'homme avec lui-même (barbarie), et désormais de l'homme avec la technique (le devenir technique de l'homme, le post humain).

Ainsi, par leur nature inédite et parce qu'elles induisent un rapport nouveau à l'événement, à l'accident, au temps et à l'espace, les techniques transhumanistes méritent d'être appréhendées bien au-delà des perceptives gestionnaires de type bioéthiques. Elles ont, comme d'autres phénomènes décisifs du XXe siècle, de l'avènement de l'âge atomique aux manipulations du vivant, redéfini le paradigme-même de la catastrophe pour questionner d'un regard nouveau l'inhumain, l'inhabitable, le non-viable et, plus globalement, la question de la norme.

Mais, une fois posé le cadre conceptuel dans lequel se pose la question de l'humain, essayons d'analyser les raisons pour lesquelles il est si difficile, dans les sociétés technoscientifiques, de formuler les bonnes questions. Nous allons, pour cela, devoir faire un détour par la Renaissance italienne et, plus précisément, par la peinture.

III - Pour en finir avec l'human(ocentr)isme ?

Dans *La création d'Adam*, que l'on peut admirer sur le plafond de la chapelle Sixtine, le peintre et homme de science Michel-Ange a livré, à première vue, une expression canonique de la création du premier homme par Dieu. Dans l'Ancien Testament (livre de la Genèse), l'homme est créé à l'image de Dieu qui « avec la poussière du sol, souffla dans ses narines le souffle de la vie, et l'homme devint une âme vivante ». L'idée d'étincelle vitale, d'un commencement à la fois microscopique et énergétique de la vie, appartient à la vision populaire que nous avons des origines de la vie, mythe repris dans le Frankenstein de Mary Shelley[17] où le jeune savant suisse donne vie à l'être qu'il a assemblé avec différentes parties de chairs mortes. Mais le génie pictural de Michelangelo repose sur un double dispositif, l'un explicite et le second, comme nous allons le voir, ô combien crypté. Le premier, tient dans ce célèbre « détail » où les index du père créateur et du fils créé se rejoignent, sans se toucher, pour venir signifier la transmission de la vie comme force vitale, comme si l'on approchait l'une de l'autre les extrémités de deux fils électriques entre lesquelles on attendit qu'il se format un arc. Cette image, fortement ancrée dans notre imaginaire occidental de la Création, a servi de source d'inspiration à de nombreux graphistes cherchant à illustrer les questions liées au transhumanisme. Il suffit de procéder à une recherche d'image, sur n'importe quel moteur de recherche, avec le terme « transhumanisme » pour voir apparaître ces déclinaisons de l'inspiration de Michelangelo que nous reprendrons à notre compte. Il suffit d'imaginer une main bionique, soit du côté créateur, soit du côté créature, soit les deux. Mais le génie de Michel-Ange ne s'arrête pas là : il nous livre dans cette fresque une leçon d'anatomie cachée puisque la représentation divine se trouve être la parfaite illustration d'un cerveau humain[18] en coupe. Le cerveau humain est donc associé à l'image de Dieu, comme si le siège de l'intellect (donc humain) et l'idée du créateur pouvaient être compris comme une seule et même entité. Si l'on pousse le raisonnement, Dieu est dans le cerveau de l'homme et c'est donc ce dernier qui aurait créé Dieu et non l'inverse. On comprend pourquoi, face à l'Église de l'époque, l'artiste dû dissimuler ce qu'il cherchait précisément à révéler. Quoi qu'il en soit, car nous ne pouvons partir que d'hypothèses dans cette herméneutique du dess(e)in caché, nous retiendrons que le sens commun

---

17 SHELLEY (M.), *Frankenstein ou le Prométhée moderne*, La Renaissance du Livre, 1818.

18 SUK (I.) et TAMARGO (R. J.), *Concealed Neuroanatomy in Michelangelo's Separation of Light from Darkness in the Sistine Chapel*, Neurosurgery : 66, pp. 851-861. May 2010.

Figure 2. Michel-Ange, *La Création d'Adam,* Chapelle Sixtine.

a renvoyé la source de l'éveil de la conscience au monde à une extériorité, une transcendance, que nous pourrions nommer l'idée de Dieu.

Nous nous servirons de ce dispositif esthétique pour explorer les univers de sens de ce qu'il est convenu d'appeler « transhumanisme », conçu comme l'ensemble des techniques mises au service du projet de fabrication d'un humain technologique, ou d'une forme d'humanité revendiquée comme telle (même désincarnée).

1. *Transhumanisme #1*

Dans cette première hypothèse interprétative, on abordera l'innovation comme métaphore et prolongement de l'humanisme chrétien traditionnel à travers la figure de la Création. Pour ce faire, nous procéderons à une petite substitution de la main de l'homme (créé) à celle du *cyborg* (créé par l'homme). Mais c'est l'Homme-Dieu prométhéen qui s'est substitué au Dieu-créateur qui insuffle ici la conscience à la machine. L'homme est certes modifié techniquement, mais ce n'est pas mauvais en soi car il demeure fait à l'image de Dieu, qui lui, conserve l'image de l'homme originel. Dans ce sens, l'homme modifié reste *humain*, et nous pourrions ajouter, demeure fondamentalement bon. On retrouve de nombreuses figures de cette inversion prométhéenne (dans le Frankenstein de Mary Shelley déjà cité où dans le Metropolis de Fritz Lang). Si la technique moderne peut être définie comme l'ensemble des moyens les plus efficaces à une époque donnée[19], c'est toujours vers l'idée d'un produire que cette efficacité est tournée.

19 ELLUL (J.), *Le système technicien*, Calmann-Lévy, 1977.

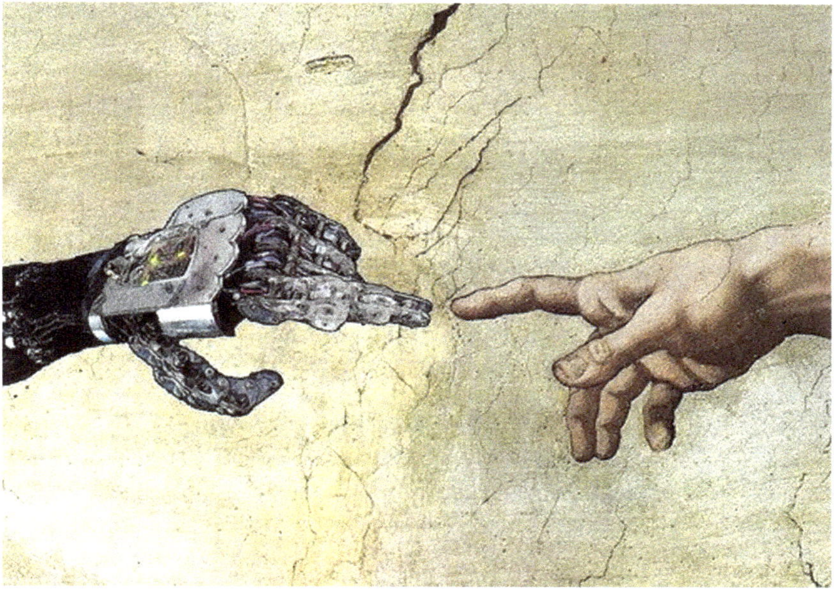

Figure 3. Auteur inconnu, blog « TPE : L'Homme augmenté ». DR. Source : https://tpesurlhommeaugmentee.blogspot.com/2017/01/i-le-transhumanisme.html

Partant de l'idée que le vivant, pris dans son évolution, est donné et répond à sa logique propre (lois de l'hérédité, sélection naturelle…), la technique moderne, qui repose sur l'idée de fabrication, de l'homme fabriquant ou *homo-faber*, peut aisément se substituer à la Nature pour peu qu'elle soit dotée d'un projet, d'une finalité. Le caractère opératoire de la technique et de la science[20], qui sont désormais indéfectiblement liées l'une à l'autre, autorise la possibilité toujours croissante de substituer aux processus naturels des processus techniques qui, soit s'autonomisent tout-à-fait, comme c'est le cas pour l'ordinateur qui remplace les tâches initialement dévolues à l'intelligence humaine (telles que la prise de décision – y compris dans des domaines éthiques tels que le soin ou la justice –), soit s'hybrident (notamment dans le domaine de la procréatique avec le projet d'utérus artificiel, ou de la bionique avec l'introduction de prothèses complexes dans le corps).

20 HOTTOIS (G.), *Le Signe et la technique*, Aubier Montaigne, 1984.

Dans cette approche métaphysique traditionnelle, où Dieu crée l'humain puis l'humain crée la technique, on aboutit logiquement à une technicisation de l'homme par ses propres moyens, sa conscience, son doigté, son intelligence, qu'il tire initialement de sa foi religieuse. La transformation de l'humain, ainsi accomplie par la technique, elle-même sortie tout droit de l'intellect de l'homme, ne pose donc pas de question fondamentale dans la mesure où elle ne constitue pas, de ce point de vue, une rupture avec le schéma originel dont la matrice serait en quelque sorte, l'allégorie peinte par Michel-Ange. C'est la raison pour laquelle tout un pan du progressisme scientifique, fondé sur l'idée d'une origine humaine de la technique, accueille béatement les avancées de la technique comme étant aussi des preuves du génie humain et de la grandeur de l'Homme, et donc de Dieu pour ceux qui ont la foi. Cette vision de nos relations avec la technique ne serait dramatique si cette dernière n'avait pas, suivant le cours de sa propre évolution[21], largement devancé celle du vivant. Disons, pour simplifier les choses, que l'évolution technique (comme efficacité à transformer le monde), notamment dans le domaine informatique, est exponentielle alors que la vie biologique évolue de manière linéaire, et donc beaucoup plus lente. Le pouvoir d'agir de la technique, notamment développé au sein du nouveau paradigme nano dans le projet de convergence entre les sciences cognitives, la biologie et l'informatique (NBIC), est tel, qu'il est devenu pour ainsi dire impossible de développer une éthique contemporaine des innovations. L'héritage d'un humanocentrisme, appelé humanisme depuis l'époque dite des Lumières, constitue à notre sens le principal verrou à la capacité d'une partie non négligeable des sociétés techniciennes à penser au-delà du schéma de la création analysé ci-dessus, c'est-à-dire à repenser l'humain dans ses relations à la Nature et à la technique de manière non plus humanocentrée, mais au contraire redialectisée. On entend, paradoxalement, dire ici et là qu'il faudrait « replacer l'homme au centre » (de l'économie, du travail, du développement), mais tout au contraire, il faudrait replacer au centre les relations – et non les êtres ou les substances – entre l'Humanité et la Technique, l'Humanité et la Nature, la Nature et la Technique. Cette incapacité à penser la technique pour ce qu'elle est, et autrement qu'une expression du génie humain (divin), conduit une large part de ceux qui la mettent en œuvre (scientifiques, politiques, usagers) à considérer que la technique est neutre et que c'est à l'homme d'en faire bon usage, d'y ajouter le souci du bien. Existe-t-il une autre approche de la technique ?

---

21 SIMONDON (G.), *Du mode d'existence des objets techniques*, Aubier, 1989.

2. *Transhumanisme # 2*

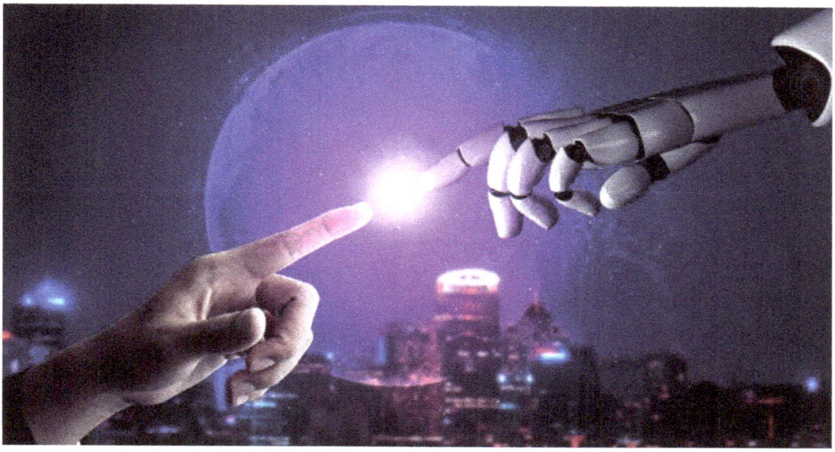

Figure 4. Mains humain/robot : Crédit Bianco Blue

Nous pourrions nommer cette hypothèse « éveil des machines à la conscience universelle ». La Technique a ici remplacé Dieu et n'a rien d'humain. Elle s'appartient en propre et est dotée d'une autonomie dont le caractère problématique a donné lieu à un ensemble d'interprétations philosophiques et anthropologiques allant de Martin Heidegger[22] à Cornelius Castoriadis[23] en passant par Jacques Ellul[24] et surtout Günter Anders[25], pour ne citer que ceux-là. Dans cette hypothèse, nous pourrions dire qu'une nouvelle Humanité, façonnée par la technique, remplace la première, devenue obsolète face à ses créations, y compris la destruction d'un monde habitable devenu de plus en plus étroit. C'est aussi la vision adoptée par la majeure partie du courant dit transhumaniste, lequel considère que l'Humanité faite de chair et d'os a fait son temps, et qu'il est temps de migrer vers une Humanité 2.0, affranchie du « poids de la chair morte » selon

22 HEIDEGGER (M.), « *La question de la technique* », dans *Essais et conférences*, Gallimard, coll. « Tel » (n° 52), 1993, pp. 9–48.

23 CASTORIADIS (C.), « Voie sans issue ? », article publié dans *Le monde morcelé. Les carrefours du Labyrinthe 3*, 1990, éd. Points Seuil.

24 ELLUL (J.), *La technique ou l'enjeu du siècle*, Economica, 1990.

25 ANDERS (G.), *L'Obsolescence de l'homme*, préc.

l'expression de Günter Anders, plus performante dans tous les domaines, y compris cognitifs. Sitôt que l'on cherche à caractériser cette nébuleuse des possibles pour savoir à quoi ressemblerait cette Humanité, on tombe sur une constellation d'objets disparates et souvent spectaculaires (jusqu'à l'idée d'un transfert de conscience dans des machines), mais le plus souvent sur des objets absents appartenant résolument à l'imaginaire de la fiction[26]. Il nous faut néanmoins aborder la logique du transhumanisme avec ses propres armes : considérer à titre d'hypothèse de travail que la technique est *réellement* en voie d'autonomisation, que tout ce qui est techniquement faisable sera réalisé (suivant la pseudo-loi dite de Gabor), car la technique ne pense pas et n'est dotée d'aucun souci du bien ou du mal. Cette fois-ci, la main du créateur est une main cybernétique, elle agit comme la main du créateur en direction de l'humain. Elle devient le créateur qui transforme l'homme, non pas au cours d'une quelconque séance inaugurale jouée dans l'éther d'une peinture italienne, mais comme un processus continu qui façonne et reconstruit l'humain en continu. L'automobile, l'énergie centralisée, l'ordinateur… ont bouleversé nos humanités, les croyances, les valeurs, les habitudes. On trouve facilement cette iconographie qui pastiche le tableau de Michel-Ange, lorsqu'on cherche les images associées au mot « transhumanisme » sur la toile, mais il s'agit toujours du détail des mains. Il serait intéressant d'imaginer le reste du créateur – le *cyborg* – afin de voir si son image reflète à son tour le cerveau humain comme dans le tableau de la Renaissance.

3. *Transhumanisme # 3*

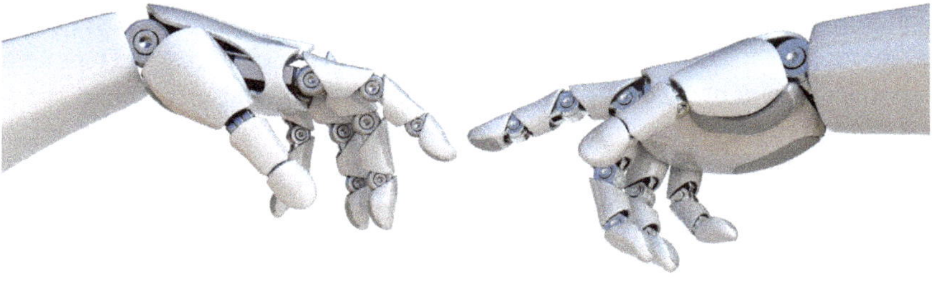

Figure 5. Deux mains robotisées pour la Création d'Adam 3d par Michel-Ange. Par koya979. https://www.shutterstock.com/fr/image-illustration/two-robot-hands-michelangelos-creation-adam-1007030485

---

26 DORTHE (G.), *Malédiction des objets absents : explorations épistémiques, politiques et écologiques du mouvement transhumaniste par un chercheur embarqué*, Thèse de doctorat de sociologie, 2019, Université de Paris 1-UNIL.

Quand les deux doigts de *cyborg* se seront rejoints, le monde aura basculé dans l'horizon du posthumain. Mais peut-être nous faut-il justement conserver cette perspective comme un point de mire à l'horizon, un destin au sens de Dupuy (voir *supra*), vers lequel nous allons, certes lentement, mais dont nous ne voulons pas.

Un célèbre article de l'informaticien Bill Joy, daté de 2000 et publié dans le magazine américain *Wired*, avait pour titre « Pourquoi le futur n'a pas besoin de nous » et sous-titré « Les technologies les plus puissantes de XXIe siècle : le génie génétique, la robotique et les nanotechnologies menacent d'extinction l'espèce humaine »[27]. Ce renversement de perspective, auquel nous avons donné le nom de catastrophe, tient justement de rempart théorique (au sens grec de contemplatif, qui donne à voir) de la conscience pour « faire advenir » à l'imagination un monde – qui ne serait donc plus un monde – débarrassé de toute humanité.

On pourra, en attendant, s'interroger sur les raisons pour lesquelles l'Agence spatiale américaine s'intéresse d'aussi près aux projets, même les plus délirants *a priori*, de posthumanité portés par le noyau dur de l'Université de la Singularité, et largement financés par le charitable Bill Gates. On peut d'ailleurs observer que le « campus » des transhumanistes radicaux états-uniens[28] jouxte le centre de recherche de la NASA. Quel est donc le rapport existant entre le projet de conquête spatiale et celui de produire un humain à ce point « augmenté » par la technique qu'il en serait largement, pour ne pas dire totalement, déshumanisé ? C'est que, les conditions auxquelles seront – seraient – soumis les spationautes, dès lors qu'il s'agit de quitter définitivement la Terre (et son très proche satellite, la Lune) pour la grande aventure interplanétaire seront des plus exigeantes, pour le peu qu'on en connaît. Exposition aux rayonnements cosmiques, isolement prolongé, et potentiellement tout ce que les films de science-fiction les plus récents se plaisent à imaginer : chaleurs extrêmes, froids absolus, tempêtes martiennes et autres mauvaises surprises, que les navigateurs terrestres connaissent bien, mais à des millions de kilomètres de la Terre et donc sans assistance aucune. Quel type d'humain – et constitutif de quel type d'humanité ? – accepterait de se jeter dans une telle aventure sans effroi ? Il ne peut s'agir que d'un surhomme, hyper-entrainé, prêt à supporter des contraintes extrêmes, hyper-rationnel, sans état d'âme… bref, un humain

27 JOY (B.), « Why the Future Doesn't Need Us », Wired, 2000, *disponible en ligne:* https://www.wired.com/2000/04/joy-2/

28 Citons Peter DIAMANDIS, Ray KURTZWEIL et Elon MUSK.

augmenté. L'homme de la grande conquête spatiale, si tant est qu'une telle aventure puisse s'augurer, sera un être technologiquement modifié, et peut-être génétiquement (on produit déjà des saumons dotés d'un gène de résistance au froid)[29], de telle sorte qu'il puisse s'adapter à n'importe quel milieu hostile *hors-sol*. La fiction se confond ici avec la réalité (du projet) et il y a fort à parier que la santé, l'armée et l'aérospatiale serviront de banc d'essai pour les travailleurs du futur.

VI – Science-fiction et autotranscendance de l'humain/de la technique

Les fictions du XXe siècle ont métamorphosé tour à tour le Progrès tout puissant, le sentiment de maîtrise du démiurge technicien, la guerre froide et les « envahisseurs » et aussi les peurs et les craintes qui animent l'Humanité confrontée aux machines intelligentes. Nous partirons du point d'interrogation suivant : de quels sentiments sont révélatrices les œuvres du XXIe siècle naissant, en particulier deux œuvres récentes qui semblent marquer leur temps, *Gravity* du cinéaste Alfonso Cuarón et le film de Christopher Nolan, *Interstellar* ?

Ce qui semble marquant dans ces deux œuvres cinématographiques et qui, d'une certaine manière, les lie, est l'esthétique de la solitude dans laquelle l'humain se retrouve après avoir quitté la Terre. L'adieu à la Terre et l'ouverture sur un cosmos sans fin, espace sidéral et vide, laisse l'Humanité face à un nouveau miroir : le néant. Ce pourrait être l'horizon du posthumain. Au XVIIIe siècle, à Lisbonne, l'homme moderne avait pris conscience de son infinie liberté, celle de faire le bien ou le mal, privé des références divines face à un tremblement de terre effroyable. Puis, l'homme moderne connut un sentiment d'infinie solitude qui donna forme au romantisme, au « mal de vivre » disait-on au XIXe siècle, caractéristique d'une société confrontée pour la première fois à l'infinité de sa puissance sur le monde. Avec la « mort de Dieu », l'Homme s'est trouvé confronté à lui-même, comme genre humain d'abord (dans le projet des Lumières) et comme espèce fragilise et menacée (dans les crises majeures du XXIe siècle, dont la crise écologique est la dernière forme). Le « réel effrayant »

29 A l'origine, il s'agit d'un saumon de l'Atlantique (Salmo salar), dans lequel on a inséré les gènes du saumon chinook (encore appelé saumon quinnat), l'une des espèces les plus grandes de saumon, et des gènes d'une loquette d'Amérique (Macrozoarces americanus) un poisson marin dénommé anguille de roche, pouvant vivre dans des eaux froides et salées à 0°C grâce à une protéine antigel dans le sang.

apparaissant aux modernes, fut progressivement apprivoisé par la Science qui, tout en lui donnant un sens, produisait du même coup un désenchantement du monde. L'homme perfectionné du transhumanisme ne serait-il pas finalement un être ennuyeux ?

Ce qui se dégage de la science-fiction n'est plus ce sentiment d'humanité, d'appartenance à un genre, mais celui d'appartenance à une espèce biologique menacée, notamment depuis la découverte simultanée des camps d'extermination industrielle et de la bombe atomique, expériences tragiques où l'on découvrit que l'Humanité était tuable (Auschwitz), puis devenue mortelle (Hiroshima), selon le philosophe Günter Anders. *Interstellar* questionne explicitement ce rapport de l'individu à l'espèce (et jamais à la société) sur fond de catastrophe écologique majeure rendant la Terre proprement inhabitable. Désormais le monde est détruit, ou du moins fragilisé comme lieu d'accueil, et nous nous tournons, dans la réalité comme dans la fiction, vers la recherche d'un ailleurs habitable et nous ne trouvons dans l'espace interstellaire que le vide. Le sentiment de solitude qui s'empare de l'homme face au cosmos n'est donc plus la solitude d'un homme, mais celui d'une espèce vouée à une disparition programmée dans un contexte du changement climatique, de pollutions environnementales ou encore de retour de la possibilité de l'apocalypse nucléaire.

Mais ces films ne traduisent pas tant l'isolement de l'espèce dans un monde devenu trop petit que la solitude métaphysique et angoissante d'une espèce confrontée à un nouvel horizon, à trois dimensions, sans point de repère autre que les astres éloignés de millions d'années-lumière. Et cet horizon – circulaire – n'est pas sans rapport avec celui du corps du transhumain, destiné, rappelons-le, à s'arracher à la Terre. Une ultime tentative de maîtrise technique des problèmes posés par le développement technoscientifique, notamment climatiques, consiste à imaginer une géo-ingénierie planétaire où l'on piloterait l'écosystème terrestre comme s'il s'agissait d'un grand organisme. La base du scénario d'*Interstellar* repose d'ailleurs sur l'échec d'une telle tentative, d'une ultime tentative de maîtrise terrestre.

Pour finir, *Interstellar* propose dans son scénario inspiré des théories de la physique contemporaine – et c'est ce point que nous retiendrons – une intéressante figure de l'autotranscendance, inspirée de la forme mythologique de l'*ouroboros*, le serpent (ou dragon) qui se mord la queue, puisque le héros sauve l'Humanité condamnée à une disparation certaine et rapide depuis une position temporelle placée dans un futur éloigné… pour ainsi permettre à l'humanité de survivre jusqu'au futur d'où il agit. Après le refus de la transcendance divine, puis celle de l'humanité des Lumières, voici l'auto-transcendance de la technique comme horizon anthropologique ? Le rêve collectif et inconscient porté par le transhumanisme est peut-être de même nature, celui de produire une non-humanité en devenir… pour sauver l'Humanité. Une boucle temporelle rétroactive à la Dupuy, mais privée de tout socle anthropologique.

VI. CONCLUSION

Notre époque aura réussi, en un siècle, à créer plus de types d'humanités nouvelles – les figures de « l'homme nouveau » – que toutes les civilisations qui nous précèdent. Soumis que nous sommes, quelle que soit notre identité culturelle ou notre niveau de vie, à la tyrannie de la technique et à la dictature du marché, le questionnement sur les figures de l'humain qui s'est fait jour avec les expériences de la barbarie au XXe siècle (les deux guerres mondiales, la guerre froide, la Shoah, Hiroshima et Nagasaki, les génocides de masse) ne s'est pas arrêté avec le siècle, mais ouvre sur de nouvelles perspectives, en apparence plus « douces », liées au développement des technosciences. Les expériences totalitaires, qui rejoignent en cela le libéralisme pur et dur du capitalisme financier, ont participé à la déconstruction du paradigme anthropologique hérité des Lumières, à savoir l'homme construit comme sujet politique. Les années soixante et soixante-dix ont été, en Occident, le théâtre d'une volonté affichée, au travers de « minorités agissantes » telles que les femmes, les jeunes et les peuples décolonisés, qui font leur entrée sur la scène politique, d'une volonté de repenser les constructions sociales séculaires qui garantissaient, au sein des sociétés traditionnelles, une forme de stabilité et de reproductibilité de l'ordre social. Après avoir déconstruit les autorités traditionnelles (paternelles), les différences sexuelles (dont les débats contemporains sur la « théorie du genre » sont les symptômes) et, d'une certaine manière, tout l'échafaudage social et politique qui constituait l'assise des sociétés modernes dans l'organisation d'un vivre-ensemble, c'est l'humain, dans sa double dimension biologique *et* symbolique, qui semble subir les assauts des forces de transformation. Ce projet trouve son origine dans la grande accélération de l'après-guerre, dans des sociétés fuyant les monstres qu'elles avaient engendrés, cherchant dans la technique les ressources à même de refonder un sentiment d'humanité après l'expérience des camps, et dans l'accélération, la puissance d'oubli capable de faire passer le plus rapidement possible de lourd fardeau dans l'histoire. Ainsi naquit le projet de la cybernétique, orchestré par Norbert Wiener, qui déconstruisit définitivement l'homme de la « première modernité », pour offrir la vision d'un organisme constitué de flux d'informations, de réseaux complexes, de connexions neuronales et de particules élémentaires. La conception d'un humain défini par ses composants élémentaires – cellules, neurones, puis gènes – est donc née il y a un demi-siècle. Dans la poursuite du rêve rationnalisant de nos ancêtres, mais désormais privés de toute référence normative – car la Science n'est pas anthropologiquement normative – nous poursuivons sans relâche l'entreprise de désenchantement qui renvoie nos sentiments et nos états d'âmes à de purs procédés physico-chimiques, ce que l'on nommait encore il y a peu « l'intelligence » comme étant le plus grand trésor de l'Humanité (la conscience du monde et des autres et l'entendement) devenant théoriquement désormais explicable, artificielle et transférable aux machines. L'origine de la vie elle-même n'est plus un mystère, il suffit que des conditions soient réunies (présence d'eau, d'énergie), celles-là mêmes que l'on scrute aux confins de l'Univers. Si la technoscience est capable de donner une explication mécanique de la vie, elle est tout aussi capable d'en fixer le but, biopolitique : durer le plus longtemps possible, dans la meilleure condition physique possible, c'est-à-dire de manière efficace. Cette nouvelle finalité de l'humain, qui est celle que la science affecte au vivant dans son ensemble – se maintenir en vie sans autre but – questionne d'autant la capacité des humanismes traditionnels, en charge de la définition du sens et des modalités de l'existence, à affronter la question des fins. Si la science nous donne en effet les moyens de nous maintenir en vie le plus longtemps possible – en même temps qu'elle nous donne les moyens de nous détruire comme espèce – elle est incapable de répondre à la question du pourquoi de l'existence individuelle et collective. Depuis que les traditions n'éclairent plus le monde, notamment occidental, et qu'aucun « sens de l'Histoire » ne vient plus orienter l'avenir, l'Humanité apparaît de plus en plus déboussolée, comme une communauté de destins dont le sort est désormais scellé aux grands enjeux écologiques (et politico-économiques qui en découlent) sans pour autant pouvoir exercer à travers la Science – qui constitue comme nous le verrons sa dernière grande religion – sa capacité à se doter d'une définition de l'humanité de l'homme. Ce travail essentiel à toute culture et à tout processus d'hominisation, qui jusqu'alors se produisait de manière singulière dans le temps et dans l'espace, chaque société se dotant à une époque donnée d'une anthropologie, semble éprouver les plus grandes difficultés à s'exercer au sein des sociétés technoscientifiques. Est-ce seulement lié aux effets de la laïcisation d'un monde occidental devenu « désenchanté », selon l'expression de Max Weber, réfutant toute transcendance jusqu'alors nécessaire à la définition des humanismes traditionnels ? Si la Science refuse, à partir de la Renaissance, toute idée de transcendance, et *a fortiori* toute métaphysique, ce qui va déboucher sur plusieurs siècles de conflits politiques entre la Science et la Religion, la « première modernité » qui irait du XVIe siècle au XIXe siècle, a finalement proposé de produire une

« transcendance laïque » dans laquelle l'homme constituerait sa propre référence autonome. Si l'homme moderne, apparu dès la Renaissance, entendait pouvoir s'autodéterminer, choisir son destin, comme son type de gouvernement (la démocratie comme indétermination), celui des sociétés technoscientifiques semble plutôt soumis à une nouvelle forme de déterminisme technicien qui, derrière les apparences de liberté du marché (avoir le choix entre des millions d'applications), lui impose un nouveau *telos* dont il peine à entrevoir le sens. La question se pose donc de savoir comment inventer une nouvelle anthropologie (et non pas humanisme qui désigne un humano-centrisme) qui ne nierait pas pour autant toute singularité – voire sacralité – du genre humain, mais la penserait en relation avec la Nature et la Technique, c'est-à-dire en se pensant dans et non plus contre la Nature d'une part, et en se pensant *avec* la Technique comme nouveau milieu et non plus en faisant comme si celle-ci lui appartenait en propre, mais dans une éthique pragmatique de la *relation*. Les approches de Philippe Descola[30] ou de Bruno Latour[31] ouvrent la voie à une telle perspective.

---

30 DESCOLA (Ph.), *Par-delà nature et culture*, Paris, Gallimard, 2005.

31 LATOUR (B.), *Nous n'avons jamais été modernes. Essai d'anthropologie symétrique*, Paris, La Découverte, 1997.

Partie III. Approches Philosophiques Des Transhumanismes

Dans la troisième partie de cet ouvrage, nous poursuivons nos regards croisés sur les transhumanismes sous l'angle philosophique.

Selon le professeur émérite de philosophie Jean-Michel Besnier, qui suit de près la progression de la pensée transhumaniste en France depuis des décennies, celle-ci « se fonde sur un radical désamour de l'humain pour lui-même ». Fort de ce constat, il en dresse une géographie et tente d'en esquisser une catégorisation. Même s'il le regrette, il conclut que la transition vers le posthumain est inéluctable. Ceci n'est pas sans réactiver une véritable « honte prométhéenne », autrement dit « la honte que ressent l'homme d'avoir produit les conditions de sa propre honte ». Le temps est, selon lui, venu de revendiquer les spécificités de l'humain pour assurer la garantie de sa propre préservation (6. Misère du transhumanisme. Esquisses philosophiques).

La condition anthropologique de l'homme est à son tour questionné par le professeur émérite de philosophie Dominique Bourg. Après avoir mis en perspective le transhumanisme avec l'idéologie du Progrès qui en constitue la matrice intellectuelle, il souligne les ressorts d'une « avancée sans limite des techniques [qui] *débouche sur l'amélioration de la condition humaine ». Il souligne un angle mort des idées transhumanistes : les désastres écologiques. Il rend ensuite compte de l'inscription du transhumanisme dans l'histoire des techniques, laquelle révèle une dynamique continuelle d'exosomatisation – le recourt croissant à des outils puisés dans l'environnement extérieur – qui pourrait conduire à la manipulation annoncée de l'homme par lui-même (7. Numérique et menace sur notre souveraineté anthropologique).*

Assurément, l'avènement du post humain contrevient à la conception même que nous nous faisons de l'Humanité. A partir de ce constat, Monsieur Bernard Baertschi, membre du comité d'éthique de l'INSERM, rappelle que, si l'objection habituellement adressée au(x) transhumanisme(s) est celle du recours inégalitaire aux techniques d'augmentation humaine (seuls les plus aisés pouvant y avoir accès), d'autres menaces se cachent en réalité derrière la quête d'égalité. Il souligne alors les effets indésirables de la justice égalitaire dans un tel contexte. Celle-ci risquerait, en effet, de conduire à une société liberticide, imposant (soit directement par l'État, soit indirectement sous l'effet de la pression sociale) l'usage généralisé de ces techniques d'augmentation (8. Quand un train en cache un autre. Un dilemme de l'égalité dans le monde humain).

Jean-Michel BESNIER[1]

6. Misère du transhumanisme. Esquisses philosophiques

Si au commencement, l'intérêt d'étudier le transhumanisme du point de vue du philosophe semblait relever de l'exercice intellectuel de pure prospective, voire de science-fiction, il est clair que progressivement, ce thème est devenu de plus en plus recevable. En 2009, la publication de mon ouvrage *Demain les posthumains,* s'inscrivait dans la première vague de réflexion philosophique sur le sujet. Néanmoins, nous sommes entrés dans un contexte de changements incroyables et très rapides de sorte que nous atteignons un point de basculement. Désormais, sous l'effet de la fascination des nouvelles technologies, ce thème du transhumanisme a été comme « canonisé » et est devenu, d'une certaine manière, « acceptable » pour les philosophes.

Le transhumanisme pose la question de l'acceptabilité des nouvelles technologies. Il s'agit assurément d'une question civilisationnelle si nous pensons, comme les paléoanthropologues, que nous sommes le double produit de la technique et de la parole. Nous sommes, de ce point de vue, foncièrement inscrits dans la technologie ! Ce sont ces deux processus qui ont conduit à l'hominisation. L'essentiel de la vie intellectuelle et culturelle de l'Occident a toujours consisté à savoir quel poids donner à l'un et à l'autre. Pendant longtemps, la société a disqualifié la technique au profit du langage[2]. Aujourd'hui, nous assistons au mouvement inverse, à savoir une hypervalorisation des technologies avec une minimisation du langage.

Dans ce contexte, le philosophe peut proposer, dans un premier temps, plusieurs pistes de lecture des différentes versions du transhumanisme (I) puis, dans un second temps, d'en cerner un peu mieux le concept (II).

---

1 Professeur émérite de philosophie. Sorbonne-Université. « Le futur a-t-il toujours besoin de nous ? », Séminaire du Pôle Risques, MRSH Caen, du 8 novembre 2019 *disponible en ligne* : http://www.unicaen.fr/recherche/mrsh/forge/6295 [Transcription réalisée par CAYOL (A.) et GAILLARD (E.)] – La forme orale de l'intervention a été conservée.

2 L'Encyclopédie visait à réhabiliter les arts techniques contre l'hégémonie des arts dits libéraux.

I. Géographie des transhumanismes

Une équivocité structurelle. Il n'existe pas d'homogénéité doctrinale du transhumanisme qui permettrait d'appréhender un concept univoque. Quelques figures médiatiques y sont étroitement associées mais ne partagent pas nécessairement les mêmes visions ou centres d'intérêts !

Une pluralité d'auteurs clefs, aux convictions autonomes et différentes. Nick Boström, philosophe suédois, a fondé l'Association mondiale du transhumanisme, qui est l'un des premiers grands mouvements mis en place dans les années 1998. Cet auteur émet le vœu de réaliser le bien-être et la perpétuation de l'Humanité grâce aux technosciences.

Max More est fondateur d'un autre mouvement, celui des Extropiens. Ce courant vise à mobiliser les technosciences pour aller à l'encontre du deuxième principe de la thermodynamique : il s'agit ni plus ni moins que de contrarier le processus d'entropie de l'Univers. C'est un projet démentiel ! Néanmoins, cette approche se démarque des autres par son positionnement explicitement « écologiste ».

Ray Kurzweil, peut être le plus connu, est un troisième techno-prophète, qui se distingue dans ses prises de position des deux premiers. Son nom est associé à l'Université de la Singularité qui vise à réunir des « apprentis visionnaires » ayant tous en vue l'idée selon laquelle nous nous acheminons vers une rupture dans le *continuum* de l'espèce humaine. Nous serions, selon eux, aux portes de faire advenir quelque chose d'autre, que l'on pourrait appeler le posthumain.

Transhumanisme ou hyper-humanisme ? En France, il existe une Association Française Transhumaniste (AFT), dirigée par Marc Roux, qui est davantage proche du mouvement de Nick Boström. Néanmoins, après réflexion, il pourrait davantage s'agir d'un mouvement prônant un « hyper humanisme ». Un mouvement *soft*, dont on pourrait considérer comme un abus de langage de le qualifier de transhumaniste car ses promoteurs ne visent pas le dépassement de l'espèce humaine (à savoir, atteindre le stade du post humain), mais seulement le perfectionnement de l'humain. A bien y regarder, l'AFT s'inscrit davantage dans la continuité de la pensée de Condorcet et des Lumières que dans la vision de la *Silicon Valley.*

Entre cyborguisation et bionisation ? Laurent Alexandre, se présente comme l'une des figures françaises majeures du transhumanisme. Il considère que l'avenir de l'humain réside dans la cyborguisation de l'espèce humaine, c'est-à-dire dans l'hybridation de l'électronique et du biologique. Il s'agit pour cela de miser sur l'intelligence artificielle. D'autres figures prônent au contraire la bionisation (i.e faire en sorte que l'homme soit génétiquement modifié), en misant cette fois sur le décryptage, l'édition et la modification du génome. Il n'est pas possible d'évoquer le transhumanisme sans faire état de ce fantasme d'une maîtrise totale de l'évolution biologique. C'est un thème très important chez les transhumanistes, il y a chez eux un culte des grandes figures qui ont très tôt affirmé que la biologie devait servir à la modification de l'espèce humaine. Le premier à avoir avancé cette ambition est Francis Galton, cousin de Darwin. Ce biologiste a précisément introduit le thème de l'eugénisme en soutenant que l'on ne fait de la biologie que dans un but : celui de produire un humain amélioré[3]. Lorsqu'on l'interrogeait sur la justification d'une telle assertion, sa réponse mettait en avant la nécessité de permettre à l'humain d'être en mesure de travailler avec ses machines, notamment dans le domaine de l'industrie où l'homme était de plus en plus perçu comme le maillon faible, frein à la productivité. Autrement dit, dès l'origine, le fantasme de l'amélioration de l'espèce humaine s'inscrit dans un projet de synchronisation avec les machines. Il importe de rappeler qu'à cette époque l'eugénisme n'avait pas mauvaise presse ! D'ailleurs, une autre grande figure régulièrement citée par les transhumanistes, le biologiste Julian Huxley, est réputé pour avoir le premier employé le terme « transhumanisme » dans les années 1950, alors même qu'il présidait l'UNESCO à sa création. Il est considéré comme une grande figure scientifique, ce qui n'est pas sans apporter une véritable caution intellectuelle. En tant que néo-lamarckien, il a une conception de l'Évolution consistant à soutenir que cette dernière obéit à une volonté d'adaptation. Les outils sont le moyen de cette adaptation. Si l'on pousse la réflexion en ce sens, à terme, ce sont les technologies qui permettront dès lors de maîtriser l'Évolution de l'espèce humaine. D'autres transhumanistes se réfèrent aux travaux de Pierre Teilhard de Chardin, père jésuite paléoanthropologue, qui, dans son livre intitulé *Le phénomène humain*, décrit l'Évolution en montrant que les outils permettent de plus en plus aux humains de se dématérialiser/décorporaliser. L'idée que l'on retient du jésuite est que le « Jugement dernier » pourrait finalement correspondre au moment où l'humain se serait tant dématérialisé qu'il pourrait abandonner son corps et faire triompher la conscience. La scène terminale serait finalement celle où l'espèce humaine se serait débarrassée de sa corporéité, donc de sa passivité. Nous serions alors, en atteignant ce point *omega*, entrés dans le royaume des Cieux. Cette représentation impressionne particulièrement certains transhumanistes, en ce qu'elle permettrait de justifier le passage observé dans l'histoire des sciences de l'ère de la matière à l'énergie, puis de l'énergie à l'information. Tous ces biologistes

3 En réalité, l'économiste Jean COUTROT l'a devancé dans les années 1930.

/ néo-biologistes sont convaincus que l'*homo faber* a développé une civilisation technicienne dont les réalisations pourraient rétroagir sur l'Évolution et les trajectoires engagées par elle. C'est ce que l'on appelle « l'effet réversif », un thème de doctrine régulièrement étudié par les transhumanistes.

Toutes les innovations technologiques peuvent ainsi être considérées comme autant de variations dans notre environnement qui pourraient produire, à leur tour, des mutations susceptibles de faire advenir de nouvelles espèces. Autrement dit, ce qui se passe dans « l'Évolution naturelle » se trouverait transposé dans « l'Évolution technologique ». Dans l'Évolution, à son commencement, des cellules se sont dupliquées, ont commis parfois des erreurs de copie, lesquelles ont produit des variations, qui, à leur tour ont pu se dupliquer, jusqu'à générer des mutations et aboutir à la création de nouvelles espèces. C'est en gros le schéma néo-darwinien. Si l'on met à la place des cellules qui se dupliquent, les réalisations des nouvelles technologies – qui sont très souvent des technologies de la duplication –, on parvient au pendant technologique de l'Évolution. Cette vision est partagée par nombre de techno-prophètes qui invoquent la Singularité ou le point *omega* de Teilhard de Chardin pour désigner ce moment de rupture qui fera advenir quelque chose de radicalement nouveau.

Dans cette nébuleuse constituée par les diverses options transhumanistes, il est toutefois possible d'identifier deux majeures. Une première, qui privilégie la continuité et se rend attentive à ce qui contribue à perfectionner l'humain. Une seconde, proprement cynique, qui n'hésite pas à déclarer vouloir abandonner l'humain au profit d'une autre espèce encore infigurable. Cette dernière vise ni plus ni moins que la rupture. En définitive, le transhumanisme est plutôt équivoque, ambivalent, et il avance parfois masqué.

II. Tentatives de catégorisation

Le transhumanisme n'est résolument pas une philosophie. En aucune façon, le transhumanisme ne peut relever de la philosophie. Tout d'abord, il n'existe pas chez ses propagandistes d'organisation conceptuelle systématique. Il y a rarement de véritables argumentations, de celles que privilégient les philosophes pour étayer une vision du monde orientée par une idée du Bien : certains auteurs transhumanistes affirment vouloir demeurer dans l'ordre du constat de faits, dont il importerait seulement de prendre acte. *A fortiori*, il n'y a pas de questionnement métaphysique à proprement parler chez eux. Certes, il peut y avoir des préjugés métaphysiques, mais ils ne sont pas revendiqués comme devant justifier un engagement ontologique. Par exemple, des transhumanistes peuvent se réclamer d'un certain matérialisme, d'autres d'un spiritualisme ou déclarer finalement obsolète tout ce qui ne relève pas d'un pur pragmatisme épistémologique.

Le transhumanisme relève davantage d'un argumentaire scientiste. Sa préoccupation consiste avant tout à « publiciser » les innovations technologiques. Il s'agit d'établir un argumentaire favorable à la cause des technologies. Le résultat peut consister en une sorte de « catéchisme » à l'usage de ceux qui veulent croire dans le pouvoir régénérant des machines. Combien de discours amorcent en ce sens une pseudo-démonstration avec la formule indiscutable : « les nouvelles technologies nous donnent le pouvoir de … » ! L'idée est d'inciter à accompagner ce mouvement en appuyant tout ce qui devient possible.

Le transhumanisme n'est pas non plus une utopie. Cela est un point essentiel et paradoxal. Une utopie s'entend d'un récit qui décrit un monde idéal et qui, par conséquent, suggère les normes qui pourraient permettre de le réaliser. Lorsque Thomas More écrit son *Utopia*, l'objectif est de donner des leçons à ses contemporains en traçant la voie d'un idéal possible. Chez les transhumanistes, on ne trouve rien de normatif en ce sens, ni même de critiques du *statu quo*. Il n'y a pas de valeurs, pas de « devoir-être » à encourager, pas de programme de réformes, ni même d'imaginaire(s) qui seraient présentés comme attractifs. Autrement dit, il n'existe pas de raison de militer pour la cause transhumaniste.

Une pratique systématique de l'extrapolation. Par contre, il existe bien un imaginaire du transhumanisme qui résulte d'abord de l'extrapolation que l'on peut faire à partir de possibles technologiques. Par exemple, l'imaginaire de l'immortalité à travers notamment le *Mind Uploading* (téléchargement du contenu du cerveau sur des puces de silicium ou dans le cyberspace) relève d'une plausibilité technologique qu'on peut exploiter dans des scénarios de prospective. Des laboratoires travaillent sur des problématiques de cet ordre. A partir de là, les transhumanistes extrapolent et envisagent la réalisation du rêve d'Asimov. L'ouvrage d'Eric Drexler, *Engins de création*, est prémonitoire à plus d'un titre sur les nanosciences : ce travail de la matière au 1 milliardième de mètre ouvre la possibilité de créer des assembleurs moléculaires qui permettraient, par exemple, de réparer l'ADN. Kevin Warwick aime se présenter, quant à lui, comme le premier *cyborg* au monde et il s'inscrit tout à fait dans cet imaginaire technologique. Sa particularité ? Il travaille à l'idée qu'un jour nous n'aurons plus besoin de communiquer par le langage puisque des interfaces cerveaux/cerveaux pourront être mises en place. Cela est aussi quelque chose de plausible puisque certaines recherches sont actuellement menées, par exemple au Clinatech de Grenoble, sur des interfaces cerveaux/machines grâce au décryptage et à l'activation de schémas synaptiques qui transitent par voies d'ondes électromagnétiques vers des bras d'ordinateurs. Ce travail, qui existe et qui s'avère efficace pour certains handicapés, est extrapolé pour imaginer qu'un jour nos relations intersubjectives seraient possiblement réduites à des relations de signaux obtenues grâce à la maîtrise et la transmission d'ondes électromagnétiques. Ces pratiques systématiques de l'extrapolation participent à la préparation des imaginaires sociaux à la réception prochaine de ces innovations technologiques.

Le transhumanisme n'est pas une axiologie. Les transhumanistes se révèlent largement indifférents à l'éthique : la question de l'organisation de la vie collective en vue du Bien ne les intéresse pas. Ils peuvent parfois se sentir concernés par une question éthique prise dans un sens extrêmement minimal, c'est-à-dire, par exemple, dans une démarche simpliste consistant à évaluer les avantages et les inconvénients de telle ou telle machine. Mais c'est là où il y a certainement un malentendu sémantique : ce malentendu est repérable derrière le scandale qu'avait suscité Peter Sloterdijk, le premier philosophe à avoir pris au sérieux le posthumanisme dans sa conférence *Règles pour le parc humain (1999).* Sloterdijk y évoque le posthumanisme comme la recherche d'un humanisme pour notre temps, après l'humanisme issu des traditions européennes qui a fait son temps. Cet auteur s'est attiré des critiques bien injustifiées en estimant que l'humanisme qu'il nous faut encourager aura pour *medium*, non pas le livre mais le numérique, et qu'il faut s'y résoudre. Ce qu'on a compris de lui, c'est qu'il en appelait à une déshumanisation systématique et au triomphe du tout-technologique, aux « anthropotechniques » pour reprendre ses mots. En fait, le philosophe allemand n'a rien à voir avec la fantasmagorie transhumaniste : il reste en recherche d'une perspective éthique, dont il est convaincu qu'elle n'a plus rien à attendre de l'imprimerie, ni de la culture du livre, mais qu'elle doit compter avec le numérique et les possibilités ouvertes par le cyberespace. Le posthumanisme n'est, pour lui, que l'annonce de cet humanisme nouveau dont nous défie le temps présent. Les transhumanistes, quant à eux, ne pouvaient comprendre cette position qui reste axiologique. Lorsqu'ils parlent du posthumanisme, ils n'ont pas du tout l'humanisme en vue mais, au contraire, l'émergence possible d'un autre humain que celui que nous sommes : une émergence qui serait biologique ou informationnelle si l'IA venait à se développer suffisamment. De manière générale, si le transhumanisme n'est pas axiologique, c'est parce que la chose sociale ne le préoccupe pas. On a, en ce sens, raison d'y voir l'avatar du capitalisme qui hypervalorise l'individu (ultra-libéral) et qui déserte la question des relations interindividuelles (ultra individualiste). En fait, tous les films cultes de science-fiction qui nous décrivent le monde futur sont basés sur une apologie – même sinistre – de l'individu, plongé dans un univers souvent multiforme et toujours menaçant pour lui.

Le transhumanisme n'est pas un volontarisme. Sur le terrain du comportement philosophique, le transhumanisme n'est pas non plus un volontarisme. Pas plus que la révolution métaphysique qu'attendait la contre-culture américaine n'était volontariste ! L'idée que l'on puisse souscrire à des comportements qui disqualifient la volonté n'est pas nouvelle. Elle est le fondement de la plupart des religions. On la trouve même dans certaines militances contemporaines. Ainsi, il existe des écologistes volontaristes, comme le philosophe Dominique Bourg[4], mais également des écologistes non volontaristes. Selon ces derniers – qu'on repère dans les courants de la *Deep Ecology* –, c'est précisément parce que nous nous sommes battus que nous avons créé tous les désordres qui nous ruinent. Il importe d'arrêter de se mettre en tête de vouloir, car la volonté humaine est faillible, prédatrice. Au contraire, il est temps de composer avec la Nature, de cesser d'en faire un vis-à-vis pour consentir à ses attentes. Il y a une culture de la déprise, du taoïsme, dans ce refus du volontarisme jadis incarné par Descartes et les Lumières : si l'on veut vivre harmonieusement, il importe de s'abandonner aux choses et se déprendre des initiatives constructivistes. La *Beat Generation* nord-américaine affichait cette volonté de ne plus vouloir. Le fondement de l'importation du néo-bouddhisme, en Occident, repose sur cette disqualification de la volonté. Selon Schopenhauer, introducteur en Europe d'une vulgate bouddhiste, la volonté constitue la faiblesse ontologique de l'humain, et il importe de s'en débarrasser. C'est en ce sens qu'il est possible d'affirmer qu'il n'existe pas de militantisme ni de prosélytisme chez les transhumanistes. L'idée n'est pas, selon eux, de réaliser le bonheur des gens à leur place. Cela, tous les terroristes le souhaitent, hélas. Il faut même aller plus loin car, d'une certaine manière, la démarche transhumaniste – qui attend tout des machines – revient à encourager les humains à consentir au hasard et à la déprise, sachant que les machines sauront, elles, ce qu'elles doivent nous imposer comme nécessaire. Cela revient à admettre que l'intervention humaine est inutile et même nocive, que l'engagement politique est mauvais car il biaise toujours les choses... Que faut-il faire alors ? Certains techno-prophètes disent qu'il faut simplement mettre en place les circonstances qui vont permettre les mutations, dont il a été question tout à l'heure, en multipliant les possibles techniques. Autrement dit, on ne va pas rien faire, mais ne rien faire qui ait du sens au-delà de l'immédiat. On multiplie les actions à court terme et on s'attend à ce qu'à leur tour, elles produisent l'inédit, qu'elles fassent émerger quelque chose de nouveau. Toutes les théories

---

4 Cf. contribution BOURG (D.), « Numérique et menace sur notre souveraineté anthropologique », *infra*, article n° 6 dans cet ouvrage, pp. 133 et s.

de la complexité reposent sur cet état d'esprit. Un phénomène complexe s'entend de celui qui émerge sur la base de micro-variations des conditions initiales des systèmes. Si vous influez minimalement sur ces conditions initiales, vous produisez quelque chose de nouveau, qui va connaître des bifurcations, des trajectoires inattendues et faire advenir des phénomènes émergents. Cette pensée de la complexité est fondamentalement non-volontariste car les choses sont tellement complexes qu'il n'est pas possible de prévoir l'effet qu'elles produiront. Il n'est dès lors guère étonnant que cette culture de la complexité soit invoquée dès les premières pages du rapport NBIC remis à Clinton en 2003. Il est fondamental de garder cela à l'esprit. Cela nous amène à repenser le métier d'ingénieur en profondeur. Longtemps, il était celui qui concevait intellectuellement les plans, qui avait la maîtrise de la planification de l'ingénierie. Aujourd'hui, l'ingénieur qui bouleverse le monde, tel qu'Hannah Arendt le décrivait bien, est celui qui met tout en œuvre pour se laisser surprendre par ce qu'il fait ! C'est donc par définition, non pas quelqu'un qui cherche à avoir la maîtrise, mais celui qui sait qu'il peut contribuer à produire du nouveau pour autant qu'il ne se crispe pas sur des attentes ou des commandes à courte vue. Ce type de comportement est particulièrement identifiable dans le domaine de la biologie de synthèse. Cette récente discipline consiste à hybrider de l'électronique et du biologique, à créer des artefacts sans vraiment savoir à quoi ils vont servir. De ces inventions peuvent émerger spontanément des créations utiles, par exemple dans le domaine de la pharmacie. Il est important de pleinement avoir conscience de cette nouvelle posture intellectuelle qui trouve un certain écho chez les transhumanistes et certains laboratoires scientifiques.

En ce sens il y a une solidarité de fond entre les transhumanistes et les écologistes profonds. Dans les deux cas, il y a un refus de la volonté de transformer la Nature, autrement qu'en expérimentant ses possibles. C'est ce que le philosophe Jean Pierre Dupuy nomme le « principe d'immaîtrise » : se rendre non-maître des choses pour permettre qu'apparaissent des possibles. Sachant que la maîtrise est toujours hyper sélective, il s'agit d'ouvrir le champ des possibles en nous déclarant non-maître des choses. L'immaîtrise devient l'objet d'une sorte d'ascèse.

En définitive, on l'aura compris, le transhumanisme est une position qui est avant tout dédiée au développement technologique.

III. Une transition inéluctable vers un posthumain ?

Une transition déjà en cours. Les transhumanistes sont tous convaincus qu'une transition est en train de se mettre en place d'où le terme de *trans*-humanisme : nous serions dans cet entre-temps d'un état de l'Humanité à un autre état de l'Humanité. Cette transition n'est pas forcément désirable mais elle est inéluctable. Peu importe le désir. L'essentiel est de se rendre attentif à la nature de cette transition afin de ne pas être pris de cours. Il n'y a pas d'encouragement à la militance à proprement parler, il n'y a pas non plus de « complot sectaire », mais il y a une exigence de vigilance, celle de prendre au sérieux les promesses générées par ces technologies.

Une transition annoncée. S'il y a un manifeste presque universel du transhumanisme, c'est ce fameux rapport remis au gouvernement américain en 2003 intitulé *Convergence technologique pour l'augmentation des performances humaines*, connu sous l'acronyme NBIC (Nanotechnologie, Biotechnologies, Sciences Informatiques et Cognitives). C'est ce manifeste qui, dans son préambule, définit assez bien la nature des promesses qui sont générées aujourd'hui par les technologies. Elles sont présentées comme des possibles qui vont nécessairement advenir. Ce rapport fait état d'une « Renaissance pour le XXIe siècle » et non d'une Révolution, au sens où la Renaissance européenne a refoulé le Monde Ancien (le Moyen Age) pour mettre en place de nouveaux possibles, qu'il importait d'accueillir. La Renaissance du XXIe siècle c'est précisément cela : faire le tour de tous les possibles technologiques et à partir de là, en dégager des lignes de fuite. C'est ainsi se convaincre que l'humain sera de plus en plus dématérialisé, qu'il n'aura plus besoin de naître puisque l'on saura le fabriquer ; que l'humain n'aura plus besoin de souffrir puisque nous aurons des molécules pour supprimer la souffrance ; ni de vieillir car nous nous serons rendus maître des processus biologiques, de la duplication des cellules ; ni d'être malade, ni même de mourir ! Ce sont des promesses qu'il faut prendre au sérieux, nous disent les transhumanistes, et ils souhaitent obstinément accompagner la transition de l'humain que nous sommes vers un autre « humain », lequel nous sera sans doute tellement étranger que nous ne l'appellerons même plus humain, mais posthumain.

Une transition issue de la profonde désaffection de l'homme pour lui-même. Avec les transhumanistes nous avons à faire en réalité à un mouvement d'opinion qui puise son mobile dans une certaine désaffection pour l'Humanité. Il est possible d'identifier une homogénéité des transhumanistes dans leur conviction commune de l'imperfection fondamentale de l'Humanité, à laquelle l'on doit remédier. Ils n'aiment pas l'Humanité telle qu'elle est. Certains vont même plus loin dans cette conviction et la considèrent comme nocive : les humains sont les plus grands prédateurs qui soient à l'échelle de la planète, ils ont créé les désordres écologiques que l'on connaît, la Shoah, les totalitarismes… Comment supporter que l'avenir ait le visage de l'Homme ? – demande l'un d'entre eux, Jean-Michel Truong. Ils sont nombreux, les transhumanistes, à se dire qu'il faut en finir avec cette aventure humaine qui a tourné court et qui révèle toute sa nocivité.

Une désaffection issue de la contre-culture américaine. On met souvent en évidence que les transhumanistes ont été nourris à la contre-culture américaine des années 60. Cette contre-culture rassemblait ceux qui détestaient le monde de la consommation, la guerre au Vietnam, le conformisme bourgeois et qui avaient le sentiment que la bombe atomique allait bientôt leur tomber dessus – bref : que le monde était à peu près fini. Ces gens-là ont alors rêvé d'une fusion rédemptrice de l'Humanité, qui a finalement inspiré, à leur tour, les technologues californiens de la première heure. L'une des grandes figures de la contre-culture américaine fut Timothy Lery qui, lorsqu'il a découvert le champ de l'informatique et les prémices du virtuel, a estimé que le salut passerait par-là, plus que par le LSD ou la musique rock. Puis, les communautés hippies ont donné consistance à cela : grâce à l'informatique, il devra être permis, selon eux, de mettre des communautés en lien de manière nouvelle, de contourner le pouvoir central, de générer de nouvelles ingéniosités, sur fond de pacification universelle.

Une désaffection accaparée par les GAFA. Tout cela a finalement été confisqué par les GAFA ! Il y a eu, en réalité, un dévoiement de cette impulsion contre-culturelle. Aujourd'hui, il est certes encore possible de trouver quelques micro-communautés qui s'inspirent de cette impulsion hippie et qui souhaiteraient réaliser des idéaux alternatifs. Voyez les *fab-labs* et mouvements *do it yourself*, les paillasses, les cantines, les tiers-lieux... Tout cela est à mettre en évidence lorsque l'on parle des transhumanistes car ils sont, à leur manière, le résultat d'un « brouet » qui mélange du technologisme, de la mystique, du néo-bouddhisme, de l'anarchisme... toutes ces choses qui ont précisément été très représentées dans les années 60–70. La revue *Planète*, dirigée par Pauwels et Bergier, les auteurs du *best-seller Les Matins des Magiciens*, porte témoignage de l'esprit de cette époque.

La recherche de la rupture avec le Progrès. Même si le transhumanisme a été porté un moment par ces éléments de contre-culture, ce qui le caractérise, c'est qu'il apparaît comme le revers des désillusions modernistes. Il porte à penser que ce Progrès, celui qui s'inscrit dans la lignée de Condorcet, a conduit au pire. On ne le souligne pas assez : il est en rupture avec l'idéologie du Progrès, et acquis à *la* rupture, i.e au processus d'arrachement de l'Humanité à elle-même. Les transhumanismes veulent, dès lors, en finir avec nous-mêmes : c'est la seule possibilité ! Précisément, les technologies qui sont actuellement en développement, celles qui déploient des comportements autonomes, sont les moyens dont nous disposons pour nous « arracher à nous-mêmes ». Il importe, dès lors, de laisser ces technologies se développer, de laisser l'IA prendre tout le pouvoir, car c'est cela seul qui nous permettra de franchir le pas et d'en finir avec ce que nous sommes. Il y a quelque chose de profondément pathétique là-dedans, un réel *pathos*, qui ne prend pas toujours, cependant, ces accents sinistres lorsqu'on s'adresse au grand public. Néanmoins, il est clair que le transhumanisme se fonde sur un radical désamour de l'humain pour lui-même. C'est là le symptôme de la démesure moderniste et c'est, en même temps, une tentative pour donner une issue à cette démesure. Il est possible de résumer la situation par l'équation suivante : être moderne signifie, traditionnellement, vouloir le perfectionnement ; subrepticement, « être moderne » est devenu autre chose : vouloir l'augmentation de l'humain et, finalement, vouloir être relayé par les machines. Dès lors, on tombe dans l'antimoderne, et on opte pour un déracinement de l'être humain. On s'extrait par là même clairement de l'anthropocentrisme ! Il est possible, pour illustrer ce glissement, de s'en remettre au futurisme italien, à la fin des années 20, qui eut pour chef de file Marinetti. A l'époque, les artistes futuristes estiment que tous les possibles deviennent réalisables, grâce à une nouvelle technologie – la sidérurgie –. Le discours selon lequel, grâce à la technologie, il devient possible de modifier l'être humain et de le rendre invulnérable, se diffuse alors. Marinetti prônait l'hybridation de l'acier et du biologique afin de réaliser un « homme d'acier ». Un nouvel imaginaire se déploie alors : celui de nous débarrasser de la Nature, de nous extraire de la dépendance à la femme, laquelle représente la Nature, la passivité, le hasard, tout ce qui limite nos possibilités/pouvoirs. Ce futurisme italien entre aujourd'hui en écho avec quelques mouvements d'opinions qui souhaiteraient qu'on mette un terme à la reproduction sexuée. Le moderne, selon le futurisme italien, c'est de produire de l'activité là où il y a de la passivité. Or, la Nature, c'est bel et bien la passivité en nous…

Le philosophe Günter Anders a très bien analysé la chose dans son célèbre ouvrage *L'obsolescence de l'homme*. Dans cet ouvrage, il met en évidence le fait que la technologie d'aujourd'hui est une entreprise destinée à supprimer tous les espaces de passivité pour y substituer de l'activité. Cela est parfaitement en phase avec toutes les grandes métaphysiques qu'a produit l'Occident. Qu'est-ce qu'une métaphysique ? C'est la tentative, pour un philosophe, de se faire intellectuellement, spéculativement, Dieu. Chez Hegel, il existe cette belle formule pour définir l'objectif du système philosophique : « comprendre les pensées qu'a pu avoir Dieu avant la Création ». Autrement dit, cela signifie : ne plus se laisser imposer le monde comme un donné, mais comprendre la production du monde à partir de la Pensée. Tous les grands systèmes de l'idéalisme allemand reposent sur cette base-là : créer des systèmes métaphysiques qui permettent de restituer la dynamique de la création du monde. Or, la technologie fait cela concrètement, là où la métaphysique ne le faisait que de manière spéculative, seulement intellectuelle. Il y a là la persistance d'une sorte d'obsession d'en finir avec la finitude humaine et de mettre tout en œuvre pour atteindre cela.

Le grand paradoxe de la « honte prométhéenne ». Le ressort de cette fascination pour le transhumanisme tient à une sorte d'infirmité psychique. Günter Anders a très bien vu cela. Lorsque dans les années 50, il assiste à la conquête de l'espace, il écrit qu'il y a une pathologie nouvelle dans nos sociétés. Il l'a baptisée « la honte prométhéenne d'être soi » : les hommes et les femmes se sentent de plus en plus impuissants dans cette société qui est dominée par les technologies. C'est là, un grand paradoxe ! Nous avons réalisé des technologies faramineuses et, dans le même temps, face à elles, nous nous sentons particulièrement impuissants[5]. Cela fait écho à ce que disait déjà Ernst Jünger dans *Le Travailleur*, lorsqu'il met en évidence que la guerre de 14–18 a été la première guerre dominée par les technologies. Elle a produit, explique-t-il, un traumatisme considérable chez les soldats qui découvrent leur impuissance fondamentale face à ces inventions. Force est de constater que, tout au long du XXe siècle, ce sentiment d'impuissance n'a cessé de croître, au point que l'humain a désormais « honte d'être lui-même ». Autrement dit, l'humain a honte d'avoir produit les conditions de sa propre honte. Il ne peut, dès lors, vouloir qu'une chose : se rendre égal aux machines, et donc fusionner avec elles. La technophilie est ainsi le produit de cette honte qui entend échapper à la faiblesse/limitation qui est la nôtre. On ne peut pas s'empêcher de créer des technologies de plus en plus envahissantes et, en même temps, on répugne d'être ce que l'on est. On ne peut alors que vouloir les rejoindre ! Selon Laurent Alexandre, l'Humanité est déjà scindée en deux : celle qui monte dans le train de la technologie et celle qui reste sur le quai et se condamne à vivre la condition des « chimpanzés du futur »[6].

Un glissement inéluctable vers une structure dépressive ? Il y a là une structure mentale qu'on doit qualifier de dépressive : la technologie engendre clairement de la dépression. En prenant à témoin les psychothérapeutes d'aujourd'hui, on est obligés de constater que la névrose cède la place à la dépression dans la symptomatologie de notre époque. Là où le névrosé évoluait dans le ternaire (l'Œdipe, si l'on veut) supportant le conflit, la culpabilité et le combat, le

---

5 Cf. BESNIER (J-M.), *L'homme simplifié*, Fayard, 2012.

6 PIECES ET MAIN D'OEUVRE, *Manifeste des Chimpanzés du Futur – Contre le transhumanisme*, Service compris, 2017.

dépressif sombre dans le ressassement dual, en raison de l'absence de la surface de conflictualité qui l'inciterait à réagir. C'est sans doute un signe qu'il importe de questionner, si ce n'est d'accueillir. Si l'on adopte une approche moins pessimiste, il est possible de considérer que les technologies ont un rôle anxiolytique en remédiant à une inquiétude existentielle. A relire Tocqueville de près, il est possible d'identifier une telle inquiétude existentielle au cœur des démocraties. Le développement de la démocratie, selon lui, ne peut que s'accompagner du développement d'un individualisme, qui serait de plus en plus vécu sur le mode de l'angoisse. En effet, l'individualiste se coupe de ses repères traditionnels : famille, histoire, Nation. Nous sommes dans un contexte de déstructuration, de désymbolisation qui explique que l'hypermodernité à laquelle nous assistons est à la recherche d'anxiolytique, d'une disparition de soi, pouvant passer par cette ambition de fusionner avec la machine.

IV. CONCLUSION

Liens entre transhumanisme et géants du web. Il est nécessaire d'insister sur le fait que le transhumanisme est évidemment aujourd'hui un avatar du capitalisme. On ne peut pas passer sous silence le poids des GAFAM américains ni des BATX chinois, ces grands groupes financiers, industriels, technologiques. Ces derniers s'adossent sans réserve aux thèmes transhumanistes. Et le transhumanisme ne répugne pas du tout à l'ambition de contribuer à la prospérité des Nations grâce aux données – ces *datas* dont nous sommes les supports, si ce n'est les suppôts (même involontaires !). C'est quelque chose qui mérite d'être creusé. La force de frappe du transhumanisme ne découle pas de son absence de métaphysique, mais précisément du fait qu'il est annexé par les GAFAM et les BATX. L'idée dominante qu'il faudrait mettre en avant, c'est le fait que ces géants du web ont un grand mépris pour la politique et pour le droit. Il est pour le moins surprenant de voir que certains juristes peuvent se réjouir du fait que les sciences cognitives discréditent la conscience, l'intentionnalité caractéristique de l'intelligence humaine, ou encore que l'idée de responsabilité sonne de plus en plus creux à l'heure où l'on songe à accorder la personnalité juridique aux robots. Il y a là une mutation extrêmement préoccupante.

Le transhumanisme a-t-il un avenir ? En tant qu'il offre une vision à un monde qui est de plus en plus hanté par l'innovation technologique, il peut alimenter cette espèce de fuite en avant qui caractérise, hélas, notre monde et qui nous conduit à crédibiliser la première innovation venue. Il peut également donner du sens à ce qui paraît ne plus en avoir. De ce point de vue, peut être le transhumanisme aurait-il une vertu structurante, encore méconnue, car ce dont on parle est en voie de constitution. On ne peut donc pas exclure que, du sein du transhumanisme, émerge justement une pensée un peu forte qui irait à l'encontre de l'absurdité de notre monde, reposant sur le handicap de compétitivité, sur les impératifs de la mondialisation, etc. On ne peut pas exclure complètement que le transhumanisme contribue à ramener les technologies vers l'humain, fût-il considérablement modifié. Après tout, si tous les thèmes entourant l'immortalité paraissent absurdes, dérisoires ou même dangereux, rien n'empêche que ce puisse être là le moyen de redonner du moral à une Humanité dépressive. Le fait que tous les thèmes transhumanistes pénètrent si facilement les esprits de nos contemporains peut être le signe de l'installation de quelque chose qui pourrait se révéler structurant. A vrai dire, je ne le crois pas, mais cela n'est pas complètement à exclure. Je ne pense pas qu'il soit possible de bâtir quoi que ce soit sur la base de la disqualification de l'humain, de l'indifférence à la vertu symbolique qui fait de nous des êtres de langage et de dialogue, irréductibles à la machine. Néanmoins, il est clair que nous devons nous confronter intellectuellement à cela. D'autres pistes sont à creuser, notamment dans le domaine de la santé, qui se révèle fragile car la technologie y est attractive, au risque de laisser s'exprimer une déshumanisation. Contre ce risque, on peut espérer une resymbolisation de la maladie, de la mort, de la relation médecin-patient. Autrement dit, quelque chose qui renaîtrait sur la base de la fonction dialogale que permet un langage de signes et non pas un système de signaux, et qui pourrait tempérer la démesure entretenue par la perspective de l'humain augmenté. Pour autant, le transhumanisme, s'il voulait devenir un vecteur de restructuration morale, devrait satisfaire à des exigences qu'il méprise en général. Je pense, par exemple, qu'il y a tout à faire sur le terrain philosophique pour réhabiliter une éthique de la vulnérabilité, qui lui est foncièrement étrangère et qui permettrait de redonner consistance à l'humain, tout en le réconciliant avec la technique qui est encline à le nier. Il y a deux versions possibles de notre rapport à la technique, parmi lesquelles il reste possible de choisir. La première, d'inspiration heideggérienne, considère que la technique est un destin inéluctable et qu'elle est le résultat des impasses de la métaphysique de la subjectivité, hantée par la volonté de tout maîtriser. La seconde se fonde sur une autre approche, dans la lignée notamment du philosophe Gilbert Simondon, pour affirmer, au contraire, la nécessité de se rendre amis des technologies. Cette seconde option incite à ne pas s'opposer aux technologies – contrairement à Jacques Ellul – mais à essayer de penser les conditions d'un pacte avec elles. Le joueur d'échec Kasparov, battu par *Deep Blue* il y a quelques années, milite ainsi pour la pacification avec les techniques. Nous devons, selon lui, nous rendre amis avec les ordinateurs en sachant identifier les limites qui sont les nôtres ainsi que celles qui les définissent. Aujourd'hui, le problème est que l'on ne pense pas nos relations avec les machines en termes d'amitié, mais de fusion, d'amour dans le meilleur des cas. La bonne solution est peut-être d'accorder nos faveurs à ce que les machines ne peuvent pas assumer, telle que cette fonction symbolique de l'humain qui est fondamentalement irréductible au calcul et à l'instrumentalisation. N'en déplaise à l'antispécisme, militer pour une spécificité de l'humain est une exigence absolue face aux prétentions des machines. Nous avons des prérogatives qui nous sont propres, et c'est en les revendiquant que nous pouvons seulement nous promettre une issue.

Dominique BOURG[1]

7. Numérique et menace sur notre souveraineté anthropologique

Je situerai la question transhumaniste par rapport à celle, au plus long cours du Progrès, puis dans l'histoire des techniques. Le transhumanisme apparaît comme une réaffirmation brutale, sans nuance, de l'idéologie du Progrès. Et ce à un moment particulier, celui où les progrès antérieurs nous conduisent à un effondrement du vivant sous menaces climatiques extrêmes. Du microbiote des sols jusqu'aux vertébrés, en passant par les insectes, c'est bel et bien à un effondrement des populations vivantes auquel nous sommes confrontés, avec une érosion accélérée des espèces. Sur le plan du climat, les émissions accumulées jusqu'à aujourd'hui – et ce sans compter les émissions dues à la fonte du pergélisol des hautes latitudes, ni la transformation de nombre de puits de carbone forestiers en sources –, nous conduisent à +2°C à l'horizon 2040. Seuil dangereux, car on le considère comme celui à partir duquel le climat pourrait s'emballer. C'est encore dépasser le tunnel des variations des températures qui prévaut depuis le début du Quaternaire, lequel constitue la période géologique caractérisée par la présence de glace aux Pôles (2,6 millions d'années). Si l'on sort de ce tunnel de variations, nous sortons alors du plafond de températures telles que nous les connaissons depuis presque 3 millions d'années ! Nous sortons de la zone de confort de toutes les espèces qui vivent sur Terre. Il faut ajouter à cela toutes les problématiques en termes de ressources. Dès lors, s'afficher transhumaniste aujourd'hui, c'est faire preuve d'une confiance sans limite dans le pouvoir des techniques, que pourtant rien ne corrobore, si ce n'est sur le plan de leur destructivité. Comment est-ce possible ?

Certains projets transhumanistes sont délirants : télécharger le contenu de son cerveau et survivre sur une mémoire de *silicium*, comme si l'esprit n'était pas tributaire de schémas corporels, coloniser une planète déjà morte – Mars – parce qu'on est impuissant à maintenir la vie sur Terre, etc. Autant de rêves

1 Professeur émérite de philosophie. « Numérique et menace sur notre souveraineté anthropologique », Séminaire du Pôle Risques, MRSH Caen, du 15 novembre 2019 *disponible en ligne* : http://www.unicaen.fr/recherche/mrsh/forge/6309 [Transcription réalisée par CAYOL (A.) et GAILLARD (E.)] – La forme orale de l'intervention a été conservée.

cauchemardesques dont la logique m'échappe. Même si ces croyances peuvent paraître déroutantes, elles ont néanmoins tendance à progresser.

I. LE TRANSHUMANISME ET L'IDEOLOGIE DU PROGRèS

Il importe de revenir sur l'une des idées les plus structurantes en Occident : celle du Progrès. Idée selon laquelle, grâce à l'avancée de nos connaissances, à leurs débouchés en termes techniques et industriels, nous devrions nécessairement aboutir à une amélioration générale de la condition humaine, voire au bonheur (pour reprendre le mot de Condorcet). Cette idée de Progrès était censée orienter le genre humain. Elle apparaît à la fin du XVIe–début du XVIIe siècle, à la faveur du croisement de deux veines différentes. Une première est d'origine biblique et va être reprise par le christianisme : c'est l'idée selon laquelle l'Humanité est promise à un avenir meilleur. Le mieux n'est plus derrière nous, mais devant. On peut alors parler de Salut. A partir du Moyen Age, on commence à envisager que ce dernier peut connaître une première forme de réalisation « ici-bas », sur Terre. S'y ajoute une seconde idée : celle selon laquelle nos techniques sont vouées à une amélioration constante et sans limite. Cette perception d'une avancée infinie des techniques est étrangère aux Grecs comme aux Égyptiens ; elle émerge spontanément au Moyen Âge.

L'idée de Progrès devient possible : l'avancée sans limite des techniques débouche sur l'amélioration de la condition humaine. Il s'agit de croire en la progression continue des techniques, et ce, pour le bien de l'Humanité, comme l'affirmeront Bacon puis Descartes. Nous sommes promis à un avenir meilleur, et cet avenir résultera de la maîtrise technologique du monde. Cette idée va rester très confinée pendant près de deux siècles. C'est à l'issue de la querelle des Anciens et des Modernes en Europe, au XVIIIe, que l'idée va s'imposer[2]. Elle va commencer à se diffuser plus largement encore au XIXe siècle et ne connaîtra des assauts violents que dans la seconde moitié du XXe siècle. Le moment où l'on s'en est le plus approché, c'est durant les Trente Glorieuses. Pendant 20–25 ans, pour l'Europe, les États-Unis, le Japon, l'Australie, il y eut une véritable amélioration de la condition humaine. Incontestablement, le bien-être du plus grand nombre a cru, le plein emploi a été assuré et les inégalités ont décru. Mais dès le XXe siècle l'idée de Progrès subit des assauts de plus en plus violents. A la sortie de la première guerre mondiale, il apparaît que le pouvoir technique humain s'exprime davantage dans la destructivité militaire que dans

2 FUMAROLI (M.), *La Querelle des anciens et des modernes*, Gallimard, Folio, 2001.

l'amélioration de la vie de tout un chacun. La seconde guerre mondiale accroît le bilan morbide : on passe de 10 millions à 50 millions de morts, avec un épilogue nucléaire à la destructivité monstrueuse, qui fascinera les critiques du Progrès. Enfin, viendront des réflexions d'inspirations plutôt écologiques, notamment Hans Jonas, qui fait apparaître les effets de la consommation de masse comme tout aussi menaçants pour la survie de l'Humanité[3]. Le philosophe Hans Jonas montre que la destructivité de l'Humanité n'est pas seulement la conséquence d'une embardée militaire à une certaine époque, mais en réalité, l'issue nécessaire du consumérisme : là où la destruction est la plus irrésistible, ce n'est pas par les armes, mais par la destruction à petit feu, désirée, de nos conditions d'existence sur Terre, en raison précisément du Progrès. Hans Jonas prévoyait des dommages importants pour les générations futures lointaines. En dehors des transhumanistes et des économistes, rares sont ceux qui adhérent encore à l'idéologie du Progrès. Un autre élément vient à l'encontre de cette idéologie : le fait que les pays Occidentaux, depuis 2005, n'assurent plus que la moitié du PIB mondial. Évidemment, l'écart ne cesse de s'accentuer. Si, hier, les Occidentaux pouvaient s'imaginer guider l'ensemble de l'Humanité, cela n'a plus de sens aujourd'hui.

Autre fragilité du *credo* transhumaniste, il ne tient compte que de l'industrie numérique et ignore les mouvements de l'Histoire comme les désastres écologiques. C'est l'idéologie officielle des grands acteurs du numérique : ce sont d'ailleurs les GAFA qui financent par exemple l'Université de la Singularité. C'est donc une industrie extrêmement puissante, avec des effets d'annonce, telle que la naissance prochaine de l'ordinateur quantique, comme solution à toutes nos difficultés.

L'avènement de l'idéologie du Progrès[4], à la fin du XVIe siècle, est inséparable de l'avènement de la physique moderne et du paradigme mécaniste. Cette dernière va finir par imposer l'idée selon laquelle la Nature se réduit à un agrégat de particules mécaniques, extérieures les unes aux autres. Copernic va avancer l'idée selon laquelle l'Univers est homogène, sans centre ni circonférence. Il n'est donc pas hiérarchisé et, *a priori*, la même loi vaut pour les planètes comme pour les mouvements d'un simple caillou sur Terre. Cela va littéralement faire

3 JONAS (H.), *Le principe responsabilité*, Champ Flammarion, 1979.

4 Sur cette question du progrès, cf. BOURG (D.), « Les origines religieuses de l'idée de progrès » *in* BESNIER (J-M.) & BOURG (D.), *Peut-on encore croire au Progrès ?*, Paris, PUF, 2000, p— 2 -40 ; BOURG (D.), *Nouvelle Terre*, Desclée de Brouwer 2018 ; même auteur *Le Marché contre l'Humanité*, PUF, 2019.

exploser l'idée qui, pendant des siècles, a structuré notre réflexion savante : à savoir, l'opposition entre le monde céleste (supralunaire) et le monde sublunaire. Ce paradigme vole alors en éclats avec la révolution copernicienne, puis galiléenne et enfin newtonienne. La première idée qui en découle, c'est que les êtres humains qui pensent, qui ont des sens, pour lesquels l'Histoire est orientée, sont étrangers à la Nature. Les animaux, quant à eux, sont perçus comme des machines[5]. Il y a alors recouvrement entre l'apport de la mécanique céleste et la Bible : l'Humanité est étrangère à la Nature. Du livre de la *Genèse*, à la fin du Moyen Age, seul un passage a tendance à être retenu :

> « Et Dieu dit :
> - Faisons l'homme à notre image, selon notre ressemblance, et qu'il domine sur les poissons de la mer, sur les oiseaux du ciel, sur le bétail, sur toute la terre, et sur tous les reptiles qui rampent sur la terre.
> - Dieu créa l'homme à son image, il le créa à l'image de Dieu, il créa l'homme et la femme.
> - Dieu les bénit, et Dieu leur dit : Soyez féconds, multipliez, remplissez la terre, et l'assujettissez ; et dominez sur les poissons de la mer, sur les oiseaux du ciel, et sur tout animal qui se meut sur la terre »[6].

Au XVIIe siècle, il n'y a pas d'opposition science/religion. C'est, assurément, le siècle le plus mystique qui soit ! L'approche théiste prédomine. Si, effectivement, l'Humanité est étrangère à la Nature, à l'univers, le Progrès est alors nécessairement un arrachement à la Nature. Philippe Descola, dans son ouvrage *Par-delà Nature et Culture*[7], utilise le terme « naturalisme » afin de désigner la manière dont nous-mêmes, Occidentaux, avons fini par nous concevoir par rapport aux autres êtres naturels. Aucune civilisation n'avait, jusqu'alors, endossé cette croyance selon laquelle nous sommes les seuls êtres vivants pensant, sentant et jouissant d'une intériorité. Notre destinée, c'est précisément de nous arracher à cette Nature, à laquelle nous sommes étrangers. Le transhumanisme marque une ultime étape dans ce processus. Il ne rompt pas avec nos traditions

---

5 D'une certaine manière, l'industrialisation contemporaine de l'élevage réalise ni plus ni moins cette approche purement mécaniste. Elle se cantonne finalement à réaliser ce paradigme moderne du XVIIe siècle. Encore très récemment, dans les écoles de vétérinaires françaises, l'anesthésie n'était pas préconisée pour la pratique d'une carienne sur une vache. Sur ce sujet, Cf. colloque Chaire Normandie pour la paix, organisé par QUESNE (A.), *La sensibilité animale,* dans cette collection.

6 *La Sainte Bible,* trad. Louis Segond, La Maison de la Bible, 1948, Genèse 1 : 26–28.

7 DESCOLA (Ph.), *Par-delà nature et culture*, Gallimard, 2005.

occidentales, mais est une sorte d'affirmation simplifiée et ultime de la Modernité.

Il est à cet égard voisin de la conception des trois stades de civilisation selon Nikolaï Kardachev, astrophysicien russe[8]. Au premier stade, les êtres humains exploitent tant et si bien les ressources de la Nature qu'ils en viennent à épuiser l'énergie du noyau de la Terre. Au deuxième, ils détruisent le système solaire. Enfin, au troisième, cette prétendue civilisation s'attaque à la galaxie. Un physicien français, Gabriel Chardin, s'est adonné à un calcul révélateur[9] : avec un taux de croissance annuel tous azimuts de 2 %, une civilisation « intelligente » et technologique détruirait une planète analogue à la Terre en cinq à six siècles, et en 5 à 6 000 ans, elle détruirait la galaxie dans un rayon de 10 milliards d'années-lumière.

à présent, si l'on regarde de façon plus anthropologique ce que l'on appelle « Progrès », il n'a jamais existé ! Ce qui existe ce sont *des* progrès, avec des critères d'évaluation plus restreints, par rapport à un objectif mesurable. Comment comprendre ces progrès dans l'Histoire ?

Si l'on veut identifier l'accélération d'une espèce de *saga* technologique à l'échelle de l'histoire humaine, alors c'est à compter de l'invention de l'agriculture au Néolithique. C'est l'avènement d'une nouvelle ère, où en distrayant une partie de la société des tâches agricoles, il va devenir possible de créer un monde où les gens vont pouvoir se spécialiser dans des tâches particulières. Ce faisant, ils vont devenir les moteurs de progrès ultérieurs. En d'autres termes, on voit avec le Néolithique ce qui va être la base des civilisations, entendues comme un certain raffinement, très lent, de la division sociale du travail. C'est probablement un basculement fondamental et une refonte de nos relations au milieu et aux autres animaux. Du fait d'une concentration nouvelle – animale et humaine –, de nouvelles maladies apparaissent, rendant la vie de plus en plus dure. La gamme d'expériences d'un paysan est beaucoup plus étroite que celle d'un chasseur-cueilleur du Paléolithique. Le paysan vit dans des écosystèmes extrêmement simplifiés, il perd le sens de la lecture du milieu. Il a une expérience spirituelle complètement réduite qui va finir par être captée par un clergé. En fait, le prétendu « progrès » du Néolithique s'avère également un immense « régrès »[10].

---

8 Cf. KAKU (M.), *Une brève histoire du futur,* Champs Flammarion, 2016.

9 Cf. https://lejournal.cnrs.fr/billets/le-paradoxe-de-fermi-et-les-extraterrestres-invisibles.

10 Cf. SCOTT (J.), *Homo domesticus*, La Découverte, 2019.

On peut répéter le raisonnement à peu près à tous les niveaux. Par exemple, si l'on sort de l'idéologie du Progrès, il est possible d'identifier de multiples avancées. Mais il s'avère qu'à chaque fois, ces avancées dans certains domaines aboutissent à des régressions dans d'autres. Un progrès va avantager une certaine catégorie de la population et va, dans le même temps, en pénaliser d'autres.

II. TRANSHUMANISME ET HISTOIRE DES TECHNIQUES

Il est possible de suivre deux lignes concernant l'évolution des techniques, toutes deux liées à une dynamique d'exosomatisation. Ce processus ne concerne pas seulement les êtres humains mais beaucoup d'espèces qui ne peuvent pas se développer sans mettre à profit des éléments de leur environnement, extérieurs à leur corps. A titre d'illustration, certains types de guêpes vont utiliser des brindilles comme outil, les oiseaux agencent des nids, etc. Simplement, dans le cas de l'espèce humaine, le processus est ouvert. La première veine d'exosomatisation est cinétique, elle est liée au mouvement ; la seconde concerne l'intellect. Commençons par la veine cinétique : les humains, nus, ne sont franchement pas capables de grand-chose. C'est à partir du moment où ils utilisent des outils qu'ils peuvent l'emporter dans la lutte, par exemple, contre les autres grands prédateurs. En utilisant des éléments de notre environnement, il devient possible de renforcer la précision, la force, la dextérité de nos gestes. C'est alors le début de ce qu'on appelle l'exosomatisation. Avec l'outil, c'est toujours un prolongement du corps. Mais lorsque l'on passe de l'outil à la machine, on va au-delà. On va alors pouvoir reproduire au dehors de nous une séquence de gestes, voire une séquence d'actions. Il s'opère un changement d'échelle qui ouvre la possibilité de manipuler des choses beaucoup plus grandes ou beaucoup plus petites.

Le propre d'une machine est de réaliser, à l'extérieur, un enchaînement de gestes dont le corps n'est pas nécessairement capable. Il s'opère la même chose sur le plan cognitif. Un cerveau nu n'est rien ; le langage lui-même est inséparable de la matérialité des sons. Un cerveau qui n'utilise aucun élément externe, aucun artefact, n'est pas capable de faire quoi que ce soit. A titre d'exemple, un géomètre grec sans bâton ni sable ne peut rien ! En l'absence de convention mathématique (à commencer par des bâtonnets, des abscisses ou encore des ordonnées, des symboles divers), la puissance de l'esprit mathématique ne peut pas se développer ! En fait, tous les développements intellectuels sont des développements par exosomatisation.

Avec les machines mentales, l'être humain devient capable de réaliser en dehors du cerveau des opérations mentales. Quand un algorithme est mis au point, c'est une opération mentale assez simple qui peut être exercée mécaniquement. Il en est de même, de manière plus sophistiquée, avec un programme de *deep learning*. Dès lors, le procès à l'encontre de l'exosomatisation manque de pertinence. A titre d'illustration, lorsque l'on dit qu'un logiciel a battu le champion du monde du jeu de Go, c'est un raccourci trompeur. En réalité, cette victoire résulte de toute la tradition exosomatique qui renvoie à des siècles de « progrès », et ce sont en outre les milliers de chercheurs qui ont travaillé sur ce logiciel qui ont réellement gagné. Parler de victoire de la machine sur l'être humain relève du fétichisme[11].

Aujourd'hui nous sommes à un moment crucial : certaines techniques vont croiser ces deux lignées d'exosomatisation. Par exemple, la voiture autonome est à la fois une machine au sens classique et, dans le même temps, un processus d'exosomatisation cognitif. On peut se demander s'il n'y a pas une rupture avec ce qu'a été dans l'histoire humaine ce processus d'exosomatisation. En général, lorsque l'on crée de nouvelles techniques, il s'opère un *empowerment*. Cela confère une capacité supérieure à certaines catégories d'individus, pour certaines tâches. Le progrès des techniques s'est toujours exercé ainsi. Maintenant, avec la croisée des deux dynamiques, se pose un nouveau problème. A peu près toutes les opérations de l'intelligence humaine peuvent être divisées en segments, lesquels peuvent donner lieu à un algorithme particulier (opération somme toute simple). Tout ce qui est répétitif peut être algorithmé. Le problème réside dans les conséquences de cette privation d'exercices répétitifs sur le développement de l'intelligence des individus. Cela revient à saper ledit développement. Apparaît ainsi un risque de perte d'*empowerment*, dans la mesure où l'on passe à une logique de substitution de la machine à des capacités humaines[12]. On peut donc se demander quel est l'intérêt pour l'Humanité en général d'une telle évolution.

L'une des grandes difficultés contemporaines pour nos démocraties, c'est le profond bouleversement du paysage de l'information[13]. Ce dernier, dicté par des algorithmes, fonctionne non plus sur la qualité, ni la véracité de l'information,

---

11 Cf. plus largement BOURG (D.), *Le marché contre l'humanité*, *op. cit.*.

12 A titre d'illustration, la conduite assistée est un *empowerment*, alors que la voiture autonome ne l'est pas. En fait il y a un substitut mécanique à un savoir-faire relativement complexe humain.

13 Il est possible de prendre pour exemple ces personnes qui croient que la Terre est plate : là où elles n'étaient qu'une poignée dans les années 50, à l'ère du numérique, elles touchent 10 X 10 millions de personnes par leurs vidéos. Rappelons qu'un pays comme les États-Unis dénombre 16 % de platistes contre 9 % en France.

mais sur le critère de la popularité. Ces moyens d'information ont complètement changé les conditions de possibilité de la démocratie[14]. Le transhumanisme puise ses racines et se déploie dans ce contexte nouveau : c'est même une idéologie qui s'empare de notre réalité pour faire écran aux grands enjeux de notre temps (changement climatique, perte de la biodiversité, etc.). Cette nouvelle emprise sur l'information est extrêmement puissante, si ce n'est dangereuse pour nos démocraties.

---

14 Cf. BOURG (D.), *Le marché contre l'humanité*, *op. cit.* et notamment les travaux d'E. SADIN.

Bernard BAERTSCHI[1]

8. Quand un train en cache un autre. Un dilemme de l'égalité dans le monde posthumain

Lorsqu'on s'apprête à franchir un passage à niveau ferroviaire, on lit cet avis sur un panneau métallique : « Attention ! Un train peut en cacher un autre ! ». Un danger insoupçonné peut se dissimuler derrière celui qui est apparent. À mon avis, c'est exactement ce qui a lieu dans le débat sur le transhumanisme. Afin d'échapper à la condition humaine et à toutes les limites qu'elle nous impose, il nous faut devenir des êtres posthumains. Cela implique l'usage de moyens nouveaux, notamment biotechnologiques, qui sont des ressources rares et coûteuses, réservées à ceux qui auront les capacités financières de se les offrir ; bref, réservées aux riches des pays riches. Une manière d'y remédier est de garantir un accès égalitaire à ces moyens, comme c'est le cas maintenant pour l'école, le moyen traditionnel pour parfaire les capacités humaines. Il y a malheureusement un prix moral élevé à payer pour satisfaire à cette exigence de justice égalitaire : le train menaçant la justice en cache un autre, celui menaçant la liberté, et vu qu'il est masqué, le risque que cette dernière court n'est généralement pas perçu ou, quand il l'est, il n'est pas considéré à sa juste valeur. Est-ce un motif (de plus) pour renoncer à devenir des posthumains ou existe-t-il un moyen de surmonter cette difficulté ? C'est la question que je me propose d'examiner.

Une précision est encore nécessaire pour bien comprendre la problématique : opposer justice égalitaire et liberté est un lieu commun, tant dans la philosophie politique où c'est un thème classique opposant droite et gauche, que dans le débat sur le transhumanisme où, au nom de la liberté morphologique, c'est-à-dire de la liberté de se modeler à sa guise, « de modifier physiquement [son corps] en profondeur suivant ses désirs »[2], certains auteurs se sont élevés

---

1 Membre du Comité d'éthique de l'INSERM. Entretien réalisé dans le cadre du projet de recherche *Transhumanisme(s) et Droit(s)*, CAYOL (A.) et GAILLARD (E.) (dir.), cofinancé par le GIP Mission de Recherche Droit & Justice 2019–2021. Le style oral a été conservé.

2 HOTTOIS (G.), « Bioéthique, technosciences et transhumanisme », *in* HIRSCH (E. & F.), *Traité de bioéthique*, t. IV, Érès, 2018, p. 460. Cf. aussi BOURCIER (B.), « La "liberté morphologique" transhumaniste, un nouvel esprit anti-cosmopolitique », *Raisons politiques*, 2019, vol. 74/2, p. 100 : « Le concept transhumaniste de "liberté morphologique" [...] se présente comme la proposition conceptuelle majeure de ce

contre toute règlementation restrictive qui pourrait être imposée au nom de l'égalité ou d'une autre exigence éthique, car limiter ainsi notre liberté ne serait moralement pas admissible. Ici, aucun train n'en cache un autre. Ce n'est donc pas à ce niveau que je pose ma question. Mon propos n'est pas fondé sur l'opposition principielle de deux valeurs, justice et liberté, mais sur l'argument disant que, si on parvient à accorder la liberté morphologique et, plus généralement l'autonomie personnelle, avec la justice sous la forme d'une égalité d'accès pour tous aux moyens d'augmentation biotechnologique de l'être humain, alors, par un effet de retour de balancier, cette autonomie elle-même sera mise en péril. Cela peut paraître un peu sibyllin, mais les développements éclaireront ce propos en quatre temps.

I. La condition de l'Être posthumain

L'être posthumain est l'aboutissement auquel le transhumanisme aspire. Toutefois, le transhumanisme recouvre de nombreux mouvements[3]. Tous se caractérisent néanmoins par une visée commune : celle d'améliorer ou d'augmenter les capacités de l'être humain et de lui en octroyer de nouvelles afin, *in fine*, de créer un être pour lequel les limites naturelles auxquelles il est actuellement confronté, et qui s'expriment souvent dans le concept de « nature humaine » ou, de manière plus neutre, de « condition humaine », seront abolies. Comme le résume Jean-Yves Goffi : « L'attitude appropriée face à ces limitations consiste à les abolir, à les dépasser ou à les transcender plutôt qu'à s'en accommoder. Les êtres qui résulteront de cette abolition ou de ce dépassement ne seront plus des humains au sens habituel du terme : ils seront des posthumains »[4].

Cette visée vers le meilleur s'articule selon deux finalités : être pleinement heureux et vaincre la mort (devenir immortel ou amortel – c'est-à-dire jouir d'une longévité infinie en bonne santé). Ainsi, pour Nick Boström, on peut prévoir une ère post-darwinienne au cours de laquelle toutes les expériences déplaisantes seront remplacées par différents niveaux de bien-être se situant

---

mouvement très éclectique. En effet, les idées de la "mort de la mort", des nouvelles possibilités morphologiques annoncées grâce aux évolutions de l'intelligence artificielle, des bénéfices écologiques, économiques et moraux de ces transformations, en bref, toutes les propositions et projections concrètes des transhumanistes nous ramènent au concept de "liberté morphologique" ».

3 GOFFI (J-Y.), « Transhumanisme », *Encyclopédie philosophique, disponible en ligne* : http://encyclo-philo.fr/transhumanisme-a/

4 *Id.*

bien au-delà des frontières de l'expérience humaine normale. Aubrey de Grey affirme que l'être humain qui vivra mille ans existe déjà : « je crois que la première personne qui atteindra mille ans est aujourd'hui sexagénaire »[5]. Bonne nouvelle car, soulignent Julian Savulescu et ses collègues, « le vieillissement tue 30 millions de personnes chaque année et en handicape bien plus ». Or l'espoir est à portée de main, vu que « le génie génétique a déjà créé des souris qui vivent deux fois plus longtemps. L'édition du génome pourrait être utilisée pour désactiver le vieillissement chez l'être humain »[6].

Ces deux finalités, il faut en convenir, n'ont rien de très original et caractérisent déjà l'humanisme en tant que tel. Le transhumanisme ne serait-il que la forme contemporaine de l'humanisme ? C'est en un sens le cas, si du moins on restreint un peu la portée de l'affirmation, en disant que le transhumanisme est une forme contemporaine d'humanisme parmi d'autres. Cela ne doit toutefois pas masquer l'existence de profondes différences entre le transhumanisme et l'humanisme hérité des Lumières, car ce dernier n'a jamais nourri l'espoir de faire passer ces finalités du statut d'idéal à celui de réalité, contrairement au second, pour qui le passage est devenu réalisable grâce aux nouveaux moyens que les technologies convergentes ou NBIC (nano-bio-info-cogno-technologies) mettent et vont de plus en plus mettre à notre disposition. Ainsi, ce qui apparaissait comme se heurtant à des limites infranchissables – par définition, un idéal reste un état de chose futur, qui s'éloigne au fur et à mesure que l'on s'en approche –, est maintenant à notre portée.

Franchir ces limites par des moyens biotechnologiques a, selon certains auteurs, un effet anthropologique ou ontologique qui éloigne définitivement le transhumanisme de l'humanisme classique : la conception même de notre humanité s'en trouve affectée. Ainsi, l'être posthumain ne devrait pas être considéré comme un humain accompli – ce que soutiennent en définitive les transhumanistes, Nick Boström affirmant : « La vie humaine, à son meilleur, est fantastique. Je vous demande de créer quelque chose d'encore plus grand. Une vie qui soit vraiment humaine »[7] – mais comme un être qui n'est plus humain dans le sens où il aurait perdu son humanité pour acquérir un statut quasi-démiurgique. C'est, pour l'essentiel, la critique de ceux qu'on appelle les

---

5 *Disponible en ligne* : forum.hardware.fr-aubrey-grey-vivre-sujet_68891_1.htm

6 SAVULESCU (J.), PUGH (J.), corresponding author DOUGLAS (T.), and GYNGELL (C.), « The Moral Imperative to Continue Gene Editing Research on Human Embryos », *Protein Cell*, 2015, vol. 6/7, p. 478.

7 BOSTRÖM (N.), *Lettre d'Utopie*, 2010, p. 7, *disponible en ligne* : http://www.nickbostrom.com/translations/utopie.pdf

« bioconservateurs »[8]. Ces derniers opposent radicalement les moyens d'amélioration et de perfectionnement classiques comme l'école, la politique ou les outils – moyens prônés déjà par l'humanisme des Lumières – aux moyens biotechnologiques, non pas parce qu'ils adopteraient une attitude technophobe, mais parce qu'ils estiment que les moyens ont un impact sur les fins, c'est-à-dire sur notre Humanité. En effet, si les moyens choisis sont démiurgiques, alors ils sont inappropriés pour des êtres humains comme nous et promeuvent une conception inadéquate de notre condition. Ainsi, en ce qui concerne la poursuite du bonheur, il s'ensuivra que :

1°) Le bonheur créé par de tels moyens ne sera pas un véritable bonheur, tout comme vaincre le Cervin en se faisant déposer par un hélicoptère sur son sommet ne compte pas comme de l'alpinisme[9].
2°) Même si le bonheur atteint est véritable pour celui qui l'éprouve, il ne sera pas celui que l'être humain doit rechercher, tout comme un paradis artificiel, n'est pas celui qui est digne d'être recherché.

À ce souci anthropologique, s'ajoute parfois une crainte métaphysique, celle de créer des êtres qui, en nous étant supérieurs, nous dévaloriseraient en tant qu'êtres humains, privant pour ainsi dire notre humanité de toute dignité. Cette crainte est bien exprimée dans le roman de Kazuo Ishiguro, *Auprès de moi toujours*, lorsqu'il est question du scandale Morningdale, du nom d'un savant écossais qui « voulait offrir aux gens la possibilité d'avoir des enfants avec des caractéristiques poussées à l'extrême. Une intelligence supérieure, des capacités d'athlètes supérieures, ce genre de choses ». Or, « une génération d'enfants créés qui prendraient leur place dans la société, des enfants manifestement *supérieurs* au reste d'entre nous ? Oh non. Cela effrayait les gens »[10].

On voit par-là que les peurs que le transhumanisme suscite peuvent déjà être formulées à propos de l'amélioration ou de l'augmentation de l'humain (*human enhancement*) – j'utilise ici ces deux expressions comme synonymes. Il est clair encore que l'impact de chaque technologie sur l'être humain soit différent : la prise d'une substance psychostimulante n'a qu'un effet limité et temporaire,

8 MISSA (J-N.), « Progrès de la biomédecine et futur de l'Homme : la question de la prolongation de la vie », *in* HOTTOIS (G.) et COTZEN (J-P.), dir., *L'idéologie du progrès dans la tourmente du postmodernisme*, Académie royale de Belgique, 2012, pp. 117–119.
9 SCHERMER (M.), « Enhancements, Easy Shortcuts, and the Richness of Human Activities », *Bioethics*, 2008, vol. 22/7, p. 360.
10 ISHIGURO (K.), *Auprès de moi toujours*, Paris, Folio, 2006, p. 403.

au contraire par exemple de l'incorporation de micro-processeurs dans notre corps – procédure invasive –, voire de modifications génétiques germinales irréversibles. Toutefois, même les techniques qui sont de simples moyens de réaliser telle ou telle performance particulière, comme lorsqu'un sportif se dope pour gagner une médaille ou qu'un étudiant prend des stimulants pour réussir un examen, modifient notre rapport à la réussite, à l'effort et au mérite, et possèdent par là aussi un effet anthropologique, manifestant une conception de l'agir humain qui n'est plus tout à fait le nôtre, ou du moins celui de nos prédécesseurs. En cela ces techniques annoncent celles du transhumanisme – d'ailleurs ce dernier mise aussi sur l'utilisation de substances dopantes : Francis Fukuyama parle des « bulldozers génétiques et [des] centres commerciaux spécialisés en psychotropes » des transhumanistes[11].

Nous sommes donc déjà engagés depuis un certain temps sur le chemin qui mène au « plus » ou au « meilleur ». Anjan Chatterjee, dans une étude fort remarquée, a montré que le débat actuel concernant les substances psychostimulantes – ce qu'il appelle la neurologie cosmétique – reproduit point par point le débat qui, dans les années 1960, faisait rage autour de la chirurgie esthétique. Ce débat s'articulait alors, et s'articule encore, autour de quatre soucis moraux, qu'on peut formuler ainsi dans le cadre de notre enquête sur le transhumanisme :

1°) Un souci concernant les risques : certains moyens d'amélioration – comme les substances psychoactives, les implants cérébraux ou le génie génétique – font courir des risques aux individus.
2°) Un souci concernant le caractère des individus : modifier les états affectifs indésirables des individus par des moyens médicamenteux ou biotechnologiques provoquera une érosion du caractère. Autrement dit, il est à craindre une perte de la capacité de lutter contre l'adversité en mobilisant nos ressources naturelles (comme l'effort ou la résilience).
3°) Un souci concernant la justice ou l'égalité d'accès : la possibilité de s'améliorer par des moyens biotechnologiques ne sera probablement accessible qu'aux riches, des pays riches.
4°) Un souci concernant la pression sociale : la compétition omniprésente dans nos sociétés démocratiques libérales – particulièrement dans le milieu professionnel – va obliger tout un chacun à s'améliorer biotechnologiquement, même s'il ne le désire pas[12].

---

11 FUKUYAMA (F.), « L'idée la plus dangereuse du monde », *Foreign Policy*, 2004, p. 43.

12 CHATTERJEE (A.), « Cosmetic Neurology and Cosmetic Surgery: Parallels, Predictions, and Challenges », *Cambridge Quarterly of Healthcare Ethics*, 2007, vol. 16/2,

Chacun de ces soucis, ainsi que leur impact anthropologique, voire métaphysique, mérite d'être examiné de près, et il existe déjà une littérature assez abondante à leur sujet[13]. La question de la justice a, en particulier, reçu une attention assez constante. Cela n'est guère étonnant, étant donné qu'elle est soulevée chaque fois qu'une technologie novatrice et prometteuse voit le jour. La seule exception concerne la santé car, dans ce domaine, une distribution égalitaire est présupposée dans nos pays, même si la mise sur le marché de médicaments innovants crée actuellement une vraie tension. Or, l'amélioration ou l'augmentation ne concernent par définition pas la santé, même lorsqu'elles utilisent des moyens qui lui sont normalement dévolus, comme les neuromédicaments. *A fortiori* en va-t-il ainsi pour l'avènement d'un être posthumain. En outre, la préoccupation concernant la justice a une propriété particulière : on peut la soulever quel que soit le cadre anthropologique ou métaphysique qu'on adopte, donc quel que soit l'avis que l'on a sur le caractère démiurgique du projet transhumaniste et la conception de la nature humaine qu'on défend. La question de la justice est, en ce sens, neutre, et donc recevable par tous les partis – bioconservateurs autant que transhumanistes. Elle a, enfin, une importance particulièrement grande pour les citoyens des démocraties libérales dans lesquelles nous vivons, où l'égalité est une vertu aussi fondamentale que la liberté, voire plus fondamentale. Comme le souligne Ronald Dworkin : « Les libéraux tendent plutôt à favoriser plus l'égalité et moins la liberté que ne le font les conservateurs »[14]. C'est pourquoi Francis Fukuyama base son argumentation contre le recours aux technologies amélioratives sur le fait qu'elles créeront un fossé entre les individus améliorés et ceux qui ne le sont pas[15].

---

p. 131. Qui actuellement s'offusque encore de la chirurgie esthétique ou voit un souci moral dans le fait de diminuer chirurgicalement un nez trop proéminent ou camus, estimant que les personnes affublées d'un tel appendice devraient plutôt accepter et assumer leur disgrâce ?

13 Je les ai examinés *in* BAERTSCHI (B.), *De l'humain augmenté au posthumain*, PUF, 2019.

14 DWORKING (R.), « Le libéralisme » *in* BERTEN (A.) & *al.*, dir., *Libéraux et communautariens*, PUF, 1997, p. 61.

15 FUKUYAMA (F.), *La fin de l'homme : les conséquences de la révolution biotechnique*, Folio, 2004, p. 234.

II. L'objection de la justice égalitaire

Ce souci, que les moyens d'amélioration et de dépassement de la condition humaine risquent de n'être accessibles qu'aux riches (des pays riches) prend généralement la forme d'une objection normative : il n'est moralement pas admissible que ce soit le cas, à savoir que la distribution de ces moyens soit inégalitaire, parce que cela constituerait la violation d'une exigence éthique fondamentale : l'égalité des chances. Voici comment on peut développer plus formellement cette objection :

1°) L'égalité des chances est un principe normatif cardinal pour les sociétés démocratiques libérales.
2°) Tout ce qui est un obstacle à cette égalité doit être levé ou, si ce n'est pas possible, banni.
3°) Les moyens efficaces de parfaire ou d'améliorer les capacités de base de l'être humain sont des conditions de l'égalité des chances.
4°) Ces moyens doivent donc être disponibles pour tous et être distribués également (accès universel).
5°) Une distribution égale n'est pas possible dans le cas des moyens biotechnologiques (l'obstacle ne peut être levé).
6°) En conséquence les moyens biotechnologiques de parfaire ou d'améliorer les capacités de base de l'être humain doivent être bannis.

Quelques explications et éclaircissements sont nécessaires pour bien saisir la pertinence et la force de l'objection.

1. *L'égalité des chances est un principe normatif cardinal pour les sociétés démocratiques libérales*

L'égalité est un principe ou une valeur fondamentale – c'est ainsi qu'on nomme souvent les idéaux – pour nos sociétés. Mais ainsi caractérisée, elle n'est qu'une abstraction, et la question qu'il faut immédiatement poser à son sujet est celle d'Amartya Sen : quelle égalité[16] ? Pour l'objection, la réponse est : l'égalité des chances, principe si important que John Rawls a considéré que, s'il est satisfait, il permet d'accepter l'existence d'inégalités sociales et économiques[17]. L'égalité des chances est une égalité de point de départ : nous devons tous être sur la même ligne pour affronter la concurrence menant aux métiers, aux professions,

16 SEN (A.), *Éthique et économie*, PUF, 1993, p. 189.
17 RAWLS (J.), *Théorie de la justice*, Seuil, 1987, p. 115.

aux honneurs et à tout ce qui caractérise la réussite dans une société moderne. Une telle égalité doit soigneusement être distinguée des égalités d'arrivée, comme l'égalité des revenus et bien d'autres égalités économiques et sociales. L'égalité des chances est ainsi l'expression directe de l'égalité des citoyens et des personnes. On comprend qu'elle soit un principe cardinal qui, avant tout autre, si l'on suit Dworkin, doit être honoré et promu.

2. *Tout ce qui est un obstacle à cette égalité doit être levé ou, si ce n'est pas possible, banni*

L'égalité des chances est un idéal, ce n'est donc pas une réalité et il existe de multiples obstacles pour qu'elle le devienne. Certains sont naturels, comme les handicaps physiques et mentaux, d'autres sont sociaux, comme le milieu dans lequel on naît. Une des fonctions de l'État est de lever, autant que faire se peut, ces obstacles. Ainsi, on s'efforce de supprimer les obstacles architecturaux entravant le déplacement des personnes à mobilité réduite, ainsi encore, on met sur pied un système d'éducation publique et obligatoire pour tous les enfants, assurant à chacun d'eux une instruction solide. Parfois, l'obstacle est invincible ou jugé comme tel. C'est pourquoi, pour éviter toute inégalité qui serait perçue comme une sorte de tricherie dans l'aspiration et la course à la réussite, ce qui le cause doit être banni. C'est du moins ce que dit l'objection, car dans les faits, les interdictions sont rares. L'exemple le plus frappant est celui du dopage en sport et, sur le registre de la désapprobation, des pratiques amélioratives – telle la prise de neurostimulants par les étudiants afin de (mieux) réussir leurs examens. D'autres pratiques en porte-à-faux avec l'égalité des chances sont toutefois acceptées, comme la chirurgie esthétique ou les cours privés.

3. *Les moyens efficaces de parfaire ou d'améliorer les capacités de base de l'être humain sont des conditions de l'égalité des chances*

L'instruction publique assurée par l'école constitue un de ces moyens. Il en va désormais de même des outils biotechnologiques améliorants – du moins est-ce l'hypothèse que l'objection présuppose. Actuellement, cette efficacité est toutefois encore assez limitée, du moins dans le cas des neuromédicaments, domaine dans lequel nous possédons quelques études[18]. Par capacités de base, il faut entendre les capacités qui permettent à un être humain de concourir

---

18 MACPHERSON (I.) & *al.*, « Moral Enhancement, at the Peak of Pharmacology and at the Limits of Ethics », *Bioethics*, 2019, vol. 33/9.

équitablement dans le jeu de la réussite sociale. On pense, notamment, à la capacité d'entrer en contact avec autrui, de réagir aux problèmes et à l'adversité, ou encore à la mémoire et à l'intelligence[19].

4. *Ces moyens doivent donc être disponibles pour tous et être distribués également*

Cette première conclusion découle directement du raisonnement qui précède. On pourrait même, si l'on s'inspire de l'exemple de l'école, la formuler de manière plus forte en disant que ces moyens doivent être rendus obligatoires, puisqu'ils conditionnent l'égalité des chances.

5. *Une distribution égale n'est pas possible dans le cas des moyens biotechnologiques*

Ici, les moyens biotechnologiques sont clairement séparés d'autres moyens traditionnels comme l'instruction publique. Pourquoi cette impossibilité ? Deux considérations sont généralement invoquées : le coût de ces moyens et – dans le cas où il serait question d'obligation – le respect de la liberté personnelle : personne ne doit être obligé de devenir, par exemple, un *cyborg*. En ce qui concerne les coûts, Michele Loi souligne, à propos de l'amélioration génétique, qu'ils entraînent une « inégalité d'*accès* aux améliorations de la lignée germinale, [ce qui] cause une inégalité des chances entre les enfants »[20]. Quant à Thomas Søbirk Petersen, il constate, à propos des stimulants neurologiques, que : « la légalisation des améliorants cognitifs pharmacologiques créerait une inégalité des chances »[21]. La question que cette prémisse soulève – et on verra que c'est précisément ici que les transhumanistes attaquent l'objection – est celle

---

19 Cette approche s'inspire de celle développée par Martha Nussbaum – approche dite des « capabilités ». Soulignons encore que ces capacités présupposent l'existence d'états premiers de la personne, dont il est facile de proposer une liste au moins partielle : être en bonne santé, vivre longtemps, avoir une bonne mémoire, être d'une humeur égale, ne pas être durablement dans certains états affectifs paralysants (timidité, peur…) ; Cf. BAERTSCHI (B.), *op. cit.*, p. 123–124.

20 LOI (M.), « Germ-Line Enhancements and Rough Equality », *Ethical Perspectives*, 2012, vol. 19/1, p. 63.

21 SØBIRK PETERSEN (T.), « Should the State Prohibit Healthy People's Acces to Pharmacological Cognitive Enhancers ? On Arguments from Coercion and Individualization », *International Journal of Law and Psychiatry*, 2019, vol. 65, p. 1.

de savoir pourquoi ce qui est possible dans le cas de l'éducation ne le serait pas dans le cas des moyens biotechnologiques d'augmentation.

6. *En conséquence les moyens biotechnologiques de parfaire ou d'améliorer les capacités de base de l'être humain doivent être bannis*

Si l'on accepte les cinq propositions précédentes, cette seconde conclusion normative s'impose.

III. La réponse des transhumanistes

L'objection de la justice égalitaire a été, je l'ai dit, souvent formulée. Les transhumanistes lui ont donc répondu. Une première réponse, radicale, consiste à contester la validité de la première prémisse en affirmant qu'aucun principe, quelque important soit-il, ne peut être opposé à la liberté personnelle, et notamment à la liberté morphologique. En d'autres termes, les démocraties libérales dans lesquelles nous vivons sont fautives sur le plan éthique – brutalement dit : elles sont immorales – en ce qu'elles limitent indûment la liberté de chacun au-delà de l'obligation de ne pas nuire directement et intentionnellement à autrui. Les auteurs qui formulent cette réponse étaient nombreux parmi les transhumanistes de la première heure, qui prônaient un modèle politique libertarien et militaient pour l'avènement d'un État minimal. Je n'en dirai rien ici, admettant qu'un État juste doit être un État libéral et non un État libertarien, ce qu'acceptent les transhumanistes actuels, proches de la social-démocratie ou, pour s'exprimer comme les Anglo-saxons, d'un libéralisme de gauche[22]. Bref, je considère que la première prémisse est justifiée.

Les transhumanistes qui en conviennent aussi attaquent la cinquième prémisse, disant qu'une distribution égale n'est pas possible dans le cas des moyens biotechnologiques. Contrairement à l'objection, ils considèrent que l'obstacle peut être levé. Comment ? Très simplement, si l'on en croit les enseignements du passé. Souvent, en effet, une nouvelle technologie (un nouvel outil, un nouveau médicament) est dans les premiers temps réservée à un petit groupe, à cause de son prix ou de sa rareté. Puis, tout le monde y a accès ou, comme il

22 GOFFI (J-Y.), « Contours et courants de la politique transhumaniste », *Raisons politiques*, 2019, vol. 74/2, p. 58.

est souvent formulé, l'accès est rendu universel[23]. Pensons aux lunettes ou aux antibiotiques. Il n'y a aucune bonne raison de croire qu'il en ira autrement pour les améliorants biotechnologiques, si leur efficacité est telle qu'un intérêt public à en disposer se fait jour. Dans ce cas, l'État veillera à les rendre, sinon obligatoires, du moins disponibles. C'est une simple question de volonté politique.

Il est donc vrai que si un moyen n'est pas immédiatement accessible à tous, cela ne constitue pas un motif pour l'interdire, même si, pendant un temps, l'inégalité d'accès contrevient à l'égalité des chances, car il n'existe pas de bonne raison de penser qu'il sera impossible d'en universaliser l'accès si on le décide collectivement. L'objection de la justice distributive s'effondre donc. La réponse est si facile et si directe qu'on peut se demander pourquoi l'objection est si souvent formulée. Comme je l'ai dit, c'est sans doute à cause de sa neutralité – contrairement aux objections anthropologiques et métaphysiques – et de l'importance pour nous d'une justice égalitaire liée à l'égalité des chances. Il est toutefois à craindre que cette objection ne soit souvent qu'un déguisement : on ne l'invoque pas parce qu'on y croit vraiment, mais parce qu'elle rationalise une gêne ressentie – Leon Kass parle même de « dégoût »[24] –, sans doute fondée sur des considérations anthropologiques implicites ou inconscientes[25]. On n'est donc pas vraiment étonné que la réponse à l'objection convainque rarement les bioconservateurs, même si, dans le domaine médical, l'idée de rendre accessibles des traitements indépendamment de leurs coûts est largement acceptée. Il arrive même que les États interviennent pour faire baisser ces coûts. Certes, je l'ai déjà dit, la santé est en quelque sorte spéciale, car elle concerne le maintien et la restauration d'un fonctionnement humain normal ou une mise à niveau des personnes désavantagées – deux ingrédients essentiels à l'égalité des chances –, ce qu'on ne peut pas dire du dépassement de notre humanité. Toutefois, il faut relever que certains auteurs estiment que les moyens biotechnologiques pourraient, eux aussi, contribuer à l'égalité des chances dans ce cadre de santé en palliant les effets de la loterie naturelle. Allen Buchanan, par exemple, note que « l'égalité des chances, en tant que principe de justice, exige […] qu'on

---

23 FEENEY (O.), « Incentives, Genetics and the Egalitarian Ethos », *Ethical Perspectives*, 2012, vol. 19/1, p. 873. Cf. aussi HOTTOIS (G.), *Philosophie et idéologies trans/posthumanistes*, Vrin, 2017, p. 173.

24 KASS (L.), « The Wisdom of Repugnance », *The New Republic*, 2 juin 1997.

25 Ce déguisement invoquant la justice est parfois accompagné, dans les discussions sur les biotechnologies, d'un déguisement invoquant les risques et la prudence. Cf., BAERTSCHI (B.), « Les xénotransplantations : aspects éthiques et philosophiques », *Schweizerische Medizinische Wochenschrift*, 1998, vol. 128, p. 963.

lutte contre les désavantages les plus importants en ce qui concerne les dotations sociales initiales »[26], ce qui, selon lui, pourrait inclure des interventions génétiques.

IV. Un effet indésirable de la justice égalitaire

Si l'on accepte la réponse à l'objection de la justice distributive, on pensera volontiers que le désaccord entre les transhumanistes et leurs opposants se résume d'abord à un désaccord entre deux conceptions de l'être humain. Mais cela va plus loin et s'étend également à la valeur limite que représente la condition humaine. Dès lors, les questions relevant de la justice deviennent secondaires, dans la mesure où elles subsistent. Toutefois, quand on réfléchit précisément sur les implications de l'égalité d'accès au transhumanisme, on vient à en douter, et une nouvelle inquiétude morale de nature elle aussi politique et sociale surgit.

Faisons l'hypothèse que nous disposions de moyens mélioratifs biotechnologiques efficaces – peu importe qu'ils transgressent ou non les limites de notre humanité – et que l'État décide de les rendre accessibles à tous pour garantir l'égalité des chances. L'exigence de justice serait alors satisfaite. Pourtant, au lieu de s'éclaircir, le paysage moral ne tarderait pas à s'assombrir de nouveau et un véritable *imbroglio* éthique pointe qu'on peut présenter comme suit :

1. Les moyens biotechnologiques d'amélioration contribueraient à l'égalité des chances et seraient donc à la disposition de chacun (le libre accès serait garanti).
2. Si un individu veut réussir socialement dans sa vie (ou s'il veut que ses enfants réussissent), alors il devra utiliser ces moyens, tout comme il utilise l'école.
3. Tous les individus n'utiliseront pas ces moyens ; ils perdront donc des chances et seront désavantagés dans leur vie sociale.
4. Pour garantir l'égalité des chances, l'État devra donc rendre obligatoire l'usage des moyens biotechnologiques.
5. L'usage de ces moyens implique une certaine conception de notre humanité et de ce qui constitue une vie bonne pour les êtres que nous sommes.
6. Un État libéral doit rester neutre vis-à-vis des conceptions de la vie bonne.

---

26 BUCHANAN (A.), « Choosing Who Will Be Disabled: Genetic Intervention and the Morality of Inclusion », *Social Philosophy and Policy*, 1996, vol. 13/2, p. 24. Cf. HOTTOIS (G.), *Philosophie et idéologies trans/posthumanistes*, Vrin, 2017, p. 165–166.

7. En imposant l'usage des moyens biotechnologiques d'amélioration, l'État libéral violerait sa neutralité et favorisait certaines conceptions au détriment d'autres : il deviendrait alors un État partisan.

Si l'État se refusait à imposer l'usage des moyens biotechnologiques, la situation ne serait somme toute pas très différente, surtout si ces moyens sont très efficaces : la pression sociale remplacera la coercition étatique et on aura [les prémisses 1 à 3 étant conservées] :

4a. Pour éviter cette perte de chances dans leur vie sociale, les individus seront tentés ou poussés à utiliser les moyens biotechnologiques
5. L'usage de ces moyens implique une certaine conception de notre humanité et de ce qui constitue une vie bonne pour les êtres que nous sommes
6a. C'est à chaque individu de choisir la vie qu'il veut mener (principe d'autonomie)
7a. En poussant les individus à utiliser les moyens biotechnologiques d'amélioration, la société ne respecterait pas l'autonomie des personnes

On reconnaît dans cette formulation les deux derniers soucis que Chatterjee avait mis en évidence – justice et pression sociale –, mais ainsi liés qu'on se rend compte que résoudre le premier exacerbe le second.

Bref, quelle que soit l'attitude de l'État – coercitive ou permissive – l'autonomie de l'individu, consistant notamment à choisir librement le type de vie qu'il veut mener, sera mise en péril. L'égalité des chances débouche sur une forme de contrainte : celle d'utiliser les moyens qui évitent une perte de chances. L'État doit-il alors *a contrario* interdire l'usage des moyens biotechnologiques pour sauvegarder l'autonomie et la liberté des personnes ? S'il le fait, il ne sera, cependant pas plus respectueux de cette autonomie, car il violera encore sa neutralité en proscrivant certaines conceptions de la vie bonne – celle justement que les transhumanistes défendent.

Quelques explications et éclaircissements sont ici encore nécessaires.

1. Les moyens biotechnologiques d'amélioration contribuent à l'égalité des chances et sont donc à la disposition de chacun. C'est l'hypothèse de départ (l'efficacité de ces moyens) et sa conséquence est égalitariste : l'État fait en sorte que tous les citoyens y aient accès.
2. Si un individu veut réussir socialement dans sa vie (ou s'il veut que ses enfants réussissent), alors il doit utiliser ces moyens. Cette prémisse renforce l'idée d'efficacité : ces moyens sont des conditions nécessaires à la réussite sociale, dans la mesure exacte où le sont de nos jours l'instruction publique et l'usage d'objets technologiques, comme les ordinateurs et les smartphones.

3. Tous les individus n'utiliseront pas ces moyens ; ils perdront donc des chances et seront désavantagés dans leur vie sociale. Certains membres de nos sociétés se refuseront à utiliser ce qui est gracieusement mis à leur disposition et à celle de leurs enfants, car ils sont en désaccord sur ce que signifie réussir socialement sa vie. Autrement dit, ils rejettent la deuxième prémisse – ou alors, acceptant que *de facto*, dans des sociétés démocratiques avancées, ces moyens biotechnologiques sont nécessaires, mais estimant que ces sociétés promeuvent une idée inadéquate de la réussite sociale et humaine – ils jugent qu'il faut refuser cette conception et militer pour un autre genre de vie, par exemple plus solidaire ou plus écologique. Ce faisant, tant du moins qu'ils seront minoritaires, ils se désavantageront, eux et leurs enfants – et ce, définitivement si on pense aux modifications génétiques germinales qui pourraient être améliorantes –, même s'ils refuseraient de s'exprimer ainsi.
4. Pour garantir l'égalité des chances, l'État doit donc rendre obligatoire l'usage des moyens biotechnologiques / Pour éviter cette perte de chances dans leur vie sociale, les individus seront tentés ou poussés à utiliser les moyens biotechnologiques.

   En présence de ce refus, l'État se trouve face à un dilemme : contraindre chacun à user de ces moyens, comme il en va de l'instruction publique, ou respecter la liberté de tous, et notamment celle des parents de décider pour leurs enfants. De manière un peu paradoxale – mais c'est déjà le cas pour l'école – l'État peut imposer la contrainte au nom de l'autonomie de chacun, car sans l'égalité des chances assurée par l'usage des moyens biotechnologiques, il n'est pas vraiment possible de choisir librement la vie qu'on veut mener. Si l'État renonce à la contrainte, la pression sociale s'y substituera : comme, par hypothèse, ces moyens seront efficaces et quasi-nécessaires, il y aura une très forte incitation à les utiliser et à en faire bénéficier ses enfants, sauf sans doute dans certaines communautés fermées et plus ou moins autarciques. Glenn McGee relève : « la même pression qui a amené des parents à donner à leurs enfants du Prozac et de la Ritalin, à savoir la pression d'obtenir de meilleures notes pour accéder à Harvard, se retrouve dans la pression en faveur de l'amélioration par la génétique des capacités cognitives »[27].

27 Mc GLEE (G.), *The Perfect Baby. A Pragmatic Approach to Genetics*, Rowman & Littlefield, 2000, p. 42.

5. L'usage de ces moyens implique une certaine conception de notre humanité et de ce qui constitue une vie bonne pour les êtres que nous sommes. C'est la raison pour laquelle certaines personnes refuseront de les utiliser : les moyens biotechnologiques d'amélioration ne sont pas anthropologiquement neutres, car ils expriment et promeuvent une certaine conception du bien et du bonheur, de ce en quoi consiste une vie bonne ou une vie réussie. En imposant ces moyens, l'État prend donc position, au moins implicitement, en faveur de la conception en question. Et s'il ne le fait pas en refusant de contraindre, la société le fera à sa place.
   Le concept de « vie bonne » est d'origine aristotélicienne : c'est l'*eudaimonia*, terme souvent traduit de manière un peu imprécise par « bonheur ». La vie bonne désigne une vie réussie, gage d'épanouissement pour nous, car menée conformément à nos aspirations et à notre humanité, qu'elle exprime sous une forme d'excellence. Vu toutefois que la manière de comprendre cette dernière est plurielle, les conceptions de la vie bonne le sont aussi : il y a plusieurs réponses à la question de savoir comment réussir pleinement sa vie en tant qu'être humain. Comme le disait déjà Aristote : « En ce qui concerne la nature de l'*eudaimonia*, on ne s'entend plus »[28].
6. Un État libéral doit rester neutre vis-à-vis des conceptions de la vie bonne / C'est à chaque individu de choisir la vie qu'il veut mener. En théorie, un État libéral – au contraire d'un État dit « perfectionniste » – ne doit pas promouvoir ou favoriser une conception du bien ou, pire, l'imposer, car il reconnaît comme fondamental « le fait du pluralisme » – expression que l'on doit à John Rawls[29]. Charles Larmore précise : « Le pluralisme et le désaccord rationnel sont devenus des traits inéliminables de l'idée d'une vie bonne. Le libéralisme politique est la doctrine disant que [...] l'État doit être neutre »[30]. Il y a là une différence profonde avec l'État antique, culturellement unifié et qui pouvait de ce fait promouvoir et imposer une même conception de la vie bonne pour tous les citoyens (puisqu'il y avait accord sur son contenu). Tel est aussi le cas de certains États actuels anti-libéraux, comme les États religieux ou les États communistes. Si un État libéral n'est pas autorisé à imposer ou à promouvoir une conception du Bien, une société libérale ne l'est pas non plus, vu que c'est à chacun de choisir la vie qu'il veut mener.

---

28 ARISTOTE, *Éthique à Nicomaque*, Vrin, 1987, p. 40.
29 RAWLS (J.), *Libéralisme politique*, PUF, 1995, p. 4.
30 LARMORE (C.), *Patterns of Moral Complexity*, Cambridge University Press, 1987, p. 43.

Cela rejoint le concept d'autonomie défini par Ezekiel Emanuel comme « la capacité à élaborer une conception de la vie bonne, de vivre en conséquence et de la réviser »[31].

7. En imposant l'usage des moyens biotechnologiques d'amélioration, l'État libéral viole sa neutralité et favorise certaines conceptions au détriment d'autres / En poussant les individus à utiliser les moyens biotechnologiques d'amélioration, la société ne respecte pas l'autonomie des personnes.

L'obligation politique et la pression sociale sont donc moralement problématiques, car elles limitent l'autonomie de tous les membres de la société, et cela au nom même du respect et de la promotion de l'égalité des chances. Ainsi, réaliser l'égalité des chances limite notre liberté non seulement dans le sens que les transhumanistes dénoncent souvent, lorsque l'État *interdit* d'utiliser les moyens biotechnologiques d'amélioration – qui seraient pourtant requis par l'exercice de la liberté morphologique – mais encore dans le sens décrit ici, à savoir en *imposant* leur usage (que ce soit par le biais de la puissance publique ou de la pression sociale).

VI. Conclusion

La mise au point de divers moyens biotechnologiques d'augmentation – qui devrait s'accélérer dans le futur – est à l'origine de la revendication d'un droit à les utiliser au nom de la liberté de chacun à mener une vie de son choix, bref au nom de l'autonomie. À cette liberté, on a opposé l'égalité des chances, principe cardinal de nos sociétés démocratiques libérales. Mais l'objection ne porte pas, en ce sens qu'il n'y a aucune bonne raison de penser qu'il ne sera pas possible de mettre ces moyens à la disposition de tous. Ainsi, liberté et justice seraient réconciliées. Malheureusement, ce n'est pas si simple, car ici, un train en cache un autre : donner la liberté à chacun de s'améliorer biotechnologiquement n'évitera pas une forme de coercition, soit de la part de l'État, soit par le biais – moins évident mais plus sournois – de la pression sociale. D'où l'espèce d'*imbroglio* moral qui en résulte.

Comment en sortir ? Je doute qu'il existe une issue satisfaisante dans le sens où liberté et égalité pourraient être toutes deux pleinement satisfaites sans résidu plus ou moins toxique, mais faut-il s'en inquiéter particulièrement ? Une telle tension n'est pas rare dans notre vie morale et politique, elle est même assez fondamentale. Au niveau de l'État, si la théorie affirme qu'un régime libéral

31 EZEKIEL (E.), *The Ends of Human Life*, Harvard University Press, 1991, p. 50.

ne doit imposer aucune conception du Bien, cela tient seulement tant que, à la manière de John Rawls, on sépare soigneusement le Bien et le Juste, à savoir les conceptions du Bien et la conception de la Justice. Or il est loin d'être clair que cette séparation soit tenable et qu'une même conception de la justice habite les diverses conceptions du Bien. Selon Tristram Engelhardt : « il n'existe pas plus d'uniformité parmi les philosophes ou les théories de la morale et de la justice que parmi les chefs religieux et les différentes religions »[32]. Ainsi, tout État serait perfectionniste – il promouvrait et favoriserait une certaine conception du bien et du juste, celle que sa culture exprime – et cela inévitablement : même la Déclaration universelle des Droits de l'Homme, sur laquelle notre morale publique s'appuie, n'est pas neutre.

Au niveau de la société, si la pression sociale est tellement efficace et parfois tellement étouffante – les dissidents de tout bord peuvent en témoigner –, c'est parce que l'être humain est un être hypersocial, comme le soulignent anthropologues, psychologues et sociologues, et qu'il modèle la plupart du temps son comportement sur les attentes de ses congénères, de même qu'il tend à imposer à autrui le comportement qu'il attend d'eux. Toutefois, l'existence de cette pression n'est pas nouvelle et, à l'instar de Thomas Petersen, on peut espérer que des mesures politiques pourront être prises pour la combattre et en affaiblir les effets dans des domaines comme le travail et l'école[33]. Mais cet optimisme n'est pas partagé par tous : de nos jours, la recherche d'amélioration caractéristique de l'être humain paraît s'être métamorphosée en une obsession de la performance, comme le relève le Comité consultatif national d'éthique français (CCNE) : « la recherche de la performance caractérise en effet nos sociétés contemporaines »[34]. C'est même de recherche effrénée de la performance qu'il faut souvent parler : Michael Sandel la dénonce dans sa critique de l'« *hyperparenting* », où dit-il les exigences de performance imposées aux enfants par des parents ayant intériorisé notre modèle social ultra – compétitif ne diffèrent pas d'une visée d'augmentation par le génie génétique, qu'il condamne par ailleurs[35].

Le transhumanisme n'est-il toutefois pas à même de proposer une solution définitive à ce problème dans son projet de changer la nature humaine ? Ne

32 ENGELHARDT (T.), *The Foundations of Bioethics*, 2e éd., Oxford University Press, 1996, p. 38.

33 *Art. cit.*, p. 5.

34 CCNE, *Performance et santé*, avis n° 81, 2003, *disponible en ligne* : http://www.ccne-ethique.fr/sites/default/files/publications/avis081.pdf, p. 3.

35 SANDEL (M.), *The Case Against Perfection*, Belknapp Press, 2007, p. 52.

serait-il en effet pas possible, par l'usage d'un génie génétique germinal mélioratif, d'éradiquer cette hypersocialité aux conséquences moralement si dommageables ? La Modernité s'est ouverte par le combat contre un pouvoir politique despotique au nom des droits et de la dignité de l'individu. Le transhumanisme, dans la foulée de sa revendication du droit à la liberté morphologique – conçue « comme un droit fondamental dans une société démocratique libérale contre les pouvoirs abusifs de l'État »[36] –, et de son aspiration à l'avènement d'« une ère post darwinienne », pourrait parachever ce programme en faisant de l'être posthumain un véritable individu, une personne autonome de part en part. Rêve ou cauchemar ?

36 HOTTOIS (G.), *art. cit.*, p. 460.

Partie IV. La Médecine Saisie Par Le(s) Transhumanisme(s)

Dans une quatrième partie, il nous a semblé nécessaire d'interroger les liens, parfois imperceptibles mais réels, entre la médecine et le(s) transhumanisme(s) : de thérapeutique, la médecine ne serait-elle pas en voie de devenir une médecine méliorative ?

Forte de plusieurs années d'observations sur le terrain, Daniela Cerqui livre une analyse de l'hyper-technologisation de notre société sous l'angle de l'anthropologie des techniques. Il existe un double-mouvement conduisant à « machiniser les humains » d'une part, et à « humaniser les machines », d'autre part. Le(s) transhumanisme(s) se trouve(nt), selon elle, au carrefour de ces deux processus. Différentes étapes d'évolution peuvent être identifiées : la délégation de la force physique à la machine, celle de la décision, et enfin celle des aptitudes relationnelles. Ceci conduira inévitablement, à terme, à se poser la question de l'interchangeabilité entre les humains et les machines. Sondant les frontières entre ce qui est considéré comme les bons ou les mauvais usages des techniques, elle souligne que les transhumanismes sont l'aboutissement des « bons usages thérapeutiques que l'on n'interroge pas ». Elle conclut : « en tant qu'anthropologue, je suis plus que jamais convaincue que nous sommes d'ores et déjà entrés dans une société transhumaniste qui s'ignore » (9. La médecine « améliorative »).

Selon le président du comité d'éthique de l'INSERM, également président du comité international de bioéthique de l'UNESCO, Monsieur Hervé Chneiweiss, la question du droit de la condition humaine future est désormais d'actualité. La diffusion des idées transhumanistes dans les cercles médicaux et politiques est une réalité qui s'est accélérée au tournant des années 2000. Outre la fin de la vieillesse et l'avènement d'une médecine améliorative, il s'interroge sur les risques de déviances totalitaires que pourrait entraîner l'avènement d'une IA forte (qui souhaiterait « se débarrasser » de l'Homme). Les récentes annonces de façonnage de bébés-OGM soulignent l'urgente nécessité de formuler un droit de la condition humaine future. De nouveaux droits humains pourraient être formulés tels que

« le droit à la liberté cognitive », « le droit à l'intégrité mentale », « le droit à la continuité psychologique ». Ils prendraient place au sein d'une nouvelle branche du droit : les neurodroits. Il conclut : « l'humanisme nous rappelle à chaque instant qu'il ne doit pas y avoir d'insouciance du Progrès et que seul ce qui fait sens pour nous permettre d'être plus humain, vaut d'être développé et promu » (10. Libres propos sur le transhumanisme et ses implications en santé).

Dans un article écrit à quatre mains, Aurore Catherine, Maîtresse de conférences en droit public et Sharmini Varatharajah, docteur en médecine, s'interrogent sur l'avènement d'une médecine méliorative. Alors que la réparation est traditionnellement présentée comme l'objectif exclusif de la médecine, les frontières sont désormais de plus en plus floues entre réparation et augmentation. Non seulement le patient peut-il être augmenté, mais le médecin aussi – en raison du recours croissant à de nouvelles techniques –. Cela ouvrirait la voie à une véritable « médecine d'augmentation », voire à une « augmentation par-delà la médecine » (11. Médecine et transhumanisme : entre réparation et augmentation).

Enfin, David Gruson insiste sur le fait que le risque éthique principal associé à l'intelligence artificielle dans le système de santé français est qu'elle n'est pas suffisamment utilisée. Selon lui, « il ne serait pas éthique de bloquer l'innovation ». Il plaide pour l'avènement « d'un principe d'innovation sous l'égide du principe de précaution » : accepter par principe l'innovation sans en sous-estimer les risques éthiques. Il commence par dresser un panorama des cas d'usages de l'IA dans le domaine de la santé. Puis il s'intéresse à l'impact de l'IA sur les professions de santé, pour ensuite se concentrer sur les nécessaires enjeux éthiques liés au déploiement de l'IA en santé. L'analyse des risques de délégation (que ce soit celle de la décision médicale ou celle du consentement) le conduit à conclure que le risque ultime serait de cumuler les deux types de délégation. Des clefs de régulation sont alors formulées parmi lesquelles figurent l'élargissement du devoir d'information du médecin et surtout la consécration, selon lui nécessaire, d'une « garantie humaine » lors du recours à l'IA (12. L'éthique à l'épreuve du transhumanisme en santé. Enjeux académiques et citoyens).

Daniela CERQUI[1]

9. La médecine « améliorative »

L'invitation reçue me proposait de venir parler de mes travaux en lien avec la médecine améliorative. C'est pourquoi j'ai gardé ce qualificatif dans mon titre. Je l'ai toutefois entouré de guillemets, car je souhaite relever qu'il s'agit, à mon sens, d'un terme délicat à employer. La raison est assez simple : je pense que nous sommes dans un système technologique qui vise à augmenter les performances de l'humain dans différents domaines et que nous sommes, par ailleurs, dans une société qui tend à assimiler le plus au mieux. Il s'opère dès lors un glissement, l'augmentation des performances étant souvent qualifiée de « médecine améliorative » – vocable qui implique pourtant un net jugement de valeur. C'est pourquoi je parle, pour ma part, plus volontiers d'augmentation que d'amélioration. Cette précision étant apportée, venons-en au cœur de mon propos.

Dans un premier temps, il importe pour moi de partager avec vous le point de départ théorique de mes réflexions (I). Je poursuivrai en évoquant, ensuite, la manière dont il oriente mes questionnements en lien avec notre vie dans la société hyper-technologique qui est la nôtre (II). Je me concentrerai en particulier sur le double mouvement qui nous conduit à machiniser les humains et humaniser les machines. Enfin, j'insisterai sur le fait que nous sommes engagés dans une médecine qui est de moins en moins thérapeutique et de plus en plus une médecine d'augmentation (III).

I. POINT DE DEPART THEORIQUE

Mon point de départ théorique est à rechercher dans les travaux d'André Leroi-Gourhan, anthropologue et paléontologue, qui fut le prédécesseur de Yves Coppens à la Chaire de Préhistoire et de Paléontologie du Collège de France. Il a été le directeur de thèse de mon propre directeur de thèse : Gérald Berthoud, envers qui je serai toujours reconnaissante pour m'avoir appris quel type de regard porter sur mes objets d'études. Tout comme moi, profondément

---

1 Anthropologue, Université de Lausanne. « Médecine améliorative et santé connecté », Séminaire du Pôle Risques, MRSH Caen, du 5 février 2018, *disponible en ligne* : http://www.unicaen.fr/recherche/mrsh/forge/5818 [Transcription réalisée par CAYOL (A.) et GAILLARD (E.)] – La forme orale de l'intervention a été conservée.

marqué par la pensée de son directeur de thèse, il m'a logiquement présenté dans ses enseignements cette dernière comme étant un modèle de référence dans le domaine de l'anthropologie des techniques. Leroi-Gourhan est l'auteur d'une riche bibliographie. C'est dans son ouvrage en deux volumes intitulé *Le geste et la parole*[2] qu'il développe sa théorie de l'extériorisation, théorie en vertu de laquelle le processus d'hominisation ne se fait que par un double processus d'extériorisation, d'une part dans la technique et, d'autre part, dans le langage. Il affirme donc qu'il n'existe pas d'humain sans technologie. Leroi-Gourhan articule finement nature et artifice en affirmant que la technique est naturelle chez l'humain, parce que ce dernier est doté d'un cerveau assez développé pour lui permettre de penser la technique. En d'autres termes, l'humain serait naturellement porté à développer des artifices et c'est cette qualité, couplée à l'acquisition du langage, qui caractériserait notre espèce. Si, et j'y reviendrai plus loin, les théories de Leroi-Gourhan sont indéniablement à l'origine de ma manière d'envisager le développement technique, il est un point sur lequel j'ai peu à peu pris quelques distances. Je pense en effet aujourd'hui, et cela sans pourtant remettre en cause leur véracité, que les théories paléontologiques affirmant qu'il n'y a pas d'humain sans technique, remplissent dans notre société techno-centrée, le rôle de mythe fondateur, au sens anthropologique du terme. Autrement dit, elles sont une croyance communément partagée qui justifie implicitement l'ordre social et les rapports que les humains entretiennent entre eux, avec les animaux ou encore avec la Nature. En vertu de ce mythe, qui a d'autant plus de poids qu'il et de nature scientifique, nous nous montrons incapables de penser l'humain sans la technologie. Pourquoi en effet devrions-nous interroger la finalité de toutes ces technologies qui nous entourent s'il est naturel de les développer ? Et c'est justement le propre de la société dans laquelle nous vivons que d'interroger davantage les modalités d'usage des technologies que leur raison d'être. Pour le dire autrement, je crois que l'on se focalise davantage sur la question de savoir comment gérer une société hypertechnologique que sur celle de savoir pourquoi notre société développe toujours plus de technologies. Il y a selon moi lieu de distinguer deux approches complémentaires l'une avec l'autre. En premier lieu, il y a celle que l'on pourrait, par souci de simplification, appeler l'« éthique appliquée », c'est-à-dire celle qui considère la technique comme le point de départ de la réflexion : elle est là et il faut en gérer les conséquences, étant entendu que tout le monde considère que seules certaines sont bonnes et

2 LEROI-GOURHAN (A.), *Le Geste et la parole* (tome 1), *Technique et langage*, Albin Michel, 1964.

qu'il importe alors d'encadrer celles qui sont jugées mauvaises. En second lieu, il y a l'anthropologie, qui consiste moins, dans la perspective qui est la mienne, à analyser ce qui se trouve en aval du développement technologique (les conséquences), qu'à revenir à ce qui se trouve en amont, c'est-à-dire les valeurs et les projets de société implicites qui sont traduits dans les objets techniques. C'est en ce sens que l'anthropologie s'avère complémentaire de l'éthique appliquée, puisqu'elle consiste à se demander quelle est la représentation de l'humain et de la vie en société qui, en amont, fait que nous développons ces technologies, qui entraîneront ensuite à leur tour des conséquences.

Lorsque l'on parle de transhumanisme, on rencontre souvent des discours – que l'on qualifie de bioconservateurs – qui affichent des propos se voulant ouvertement anti-transhumanistes en s'appuyant schématiquement sur l'idée que le transhumanisme résulte d'un mauvais usage d'un ensemble de technologies qui, si elles étaient bien utilisées, relèveraient du thérapeutique. Le thérapeutique est ce *bon usage*[3] évident pour tous, et que l'on n'interroge dès lors par définition pas lorsque l'on se place sur le plan de l'éthique appliquée. Or, ce sont justement ces bons usages que l'anthropologie se doit de questionner. En suivant cette piste, on s'aperçoit alors que le transhumanisme ne va pas à l'encontre des usages considérés comme bons. Il est, au contraire, l'aboutissement logique de tous ces bons usages thérapeutiques que l'on n'interroge pas, précisément parce qu'ils apparaissent bons à tous. La médecine actuelle a clairement pris la direction du transhumanisme. Il importe dès lors d'essayer de se demander quel type de société nous sommes en train de construire collectivement.

II. NOTRE SOCIETE HYPERTECHNOLOGIQUE

Il apparaît que, dans les années 60, au moment où Leroi-Gourhan développait ses théories, on pouvait facilement le suivre dans sa description des développements technologiques en termes d'extériorisation. Néanmoins, dans les années qui ont suivi, est apparu tout un pan de développement technologique, notamment en lien avec les biotechnologies, qui relève davantage de l'intériorisation de la technique dans le corps[4]. Les deux tendances, l'extériorisation de l'humain dans la technique et l'intériorisation de la technique dans le corps

3 Nous soulignons.

4 Cf. CERQUI (D.), « L'ambivalence du développement technique : entre extériorisation et intériorisation », *in Sciences et techniques dans la société, Revue européenne des sciences sociales*, XXXV, N° 108, 1997, pp. 77–91.

humain, avancent à présent en parallèle et le transhumanisme se trouve au carrefour de ces deux tendances.

Nous envisagerons successivement la machine humanisée (c'est-à-dire les machines à qui nous déléguons des compétences jusque-là considérées comme des prérogatives humaines) (A), et l'humain machinisé (par l'intégration de pièces techniques et d'implants dans le corps, mais aussi par le biais de la génétique qui représente une autre modalité de machinisation de l'humain) (B).

1. *L'extériorisation de l'humain dans la technique : la machine humanisée*

Délégation de la force physique. Si l'on suit Leroi-Gourhan, le silex est déjà un premier processus de délégation du geste. Si l'on se concentre sur la robotique, le premier stade de délégation à la robotique est la force physique. Il en va ainsi du bras robotique dans une usine de montage – qui remplace la force physique de l'ouvrier – du robot mixeur, du robot ménager, ou même du robot aspirateur, toujours présenté comme s'il relevait d'une autre catégorie parce que qualifié d'autonome et d'intelligent, mais qui, du point de vue de l'usager ne fait toujours qu'effectuer des gestes.

Un cap est franchi avec la délégation de la décision à la machine. Depuis quelques années, on voit fleurir un peu partout les congrès dans le monde à propos de l'IA (ingénieurs, politiques, sciences humaines…). Il y a comme une prise de conscience du fait que l'IA est parmi nous, une sorte d'effervescence autour de ces machines qui prennent des décisions pour nous. En 2017, s'est tenu le premier sommet mondial de l'IA à Genève[5] sous l'égide des Nations Unies, ce qui montre à quel point l'IA est désormais perçue comme quelque chose de primordial pour l'Humanité. C'est là qu'est apparu le slogan *IA for Good* qui reflète l'idée selon laquelle il y a un bon usage que l'on se doit de favoriser. Mais à quel type de société vont nous conduire ces bons usages ? Ce sommet mondial sur l'IA est à mettre dans le prolongement de deux autres sommets mondiaux qui ont eu lieu en 2003 et 2005[6], consacrés à la société de l'information. En termes technologiques, il s'agit de la société hyper-connectée dans laquelle nous sommes, tantôt appelée société de l'information, tantôt société de la connaissance. à travers des dénominations différentes apparaît une même idéologie qui, si l'on force le trait, considère que si l'on connecte toute l'Humanité à

---

5 Sommet de l'IA à Genève, *IA for Good Global Summit*, 7–9 juin 2017 http://www.itu.int/en/ITU-T/AI/Pages/201706-default.aspx

6 https://www.itu.int/net/wsis/index-fr.html

internet, nous sauverons cette dernière. C'est l'idéologie du tout connecté. En Suisse, à Bâle, en 2018, s'est tenue une importante rencontre mondiale sur l'IA au service de la médecine[7]. Là encore, le petit résumé de présentation pour le deuxième volet prévu à l'automne 2019 – disponible sur le site internet – est très éloquent : l'objectif est d'avancer dans la discussion sur la manière dont l'IA va être utilisée pour résoudre les plus grands problèmes en lien avec la santé dans le monde. Au niveau européen, il y a une très grande quantité de rapports, de documents produits sur ce thème. Il y a quelques années, on parlait de « citoyen connecté », on s'interrogeait sur la manière dont le « e-citoyen » allait se connecter. Puis, progressivement, il y a eu des glissements et petit à petit la santé s'est invitée comme un thème majeur dans ce processus, l'idée étant que l'IA pourra bénéficier à la médecine. En tant qu'anthropologue, il est pour le moins ironique de constater un tel engouement soudain pour l'IA, comme si son apparition dans nos vies ne datait que d'hier. On oublie que nous sommes dans un processus, et que la délégation de la décision à la machine est une chose que l'on pratique déjà au quotidien – même s'il ne s'agit pour l'heure encore souvent pour la plupart d'entre nous « que » de micro-décisions. La suppression du conducteur de la voiture dans le cadre de la voiture autonome – dont on parle beaucoup actuellement – n'est ni plus ni moins que l'étape ultime d'un processus d'automatisation progressive qui est en route depuis déjà longtemps (conduite assistée, phares et essuies glaces automatiques, etc.). Il n'y a rien de vraiment nouveau à ce que des machines prennent des décisions à la place de l'Homme. C'est déjà le cas dans les avions depuis longtemps. Mais ce qui est frappant, c'est la perte de confiance en l'humain qui accompagne ce processus de délégation décisionnelle à la machine, comme en témoigne cet exemple personnel toujours en lien avec les voitures : la mienne est restée plusieurs jours dans un garage, aux mains de mécaniciens agréés de la marque, parce qu'un message de panne du moteur s'affichait sur le tableau de bord. Durant trois jours, ils n'ont pas fait confiance à leur expérience de spécialistes de la voiture, qui les incitait à penser que le moteur allait bien, et ils ont cherché un problème qui n'existait pas : seul l'affichage du signal de panne était défectueux !

Apparaît ensuite la délégation des aptitudes relationnelles. Pendant que l'on disserte dans les congrès sur l'intelligence artificielle, dans les laboratoires une nouvelle étape est déjà franchie : celle de la délégation des aptitudes relationnelles à la machine. Ainsi, un robot androïde d'apparence féminine prénommé JiaJia a été créé en 2017 dans le laboratoire de l'ingénieur chinois

---

7 https://intelligenthealth.ai

Xiaoping Chen. Il est destiné, selon les dires de son concepteur, à occuper des emplois dévalorisés dont les jeunes Chinois ne veulent plus[8]. Et l'ingénieur d'évoquer les hôpitaux et les maisons de retraite. A partir de là, d'un point de vue anthropologique, on peut réfléchir de deux manières pour interroger l'avenir que la multiplication de tels robots pourrait nous réserver. Soit, première hypothèse, JiaJia restera toujours un robot, avec un certain nombre de compétences relationnelles très limitées. Cela pose alors la question du type de relation que l'on veut instaurer dans les hôpitaux ou dans les maisons de retraite, si un robot qui n'a pas les mêmes aptitudes relationnelles que l'être humain le remplace. Autrement dit, en termes de projet de société, cela nous dit quelque chose sur l'absence de relationnel que l'on est en train d'instaurer dans ces environnements-là. Soit, seconde hypothèse, si l'on suit la logique des roboticiens qui font de la robotique bio-inspirée, de la même manière que la vie et l'intelligence apparaissent chez les êtres humains par auto-organisation de la matière, cela pourrait tout à fait également arriver dans une machine. Toutefois, nous n'avons pas le code pour organiser la matière et la rendre vivante ! Cela relève à ce stade de la croyance, mais suivons-les l'espace d'un instant et imaginons que JiaJia devienne un jour un « équivalent d'humain ». Se posera alors la question de savoir si le robot acceptera ou non ces postes de travail. Si les jeunes chinois les refusent, pourquoi un robot doté des mêmes caractéristiques que les humains les accepterait-il ? On comprend aisément que, dans les deux cas de figure, nous nous trouvons confrontés à un problème de société : que ce soit parce que la machine est devenue très humaine ou, au contraire, parce qu'elle n'est pas devenue humaine.

Prenons un autre exemple, qui date lui aussi de 2017 : un jeune chinois, lassé d'être célibataire, « épouse » symboliquement un robot humanoïde qu'il a lui-même construit[9]. Cela en dit long sur une société dans laquelle, petit à petit, l'humain et la machine sont interchangeables : ils l'étaient pour la force physique ; ils le sont à présent pour la décision, et ils tendent désormais à l'être en termes relationnels. Cela interroge fondamentalement quant au type de société vers laquelle nous tendons avec ce nouveau type d'interchangeabilité.

En Suisse, un autre robot, Nao doté du logiciel Zora a également été développé pour le travail dans le milieu du soin. Le logiciel a un nom féminin, tout comme

---

8 http://www.futura-sciences.com/tech/actualites/robotique-voici-jia-jia-premiere-androide-chinoise-62488/

9 https://usbeketrica.com/article/tout-va-bien-un-ingenieur-chinois-a-epouse-son-robot

les adjectifs utilisés pour le qualifier, ce qui en dit long en termes de reproduction des stéréotypes sociaux dans la robotique. Toujours est-il que ce robot est déjà actif et que plusieurs maisons de retraite en sont déjà dotées. Sur le site internet du fabriquant[10], il est possible de lire la question suivante : « Qu'est ce qui rend la solution Zora parfaite » ? Cette phrase est, à elle seule, évocatrice de tout un monde par rapport aux promesses technologiques. Nous sommes dans une société dans laquelle il y a une solution technique pour tout, quelle que soit la nature du problème ! Cette dernière n'est pas même évoquée dès lors que la solution est déjà présentée ! Autrement dit, la solution précède même la formulation du problème. Il est frappant de lire les qualificatifs qui sont accolés au robot : « gentille », « joueuse », « mignonne » ou encore « patiente ». En d'autres termes, le robot se voit attribuer des qualités qui sont typiquement celles que l'on attendrait du personnel soignant humain. Or, les soignants se plaignent de plus en plus du minutage des actes médicaux, qui les oblige à aller à l'essentiel du geste de soin sans leur laisser le temps de préserver leurs qualités relationnelles de patience et de gentillesse. Donc, on installe un robot censé être patient et gentil – ce qu'il n'est bien sûr pas – dans un environnement professionnel où c'est de la performance technique qui est demandée aux humains. Cela invite vraiment à réfléchir par rapport à la question de l'interchangeabilité entre les humains et les machines et à ce qui est attendu d'elles. Il est possible de pousser la réflexion encore un cran plus loin en évoquant le robot Sofia, à qui l'Arabie Saoudite a conféré un statut de citoyenneté. Tous ces éléments mis bout à bout posent la question du droit des robots. Avec un regard totalement extérieur au monde juridique, il est possible de se poser la question de savoir si l'antispécisme, qui devient un mouvement de plus en plus fort, en viendra logiquement à revendiquer des droits pour les robots. Pour l'avocat Alain Bensoussan, qui s'exprimait dans l'une des rencontres dédiées à l'IA mentionnées plus haut, le robot est une espèce artificielle à laquelle il va être nécessaire de conférer des droits[11]. La porte d'entrée pour les robots dans le domaine juridique me semble résider, avant tout, dans la question des devoirs et de la responsabilité en cas d'accident. Mais de la question des devoirs découle logiquement celle des droits. Assurément, si les robots sont une nouvelle « espèce », alors ils devraient devenir à terme un nouveau combat pour les antispécistes.

Là où certains rêvent de robots qui prennent un statut d'humain artificiel, le transhumanisme se donne pour but de faire mieux que la Nature en ce

10 http://zorarobotics.be/index.php/fr/qui-suis-je
11 https://www.tdg.ch/geneve/sommet-intelligence-artificielle/story/31719235

qui concerne l'avenir de l'humain. Finalement, on retrouve la même volonté démiurgique, autant du côté de l'humain machinisé que de la machine humanisée, qui sont les revers d'une même médaille.

2. L'intériorisation de la technique dans le corps humain : l'humain machinisé

Venons-en à présent à la question de l'humain machinisé, que je vais vous présenter à travers mon parcours de recherche, car ce dernier illustre bien la manière dont la problématique du transhumanisme s'est peu à peu imposée sans qu'un certain nombre d'acteurs qui sont parties prenantes du processus ne prennent pourtant conscience de cette appartenance. J'explique cela par le fait qu'au fur et à mesure que de nouvelles technologies apparaissent, les limites de ce qui est considéré comme un *bon usage* se redéfinissent pour recouvrir toujours plus de pratiques.

Dans les années 1997–1998, j'ai commencé à mener des terrains ethnographiques dans des laboratoires de recherches, privés ou publics, afin de mener à bien mon doctorat en anthropologie. Mon objectif était d'aller sonder les imaginaires des ingénieurs qui concevaient des technologies implantables dans l'humain. Deux questions se sont rapidement imposées à moi et restent d'actualité plus de vingt ans plus tard. La première se résume avec l'histoire du bateau de Thésée. Pour rappel, dans la mythologie grecque, après son combat avec le Minotaure, Thésée confie son bateau aux Athéniens qui remplacent sans cesse les planches usées de sorte que le bateau resplendit encore des siècles plus tard alors qu'il ne reste plus aucune planche d'origine. C'est en ayant à l'esprit ce mythe que j'ai questionné le recours à des prothèses artificielles, telles que la hanche en titane, la rétine artificielle ou encore le *pacemaker*. Chaque groupe de recherche me parlait de la partie du corps qui faisait l'objet de ses recherches et, après plusieurs visites de laboratoires, je me suis mise à me demander ce qui arriverait à un individu qui aurait besoin de toutes les prothèses techniques et dont toutes les parties du corps seraient remplacées les unes après les autres. On obtiendrait certes un être « neuf » mais, de même qu'on peut se demander si, dans le mythe, on a encore à faire au bateau de Thésée – une fois toutes les planches remplacées –, il est légitime de se demander s'il existerait une limite quantitative au-delà de laquelle l'humain basculerait vers la machine après le remplacement d'un nombre donné de parties du corps. Et/ou existe-t-il, par ailleurs, un organe qui, qualitativement, pourrait être considéré comme intouchable, parce qu'il reflèterait une certaine nature humaine et, dès lors, constituerait une limite à ne pas dépasser sous peine de dénaturer cette dernière ?

Force est d'admettre que personne n'est en mesure d'apporter de réponse à ces questions. C'est toutefois bel et bien à partir de leurs représentations de ce qu'est, en termes descriptifs, et de ce que devrait être, en termes normatifs, un être humain vivant dans nos sociétés, que nos ingénieurs conçoivent des objets techniques utiles à un projet de société implicite. Ma recherche s'est donc alors orientée sur les limites de l'humain dans l'imaginaire des ingénieurs.

La deuxième question qui s'est imposée à moi renvoie directement au transhumanisme, sauf qu'à l'époque on ne parlait pas encore, ou très peu, de transhumanisme, du moins en Europe. Je ne connaissais pas ce terme et je n'avais donc pas de mot pour désigner ce que je voyais à l'œuvre dans les laboratoires. J'observais dans certains d'entre eux un glissement, voire une confusion, entre une médecine thérapeutique et des technologies d'augmentation[12]. La plupart des chercheurs avaient particulièrement à cœur de me montrer leur participation à des projets thérapeutiques. Or, à y voir de plus près, certains projets ne présentaient aucun caractère thérapeutique *stricto sensu*, mais relevaient plutôt de l'augmentation de certaines compétences. Quand je l'ai dit à un ingénieur dans le laboratoire duquel j'avais fait cette observation, il a réagi en se défendant avec force, comme si j'avais porté une accusation, alors que je ne faisais que constater. A l'époque, il faisait principalement des recherches pour que des personnes en chaise roulante puissent conduire cette dernière en envoyant des ordres directement de leur cerveau[13]. Dans ce but, les ondes cérébrales étaient interceptées par le biais de capteurs non invasifs installés sur la tête. En parallèle, il travaillait aussi pour l'aéronautique, dans le cadre d'un autre projet visant à fournir aux astronautes des technologies leur permettant de survivre dans l'espace. Dans mon optique, il s'agissait là d'augmentation ; dans la sienne, les astronautes ne souffraient certes d'aucun handicap lorsqu'ils étaient sur Terre, mais ils étaient handicapés une fois dans l'espace, inadaptés qu'ils étaient à cet environnement. Il travaillait donc, selon ses critères, là aussi pour réduire un handicap. Il contribuait pourtant, sans en être conscient, à élargir les frontières du thérapeutique et à encourager le glissement vers une médecine d'augmentation, tout en affirmant que cette dernière relevait de la science-fiction et non de la réalité des laboratoires. Il est d'ailleurs ironique de constater à ce propos que le terme *cyborg*, contraction entre *cybernetics* et *organism*, apparaît pour la première fois dans un texte écrit en 1960 par deux

---

12 A l'époque, je parlais de techniques d'amélioration mais, comme je l'ai dit en préambule, ce terme ne me semble plus adéquat.

13 Ce que je fais entrer dans la catégorie du thérapeutique, considéré dans un sens large.

ingénieurs de la NASA[14] pour désigner, justement, des astronautes « modifiés » pour pouvoir survivre dans l'espace. Au moment où les grandes Nations débutent la course à l'espace, se pose en effet la question de savoir comment l'Humain va y survivre. Dans leur petit article, Clines et Klyne avancent l'idée selon laquelle il y aurait deux options. La première consisterait à entourer l'humain d'un environnement similaire à celui qui est le sien sur la Terre, mais les auteurs jugent cette option trop compliquée. La seconde consisterait à modifier l'être humain afin de l'adapter à l'espace. L'ingénieur que j'évoque ici était donc, paradoxalement, bel et bien impliqué dans la création de *cyborgs*, alors qu'il rejetait ce terme, lié selon lui à la science-fiction ou, comme il le dira plus tard, à des ingénieurs menant des recherches discutables à ses yeux. C'est notamment le cas de Kevin Warwick, un ingénieur anglais dont j'ai fait la connaissance en 2001, lequel affirme, quant à lui, que l'humain est obsolète. Son ouvrage intitulé *I, Cyborg* commence par la phrase suivante : « *I WAS BORN human* »[15]. Et de préciser immédiatement que cet état lui donne la possibilité de se modifier pour devenir un *cyborg*, mi-homme mi-machine, dans une aventure qui conduira probablement à terme à la prochaine étape évolutive de l'humanité. C'est dans cette perspective qu'il a mené, dès 1998, des recherches consistant à s'implanter des puces informatiques dans le but d'augmenter ses performances. Je reviendrai plus tard sur le contenu des expériences de Warwick. Ce que je souhaite montrer ici, c'est qu'il revendique n'avoir rien à voir avec l'augmentation de l'humain – en reléguant cette pratique à la science-fiction –. Il y a là un réel paradoxe : celui d'estimer que ces expériences sont exceptionnelles alors qu'il travaille, lui-même, manifestement en ce sens.

En 2002 – soit l'année de publication de l'ouvrage de Kevin Warwick –, paraît aussi le désormais célèbre rapport sur les technologies convergentes (NBIC)[16]. C'est la première fois, sauf erreur de ma part, qu'apparaît dans un rapport politique l'affirmation selon laquelle les technologies doivent être employées pour augmenter les performances humaines. Il s'agit d'un rapport américain, publié par la *National Science Foundation*, soit l'instance en charge de distribuer les subsides de recherche. Il convient d'insister sur deux passages en particulier, qui sont très éloquents au regard de la représentation de l'Humain qui est véhiculée

---

14 CLINES (M. E.) et KLYNE (N.S.), « Cyborgs and Space », *Astronautics* 27 (7), pp. 74–76, Sept. 1960.

15 WARWICK (K.), *I, Cyborg*, Century, 2002.

16 ROCO (M.) et BAINBRIDGE (W.) (eds), *Converging Technologies for Improving Human Performance. Nanotechnology, Biotechnology, Information Technology and Cognitive Science*, Arlington : National Science Foundation, 2002.

dans ce rapport. Le premier extrait est le suivant : « les performances de nombreux systèmes militaires sont limitées à cause de l'incapacité du corps humain à supporter de haut niveau de température, d'accélération, de vibration ou de pression, ou encore parce que les humains ont besoin de consommer de l'air, de l'eau et de la nourriture »[17]. Le deuxième va dans le même sens : « L'humain est devenu le maillon faible, aussi bien d'un point de vue physique que cognitif »[18].

Il s'agit d'une véritable perte de confiance dans l'Humain, et l'idée du maillon faible est à prendre à la lettre. L'idée soutenue par les auteurs est que tout ce qui se fait dans la société est constitué d'une chaîne, qui a été durant longtemps une chaîne humaine, mais à laquelle participent désormais en tant qu'acteurs des êtres humains mais aussi des machines, ces dernières dépassant à présent les capacités des humains dans bien des domaines. On a beaucoup investi ces dernières années, nous disent les auteurs, pour le développement de machines intelligentes et la robotique en général, et il importe désormais d'investir aussi dans des technologies qui mettent l'Humain au niveau de la machine maintenant qu'il est devenu le maillon faible. Après Kevin Warwick, me voilà donc avec un deuxième exemple de recherches visant à augmenter les performances de l'humain dans des laboratoires et non dans la science-fiction. Lorsque je les évoque auprès des ingénieurs avec lesquels je travaille en Europe, le premier est unanimement décrit comme une exception, et le second est compris comme une manière de voir les choses typiquement américaine qui n'engage en rien les laboratoires européens.

Les réactions auxquelles j'ai été confrontée à cette époque, m'ont fortement rappelé les travaux de l'anthropologue Jeanne Favret-Saada qui, dans les années 70, a fait sa thèse de doctorat sur la sorcellerie dans le bocage normand[19]. Elle raconte dans son ouvrage que les personnes interrogées au sujet de la sorcellerie ont tendance à affirmer que cette dernière existe dans leur région, mais qu'ils ne la pratiquent pas eux-mêmes. Et de renvoyer à d'autres interlocuteurs. Impossible donc de mettre la main sur un sorcier parce que ce dernier, dans les discours, c'est toujours l'autre. L'analogie est tout à fait pertinente avec la manière dont est perçu le transhumanisme dans les laboratoires de recherches : quand il a été admis qu'il n'était plus seulement un personnage de science-fiction, le transhumaniste a commencé à être systématiquement décrit

---

17 Rapport préc., p. 291 (traduction D. Cerqui).

18 *Ibid.*, p. 337

19 FAVRET SAADA (J.), *Les mots, la mort, les sorts. La sorcellerie dans le Bocage*, Bibliothèque des Sciences Humaines, Gallimard, 1977.

comme un « autre » aux pratiques desquels personne ne s'identifie. L'analogie avec la sorcellerie fonctionne jusqu'au bout, car Jeanne Favret Saada conclut que, en réalité, la sorcellerie est un système qui peut fonctionner même en l'absence de sorcier désigné. Le fait de pouvoir désigner un sorcier procure par contre un bouc-émissaire au système. Il est tout à fait possible d'appliquer cela à l'analyse du transhumanisme. Warwick a été, au moment de la parution de son livre, le bouc émissaire tout désigné. On continue à l'heure actuelle à parler « des » transhumanistes comme s'ils constituaient une secte, alors que toute notre société est manifestement engagée dans un processus transhumaniste.

III UNE SOCIETE TRANSHUMANISTE QUI S'IGNORE

Pour étayer mon propos, je vais partir des expériences de Warwick, dans le laboratoire de qui j'ai effectué un long terrain ethnographique[20], à l'Université de Reading (UK), et montrer qu'il est impossible de poser une limite entre thérapie et augmentation. En 2002, il s'est fait implanter une puce informatique dans le nerf médian de l'avant-bras, c'est-à-dire dans son système nerveux périphérique. L'exercice consistait à identifier et à capter, lors de son passage dans le nerf, l'onde cérébrale donnant l'ordre aux muscles de fermer et d'ouvrir la main. Une fois le signal identifié, les chercheurs ont programmé l'ordinateur qui centralisait les informations afin que, à chaque fois que le cerveau de Warwick envoyait ce signal, une action technique définie puisse être effectuée. Il a ainsi notamment pu commander une main artificielle à distance. Dans cette partie de l'expérience, le fait qu'une main robotique de ce type pourrait être utile à des personnes amputées a contribué à atténuer les critiques, quand bien même il ne s'agissait pas là de sa motivation première. Il s'est ensuite rendu aux États-Unis en laissant la main robotique en Angleterre, et il l'a manipulée à grande distance en transmettant ses ondes cérébrales par internet. Cela reflète clairement son ambition de fusionner son cerveau avec des machines[21] et de pouvoir échanger des informations avec elles. Fusionner avec Internet... n'est-ce pas là

20 Après avoir étudié longtemps des ingénieurs réticents à l'idée d'augmenter les performances de l'Humain, il me semblait en effet intéressant d'effectuer un terrain de recherche dans un laboratoire où cela constitue au contraire le but affiché.

21 De la même manière, une autre partie de l'expérience, menée avec l'aide de sa femme, reflète son désir de pouvoir communiquer en se passant de la médiation du langage. Son épouse s'est ainsi vu planter une électrode dans son nerf médian et ils ont connectés leurs deux systèmes nerveux *via* l'ordinateur, ce qui leur a permis d'échanger des signaux.

l'horizon d'une société qui développe des technologies toujours plus petites, toujours plus personnalisées et toujours plus proches du corps pour accéder le plus rapidement possible à l'information ? Nous faire devenir nous-mêmes le terminal d'information semble être la prochaine étape logique de cette évolution et, Warwick m'apparaît dès lors comme celui qui a montré avant l'heure vers quoi nous allons.

Cette analyse se voit renforcée si l'on reprend le fil des rapports politiques. Le rapport NBIC, de 2002, qui valorise entre autres des recherches comme celles menées par Warwick, a essuyé beaucoup de critiques en Europe, et pas seulement dans les laboratoires. Au niveau politique, la Commission Européenne en a produit l'équivalent en se défaisant des deux éléments jugés dérangeants : le fait qu'il soit question d'*augmenter* l'humain et la focalisation sur l'*individu* au détriment de la société. Un rapport européen a donc été publié deux ans plus tard, en 2004[22], sous le titre *Technologies convergentes - Façonner l'avenir des sociétés européennes*. Si le titre laisse de côté les mots qui fâchent, ce sont pourtant les mêmes technologies qui sont mises en avant. Plus précisément, dans la perspective européenne, l'accent est principalement mis sur un projet de « *Technologies convergentes pour la société de la connaissance européenne* (*TCSCE*) ». Considérant que le vocable « société de la connaissance » renvoie à ce qu'on appelait précédemment la « société de l'information », c'est-à-dire une société dans laquelle il est communément admis que c'est l'accès à l'information qui est la clef de la réussite, il est facile de saisir que les recherches de Warwick, pour accélérer l'accès à l'information, sont implicitement valorisées aussi dans le rapport européen.

Un autre exemple issu des recherches de Warwick illustre bien le glissement de la norme. En 1998, il a été le premier à recevoir un implant sous-cutané qui faisait office de contrôle d'accès, afin de lui permettre l'entrée et la sortie de son laboratoire. A l'époque, cette expérience a été énormément critiquée, voire considérée comme complètement ridicule puisqu'une simple carte d'accès suffit à remplir la même fonction. En parallèle, une entreprise américaine, la société *Applied Digital Solutions*, procédait à la mise au point de puces sous-cutanées du même type mais, contrairement à Warwick, elle avait, de son côté, à convaincre la *Food and Drug Administration* du bien-fondé de sa démarche. Depuis, elle commercialise cet implant de la taille d'un grain de riz et ce dernier s'est discrètement mais considérablement diffusé ; à tel point que, dès

22 NORDMANN (A.), rapporteur, *Technologies convergentes - Façonner l'avenir des sociétés européennes*, Office des Publications, Commission européenne, 2004.

2004, certains établissements nocturnes se sont mis à intégrer dans l'implant – outre la carte d'entrée – un porte-monnaie électronique pour faciliter la vie de leurs clients VIP. Cela est un excellent exemple qui montre comment à une technologie considérée comme complètement inutile à un instant donné, sont ensuite attribués une utilité et des fonctions supplémentaires quelques années plus tard. Si cette tendance se poursuit, il n'est pas impossible que nous soyons bientôt tous équipés d'un implant reprenant tout notre passé médical, qui sera accepté parce qu'il nous sera proposé avec des arguments thérapeutiques (donc les *bons usages*).

Enfin, il importe d'insister sur le fait que ces technologies, largement promues sous l'angle de l'égalité d'accès, sont paradoxalement des vecteurs d'exclusion pour toutes les personnes qui n'auront pas les moyens de les utiliser ou refuseront d'y faire appel. Les risques d'exclusion sont d'autant plus importants que la fenêtre de ce qui est décrit comme « normal » et « acceptable » tend à se faire de plus en plus étroite, alors que les états considérés comme pathologiques se multiplient. Si l'on regarde les recherches menées par la *DARPA* (*Defense Advanced Research Projet Agency*) – l'agence gouvernementale américaine en charge des développements technologiques utiles à l'armée – on constate qu'elle travaille, entre autres, à un projet d'œil capable de zoomer afin que les pilotes de chasse puissent bien voir leur tableau de bord, mais aussi ce qui se passe au sol. Si ces recherches aboutissent, que les soldats soient d'abord équipés puis, à terme, les citoyens. Un jour viendra alors peut-être où, celles et ceux qui n'en seront pas dotés seront considérés comme handicapés. Autrement dit, une technologie considérée comme augmentative aujourd'hui peut tout à fait devenir demain une technologie considérée comme thérapeutique, ce qui explique comment l'augmentation de l'humain peut se diffuser sans que bon nombre de personnes qui y contribuent n'en prennent conscience : elles continuent à œuvrer dans le domaine du thérapeutique, sans forcément se rendre compte que la définition de ce dernier a évolué.

Autre exemple de ce glissement, le mannequin Amy Mullins, équipée de prothèses aux deux jambes, met en avant le fait qu'elle se considère comme avantagée, si ce n'est augmentée, par rapport aux femmes qui ont des jambes naturelles dont la longueur a été fixée une fois pour toutes par la Nature. Elle possède, pour sa part, plusieurs paires de jambes de longueurs différentes (jusqu'à 20 cm de différence !), et cela lui permet, dit-elle, d'adapter sa silhouette à ses tenues. Son autre argument est qu'elle n'a pas de problème d'épilation de jambes à déplorer, toutes ses jambes étant dépourvues de poils. Si l'on considère la définition que l'OMS a donnée de la santé en 1946, on apprend que cette dernière n'est pas qu'une absence de maladie ou de handicap. Elle est un état de bien-être physique, psychique et social. Dès lors, en poussant ce que nous dit Mullins jusqu'à la caricature, on pourrait imaginer que si la question d'avoir des poils aux jambes est une question importante pour le bien-être, alors elle est un enjeu de santé. Faire entrer la gestion de la pilosité dans les enjeux de santé publique serait une prise en charge très extrême, mais elle ne serait en définitive qu'un pas de plus pour notre système médical, lequel prend déjà de plus en plus en charge des patients en bonne santé, qu'il s'agisse de médecine préventive, de médecine prédictive ou encore de médecine anti-âge. Le grand public a commencé à intégrer cette nouvelle vision de la médecine à travers l'exemple de la célèbre actrice Angelina Jolie, qui n'a pas hésité à procéder à une double mastectomie préventive ainsi qu'à l'ablation de ses ovaires après qu'un test génétique ait montré qu'elle avait un très gros risque de contracter un cancer du sein ou des ovaires. Suite à l'annonce très médiatisée de ces interventions, les demandes de tests génétiques ont considérablement augmenté dans de nombreux centres médicaux. Il importe de s'interroger sur la société de demain car cela pose un problème d'accessibilité. De nombreux pays, y compris des pays très riches, connaissent déjà des systèmes de santé à plusieurs vitesses où la prise en charge est limitée, voire inexistante, pour certains soins. Quelles seront à l'avenir les personnes qui auront les moyens de s'offrir une telle médecine ? Mais imaginons, et ce n'est qu'une vue de l'esprit, que tout le monde puisse avoir accès à ces tests. Se poseraient alors d'autres questions. Reprenons le cas d'Angelina Jolie. Sa mère et sa tante sont décédées d'un cancer du sein, et il ne fait nul doute que si elle avait été leur sœur au lieu d'être respectivement leur fille et nièce, elle aurait dû prendre les mêmes risques qu'elles. En naissant à sa génération, elle a pu bénéficier des progrès scientifiques de son époque. Demandons-nous, à présent, ce qui se serait passé si Angelina Jolie était de la génération suivante. Les diagnostics prénataux, mais aussi probablement un peu plus tard les diagnostics préimplantatoires feront que, demain, l'embryon doté de ces prédispositions génétiques au cancer sera écarté. A la génération suivante, Angelina Jolie ne serait peut-être pas née parce qu'un embryon présentant un risque aussi élevé n'aurait tout simplement pas été implanté. Sous prétexte d'éradiquer les maladies, notre société ne tend-elle pas plutôt à éliminer les malades ? N'est-ce pas ce qui se passe déjà à large échelle pour la détection de la trisomie 21 et, surtout, n'est-ce pas là le signe d'une société eugéniste ?

Parallèlement à la médecine prédictive, le développement, voire même la banalisation de la médecine dite « anti-âge » va, elle aussi, dans le sens des objectifs transhumanistes relatifs à une quête d'immortalité. Là, où hier, il était question de lutter contre les maladies liées au vieillissement, désormais le vieillissement lui-même tend à être présenté comme une pathologie à soigner[23]. En Angleterre, l'une des figures emblématiques de la recherche antivieillissement, Aubrey de Grey, affirme que le premier être humain qui vivra 1000 ans est déjà né. Aux États-Unis, CALICO, la filiale biotechnologique de Google, vise selon son slogan de lancement à « tuer la mort ». D'un point de vue anthropologique, cela pose la question fondamentale de savoir si la finitude de la condition humaine peut être considérée comme une maladie. Finalement, ce dont on cherche à nous soigner, c'est de notre humanité.

En guise de conclusion, j'aimerais évoquer encore un autre rapport politique, qui va me permettre de revenir sur la complémentarité entre humain machinisé et machine humanisée pour boucler la boucle. Après le rapport américain de 2002 et le rapport européen de 2004, arrive en 2010 un nouveau rapport, anglais cette fois, très clairement orienté sur la croissance économique[24] : il liste les technologies dont on imagine qu'elles vont contribuer à la croissance économique du pays, à l'échelle de 2020–2025. Il y est écrit que l'on attend/espère pour 2020 des ordinateurs manipulés par des puces implantées dans le cerveau des utilisateurs (machines humanisées), soit ce que Warwick annonçait à cette époque comme étant la prochaine étape de ses expériences. Pour 2025, ce sont des ordinateurs hybrides – mélanges de tissus vivants et de technologies – qui sont annoncés (humains machinisés). Je ne l'ai pas encore évoqué mais Warwick, outre ses expériences d'implants, travaillait aussi à ce moment-là au développement d'un robot dénommé *Gordon*. Il s'agissait d'un robot dont le cerveau – véritable hybridation de neurones vivants (de rats dans la version de 2008 et humains dans la version de 2011) et d'électronique – était placé en couveuse et interagissait à distance avec le corps du robot. En d'autres termes, les deux types de technologies auxquelles travaillait Warwick sont évoqués dans le rapport comme étant prometteurs en termes financiers alors que, au Royaume Uni non plus, le but de ses recherches n'avait pas bonne presse. Cela montre à mon sens qu'il y a un mouvement général qui va clairement dans le sens de recherches de ce type, mais que les fondements et les conséquences n'en sont pas explorés.

---

23 CERQUI (D.), « Le vieillissement : une maladie chronique à l'issue souvent mortelle ? », *Angewandte Gerontologie = Gérontologie appliquée*, vol. 1, n° 1, 2016, pp. 11–13.

24 Foresight Horizon Scanning Centre, Governement Office for Science, *Technology and Innovation Futures: UK GRowth Opportunities for the 2020s*, 2010.

Si on tire jusqu'à son extrême les logiques de machinisation de l'humain et d'humanisation de la machine, on arrive dans des scénarios de science-fiction, où des robots semblables aux humains cohabitent avec des humains tellement modifiés qu'on ne saurait plus dire lesquels sont des humains et lesquels sont des machines, tant ils se ressemblent. Cela ne nous dit bien sûr pas à quoi ressemblera vraiment notre avenir, mais ces productions imaginaires nous en disent par contre long sur nos valeurs actuelles dans lesquelles une interchangeabilité entre le vivant et le non vivant se propage de plus en plus, comme en atteste le fait que, à l'échelle nanoscopique, tout est constitué d'atomes, la seule différence entre la matière vivante et la matière inerte étant la manière dont ces atomes sont associés les uns aux autres, nous dit-on. Des recherches sont menées aujourd'hui dans des laboratoires qui sont loin de se revendiquer comme transhumanistes, et qui vont pourtant aussi loin, voire plus, que celles initiées par Kevin Warwick il y a 20 ans, montrant ainsi que l'« augmenté » d'hier est devenu le « normal » d'aujourd'hui.

En tant qu'anthropologue, je suis donc plus que jamais convaincue que nous sommes d'ores et déjà entrés dans une société transhumaniste qui s'ignore.

Hervé CHNEIWEISS[1]

10. Libres propos sur le transhumanisme et ses implications en santé

1. *Vers un droit de la condition humaine ?*

Posons-nous d'abord la question de ce qu'est la condition humaine. Longtemps, elle a pu être considérée comme une essence, une donnée intangible. Le simple fait d'être humain, en tant que système vivant résultant de l'expression des conditions spécifiques à une espèce animale particulière – *homo sapiens* – conjugué à une culture permettait de nous considérer comme humain. Désormais, le progrès technologique interroge cette définition et remet notamment en question le caractère stable de notre référentiel biologique.

De la philosophie des Lumières à la Déclaration Universelle des Droits de l'Homme de 1948, la pensée moderne s'est intéressée à l'Homme et à ses droits en référence à des personnes existantes dans le temps présent et semblables dans leur essence aux générations précédentes, comme futures. Les droits politiques et sociaux s'adressent à des individus vivants, peu différents de leurs grands-parents et de leurs petits-enfants. L'objet du droit est de permettre à ces sujets existants d'exercer des prérogatives considérées comme naturelles : « Considérant que la reconnaissance de la dignité inhérente à tous les membres de la famille humaine et de leurs droits égaux et inaliénables constitue le fondement de la liberté, de la justice et de la paix dans le monde »[2]. Mais l'émergence, au cours de la seconde moitié du XXe siècle, d'un progrès technologique d'une ampleur et d'un rythme d'innovation jusqu'alors inconnus, a ouvert de nouvelles possibilités, en particulier les interventions sur le génome humain. Il s'agit, non plus d'accepter l'Homme tel qu'il est, mais de lui donner de nouvelles capacités en changeant certains éléments de sa nature biologique, éléments qui, une fois acquis, seront transmissibles. Dès lors l'intervention du droit ne concerne plus seulement les individus présents sur cette Terre à un

---

1 Président du comité d'éthique de l'INSERM, Président du comité international de bioéthique de l'UNESCO. Entretien réalisé dans le cadre du projet de recherche *Transhumanisme(s) et Droit(s)*, CAYOL (A.) et GAILLARD (E.) (dir.), cofinancé par le GIP Mission de Recherche Droit & Justice 2019–2021. Le style oral a été conservé.

2 Préambule de la déclaration Universel des Droits de l'Homme 1948

instant donné mais également les générations futures. Il est possible d'identifier l'émergence d'un droit de la condition humaine future sous l'effet des travaux menés par le Comité International de Bioéthique de l'UNESCO (CIB) dans son rapport de 2003, ce que consacre la Déclaration Universelle sur la bioéthique et les droits de l'homme adoptée par la Conférence générale de l'UNESCO le 19 octobre 2005. Son article 16, intitulé Protection des générations futures dispose précisément en ce sens que : « L'incidence des sciences de la vie sur les générations futures, y compris sur leur constitution génétique, devrait être dûment prise en considération ».

2. *Diffusion de la doctrine transhumaniste dans les cercles politiques et médicaux.*

C'est au tournant des années 2000, et plus particulièrement après la remise du rapport américain NBIC, que la thématique du transhumanisme a commencé à se diffuser. Il apparaît clairement que le singulier ne se prête guère à le désigner : il importe de parler « des » transhumanismes. Progressivement, à partir de l'an 2000, des personnalités du monde transhumaniste – parfois scientifiques de formation – ont commencé à être présentes dans différents cercles réfléchissant sur la place de la science dans la société. Que ce soit au niveau français ou européen, elles se sont plus spécifiquement exprimées sur l'impact des sciences de la vie sur la santé. C'est ainsi que j'ai rencontré les transhumanistes qui s'intéressent à la question du vieillissement. Même si je n'adhère pas spécialement à leurs approches, la chimère d'une jeunesse éternelle, la quête de la mort de la mort, me sont devenues connues.

3. *La fin de la vieillesse ?*

Leur principale revendication est simple et recueille sans souci l'assentiment de chacun d'entre nous : pourquoi accepter de mourir si l'on peut faire autrement ? Pourquoi accepter les limitations physiques et/ou intellectuelles de la vieillesse si l'on peut faire autrement ? Cela suppose un changement de perspective profond et de concevoir la vieillesse et la mort non comme un donné, non comme une évolution « naturelle » et encore moins inéluctable, mais comme … une maladie ou tout le moins un processus actif, différent de la simple usure du temps, ayant une ou plusieurs causes qu'il est possible de découvrir, et contre lesquelles il devient possible d'agir. Quand bien même le vieillissement ne serait qu'un processus passif, par l'effet du passage du temps, une nouvelle médecine – la médecine régénérative, et en particulier les multiples usages potentiels des cellules souches –, pourrait un jour nous réparer à l'infini.

4. *Que penser du transhumanisme en tant que médecin ?*

Le médecin se pose d'abord la question des limites de plus en plus floues entre la maladie et l'amélioration. Ne serait-ce que pour rester légitime dans sa parole : il est en principe un expert des processus qui altèrent notre condition physique ou mentale, mais il n'a aucune autorité particulière sur la question de l'amélioration des performances. Les transhumanistes revendiquent des modifications augmentatives tous azimuts : plus de mémoire, plus de force, plus de durée de vie... D'une certaine façon, la série des années soixante-dix, « l'homme qui valait trois milliards » (*The Six Million Dollars Man*), a préparé les imaginaires à recevoir cette quête de l'augmentation de l'espèce humaine. Encore faut-il rappeler que le colonel Austin de la série est d'abord gravement blessé dans le crash de son avion avant que la chirurgie de réparation qui lui sauve la vie ne l'augmente dans ses capacités. Du point de vue de la médecine moderne, et de manière tout à fait classique[3], il est possible de s'en remettre aux références de l'homme considéré « en bonne santé ». Ces critères, ces indicateurs, permettent alors de définir l'homme malade en ce qu'il est celui qui est atteint par quelque chose qui l'éloigne de cet état de bonne santé. Le médecin a pour rôle d'essayer de freiner la maladie et/ou de rétablir au plus près possible l'état de la personne de ce qui est considéré comme étant en bonne santé : supprimer la souffrance, réparer le handicap par exemple. Une seconde approche peut être retenue : celle du dépassement de la normale ou de l'établissement d'une nouvelle normalité. Il faut bien le reconnaître, depuis que l'Homme existe, il a toujours voulu dépasser les limites liées à sa condition (que ce soit sur le plan physique ou sur le plan moral). On retrouve cette idée au cœur des récits mythologiques, où le désir d'atteindre un état supérieur à l'état naturel est représenté par différentes divinités. Ceci reflète bien à quel point l'Homme considère que sa condition matérielle et morale est inférieure à ce qu'il pourrait atteindre. Longtemps, il a développé des outils et des méthodes pour y parvenir. Aujourd'hui, s'est développée l'idée selon laquelle la technologie – qui permet d'acquérir la capacité de s'augmenter – doit être incorporée à l'individu lui-même, y compris sur le plan

3 FOUCAULT (M.), « La médecine ne doit plus être seulement le corpus des techniques de la guérison et du savoir qu'elles requièrent ; elle enveloppera aussi une connaissance de l'homme en santé c'est-à-dire à la fois une expérience de l'homme non malade, et une définition de l'homme modèle. Dans la gestion de l'existence humaine, elle prend la posture normative, qui ne l'autorise pas simplement à distribuer des conseils de vie sage, mais la fonde à régenter les rapports physiques et moraux de l'individu et de la société où il vit », *Naissance de la clinique*, PUF, 1970 p. 34.

intellectuel. Il est possible de lire une littérature dédiée au projet de création de cerveaux interconnectés, ou encore à l'avènement d'une autre espèce, une fois l'étape de la Singularité dépassée. Il existe un basculement progressif de la technologie au service de l'humain vers un humain au service d'un projet technique, et à terme plus d'humain du tout puisque trop faible et faillible, inutile et polluant.

5. *De réels risques de déviances totalitaires ?*

Il est important, d'un point de vue éthique, philosophique, médical et juridique, de se poser la question de savoir si, au-delà de certaines limites, le terme humanité a encore un sens. Je pense, pour ma part, que le jour où l'intelligence artificielle et les cerveaux connectés seront plus puissants que l'Humanité souffrante, biaisée, incapable d'auto-survivre – notamment en raison de la gravité du réchauffement climatique –, alors l'intelligence supérieure se débarrassera nécessairement de l'intelligence inférieure ! Si les projets transhumanistes venaient à se réaliser, nul doute que l'entité supérieure qui en résulterait, se débarrassera de l'Homme !

6. *L'insondable cerveau humain.*

Un tour d'horizon des recherches actuellement à l'œuvre permet d'interroger la notion de réparation en médecine. Au niveau du cerveau, force est de constater que nous dépensons un tiers du coût total de la santé pour les affecter aux soins de maladies que nous ne savons pas guérir et mal traiter. Il y a encore beaucoup à faire pour réparer le cerveau. La sclérose en plaques reste la première cause de handicap chez les jeunes. A ce jour, la médecine n'est d'aucun secours pour empêcher le développement des maladies neurodégénératives. Les accidents vasculaires cérébraux (AVC) sont la première cause de mortalité, et force est de constater que, même pour de banals maux tels que la migraine, les traitements sont loin d'être totalement efficaces. La connaissance du cerveau est encore partielle et plusieurs bouleversements de paradigmes sont actuellement à l'œuvre[4]. A la question de savoir si nous serions capables d'augmenter les capacités des cerveaux, la réponse doit rester mesurée. Si l'on commence à y arriver dans certains laboratoires, cela ne concerne que des capacités cognitives très primaires. Par exemple, une stimulation électrique de l'hippocampe – région nécessaire à

---

4 CHNEIWEISS (H.), *Notre Cerveau. Un voyage scientifique et artistique des cellules aux émotions*. L'Iconoclaste, 2019.

l'acquisition de la mémoire – peut augmenter la vitesse d'apprentissage. Il n'y toutefois pas de raison de penser que cela ne pourrait pas s'améliorer à l'avenir. Néanmoins, si les capacités de notre cerveau sont grandes, elles resteront limitées et ce qui sera augmenté pour une certaine catégorie de tâches sera diminué pour d'autres. La question ici encore se pose : faut-il aider notre cerveau dans ses tâches grâce à des outils externes ou devons-nous céder à l'idée de modifier nos cerveaux eux-mêmes ?

7. *Bébé OGM, quel avenir pour la condition humaine ?*

La naissance de Lulu et Nana, ces bébés chinois génétiquement modifiés par introduction d'une mutation dans un récepteur CCR5, marque clairement une rupture épistémologique. Rappelons que l'objectif était de prémunir ces futurs enfants du risque d'infection par le VIH. En effet, le variant CCR5 Δ32 « empêche le virus de l'immunodéficience humaine (VIH) d'entrer dans les lymphocytes CD4 et donc de les infecter »[5]. Rappelons aussi que l'état actuel de la science ne permet pas d'obtenir cette mutation dirigée, et que la conduite irresponsable et unanimement condamnée du chercheur qui a mené cette expérience, n'a abouti qu'à induire des mutations d'effet inconnu. On croyait l'affaire close jusqu'à la fameuse publication dans le journal *Cell* du 21 février 2020. Selon cette dernière, l'inactivation de CCR5 – médicamenteuse, ou de sa forme mutée, CCR5 ∂32 – engendrerait une meilleure récupération psychomotrice et cognitive chez les personnes touchées par des accidents vasculaires ou des traumatismes cérébraux. La même équipe avait montré en 2016 que l'inactivation de CCR5 entraînait une amélioration de la mémoire chez les souris. Dès lors la question est devenue la suivante : les jumelles chinoises sont-elles les premiers humains à l'intelligence génétiquement augmentée ? Comme le rapporte le quotidien *Le Monde* en mars 2020, la *MIT Review* a interrogé l'un des auteurs, Alcino Silva, un neurobiologiste de l'Université de Californie, à Los Angeles (*UCLA*), lequel a répondu que ses résultats de 2016 lui avaient valu des contacts avec des personnalités transhumanistes de la *Silicon Valley* intéressées par la perspective de doter des bébés de cerveaux améliorés. A mon sens, cette histoire n'a pas de base scientifique fiable. Si une augmentation des capacités de mémorisation a certes été constatée sur des souris en laboratoire présentant cette variante de CCR5, l'effet chez l'humain et en vie réelle, reste à démontrer.

---

5 VERGER (A.), « Que savons-nous des bébés Lulu et Nana, les premiers bébés CRISPR ? », *The Conversation*, 2 déc. 2018, *disponible en ligne* : https://theconversation.com/que-savons-nous-de-lulu-et-nana-les-premiers-bebes-crispr-107969

Il n'en demeure pas moins que la prudence doit être de mise : il y a beaucoup de discours en faveur de ces manipulations, et beaucoup d'investissements financiers même s'il n'y a que peu de réalisations concrètes.

8. *Prendre les recherches transhumanistes au sérieux ?*

En tant que scientifique, certaines expérimentations et recherches ont de quoi interpeller. Certaines sociétés disposent de moyens colossaux, et se sont lancées dans des tentatives de modifications du cerveau humain. C'est une réalité de notre temps. C'est ainsi, par exemple, que CALICO[6] – une société de biotechnologie fondée en 2013 dans le complexe secret *Google X Lab* – procède à des recherches spécifiquement axées sur la lutte contre le vieillissement et les maladies associées. Récemment encore, plus d'un milliard de dollars ont été investis dans l'entreprise *Neuralink* d'Elon Musk qui développe des implants cérébraux pour augmenter la mémoire[7]. A terme, le projet est clairement de procéder à l'hybridation cerveau/IA. Quant à Facebook, il a racheté *CTRL-labs*[8], une entreprise de neurotechnologie, également pour un milliard de dollars, afin de mettre au point des lunettes permettant la transcription par la pensée sur un écran d'ordinateur (ce qui permettrait de ne plus avoir à taper sur le clavier)[9]. Ce dispositif, *a priori* d'aide à la personne, s'il venait à être largement développé, pourrait de manière évidente constituer une réelle menace pour la vie privée. Un tel dispositif de « lecture de vos pensées » générerait et composerait avec tout un ensemble d'informations qui ne manquerait pas de mettre en danger les ressorts les plus intimes de l'activité cérébrale qui fonde notre personnalité et dont les contours ne sont pas encore clairement identifiés, ni identifiables en l'état. Concrètement, ces données cérébrales pourraient être transmises à ces entreprises qui pourraient, à leur tour, les recouper avec les données qu'elles auraient par ailleurs de notre comportement *via* d'autres applications numériques. Il est

---

6 *CALICO* pour *California Life Company.*

7 JACKSON (A.), « Neuralink: brain hacking is exceptionally hard, no matter what Elon Musk says », *The* Conversation, 9 septembre 2020, *disponible en ligne* : https://theconversation.com/neuralink-brain-hacking-is-exceptionally-hard-no-matter-what-elon-musk-says-145711

8 HOIUM (T.), « Facebook wants to tap into your nerves through a wearables acquisition », *The Motley Fool*, 24 septembre 2019, *disponible en ligne* : https://www.fool.com/investing/2019/09/24/facebook-makes-another-billion-dollar-bet-on-arvr.aspx

9 CHARTIER (M.), « Interface cérébrale : Facebook rachète CTRL-labs », 24 septembre 2019, *Les numériques, disponible en ligne* : https://www.lesnumeriques.com/vie-du-net/interface-cerebrale-facebook-rachete-ctrl-labs-n140897.html

assurément à craindre un risque de glissement vers un ordre de coercition et une société de l'hyper contrôle de la personne. Nous y assistons actuellement en Chine où un crédit social est associé à un contrôle sociétal permanent à l'aide de caméras et d'algorithmes de reconnaissance faciale.

9. *L'impérieuse nécessité de questionner le rôle du droit.*

C'est dans ce contexte contemporain complexe, que le rôle du droit est questionné. Des juristes commencent à s'y essayer, tel le juriste Roberto Andorno, qui était déjà l'un des rédacteurs de la Déclaration universelle sur la bioéthique et les droits de l'homme de l'UNESCO, et le philosophe Marcello Ienca. Les implications des applications émergentes en neurotechnologie suggèrent que les droits de l'homme existants pourraient ne pas suffire. Ienca et Andorno ont identifié quatre nouveaux droits qui pourraient devenir très pertinents dans les décennies à venir : le droit à la liberté cognitive, le droit à la vie privée, le droit à l'intégrité mentale et le droit à la continuité psychologique[10]. Au même moment, un groupe de réflexion nord-américain arrivait à des conclusions très voisines, notant au passage que l'intelligence artificielle était peu dissociable des neurotechnologies[11].

Ces propositions ont rapidement trouvé écho dans plusieurs cercles de réflexion, et touchent désormais les cercles politiques et internationaux. Dès décembre 2019, l'OCDE a approuvé une recommandation sur l'innovation responsable en neurotechnologies qui constitue la première référence normative internationale dans ce domaine[12]. Elle propose neuf principes déclinés ensuite en objectifs, allant des classiques questions de sécurité jusqu'à des questions plus larges de mésusage. Dans un rapport élaboré par le député Olivier Becht – et adopté en commission le 14 septembre 2020 – l'Assemblée Parlementaire du Conseil de l'Europe « a appelé les États membres à établir des cadres éthiques

---

10 IENCA (M.) & ANDORNO (R.), « Towards new human rights in the age of neuroscience and neurotechnology », *Life Sciences, Society and Policy*, (2017) 13:5 DOI 10.1186/s40504-017-0050-1, *disponible en ligne* : https://lsspjournal.biomedcentral.com/articles/10.1186/s40504-017-0050-1

11 YUSTE (R.) & GOERING (S.), « Four ethical priorities for neurotechnologies and AI », *Comment,* 9 novembre 2017, vol. 551, pp. 159–163, *disponible en ligne* : http://www.columbia.edu/cu/biology/pdf-files/faculty/Yuste/yuste%20et%20al.nature2017.pdf

12 « OECD Recommendation on Responsible Innovation in Neurotechnology », adopté par le Conseil de l'OCDE le 11 décembre 2019, *disponible en ligne* : https://www.oecd.org/science/recommendation-on-responsible-innovation-in-neurotechnology.htm

pour la recherche, le développement et l'application des neurotechnologies, en tenant compte des principes de sécurité et précaution, respect de la vie privée et confidentialité, équité et inclusivité, et prévention d'utilisation malveillante ». La Commission préconise aussi « la création et la protection juridique de nouveaux *neurodroits*, afin d'offrir une protection efficace contre les risques inhérents aux technologies interface cerveau-machine, et de combler les lacunes du cadre actuel des droits de l'Homme »[13]. L'initiative *NeuroRights*, animée par le neurophysiologiste Rafael Yuste, professeur à l'Université Columbia à New York, travaille avec le Sénat de la République du Chili, le ministre chilien des sciences et l'Université catholique (*Pontificia Universidad Católica : PUC*) pour lancer un programme de protection des NeuroDatas[14]. Un amendement à l'article 19 de la Constitution chilienne est présenté au Parlement. Il définit l'identité mentale comme un droit fondamental. En France, dans le cadre de la révision de la loi bioéthique en 2020, les articles 12 et 13 du projet de loi doivent protéger contre l'usage abusif des données neurales. Enfin, le CIB de l'UNESCO présentera en 2021 un rapport sur les questions éthiques, légales et sociales soulevées par les neurotechnologies.

On le voit, de puissantes tensions contradictoires émergent du besoin d'un progrès médical immense auxquelles les technologies émergentes – génomiques et neurotechnologiques évoquées plus haut, mais également IA ou nanotechnologies –, solidarité de tous avec chacun dans le cadre de la Santé, compétition de tous contre tous dans le contexte de l'amélioration non régulée. Le transhumanisme voudrait nous faire croire à un destin techno-mélioratif inéluctable. L'humanisme nous rappelle, à chaque instant, qu'il ne doit pas y avoir d'insouciance du progrès et que seul ce qui fait sens pour nous permettre d'être plus humain vaut d'être développé et promu.

---

13 Assemblée Parlementaire du Conseil de l'Europe, « Etablir des cadres éthiques et juridiques pour la recherche, le développement et l'application des nouvelles neurotechnologies », 14 septembre 2020, *disponible en ligne* : https://pace.coe.int/fr/news/8001/setting-ethical-and-legal-frameworks-for-the-research-development-and-application-of-emerging-neurotechnology

14 Neurotechnology Center at Columbia University, *Columbia Neurorights Initiative*, « Neurodata protection in Chile », *disponible en ligne :* https://nri.ntc.columbia.edu/projects#/:~:text=The%20NeuroRights%20Initiative%20is%20working%20with%20the%20Senate,Senate,%20an%20office%20led%20by%20Senator%20Guido%20Girardi

Aurore CATHERINE & Sharmini VARATHARAJAH[1]

11. Médecine et Transhumanisme : entre réparation et augmentation

Le transhumanisme ne connaît pas de définition officielle. Il est difficile d'en dessiner les contours. Les approches des auteurs sont multiples. Toutefois, on s'accorde traditionnellement à considérer que le transhumanisme consiste en l'humain augmenté, amélioré. Depuis le début de l'utilisation de ce terme[2], et plus largement de cette idée, à la fin des années 1930 (bien que l'on puisse aisément reconnaître des aspirations proches bien avant dès lors qu'il est question de quête de l'immortalité)[3], le transhumanisme interroge la médecine. Cette dernière peut-elle être transhumaniste, ou bien l'exclut-elle nécessairement ? Les médecins en discutent les nuances depuis le XXe siècle. Si la médecine est réparation, la question se pose de savoir si elle peut aussi être augmentation. Il est nécessaire, avant d'aller plus loin, de préciser le sens des termes employés, afin de ne pas se méprendre sur leurs implications. L'« augmentation » est l'« accroissement », l'« agrandissement », tout comme l'« amélioration »[4] est l'« action de rendre meilleur, de changer en mieux »[5]. Celle-ci est « perfectionnement, progrès »[6]. Les termes « augmentation » et « amélioration » seront ainsi ici employés indifféremment. En miroir, « réparer » se définit comme « remettre en bon état (ce qui a été endommagé, ce qui s'est détérioré) ». « Arranger, raccommoder » ou encore comme « réparer ses forces, sa santé, se rétablir »[7]. Cette dichotomie entre réparation et augmentation/amélioration est souvent utilisée pour traiter du rapport entre médecine et transhumanisme. Est-elle réelle ? Existe-t-il une réponse ?

---

1 Aurore CATHERINE est Maître de conférences en droit public, Université de Caen Normandie & Sharmini VARATHARAJAH est Docteur en médecine, Chirurgienne digestive et des sarcomes, Centre de lutte contre le cancer François Baclesse, Caen.

2 HUXLEY (J.), *Transhumanism* [Transhumanisme], 1957.

3 Comme en témoignent les contributions au présent ouvrage.

4 REY (A.), (dir.), *Dictionnaire culturel en langue française*, Le Robert, 2005, p. 639.

5 *Ibid.*, p. 260, Cf. « Améliorer », *Ibid.*, p. 264.

6 *Ibid.*

7 *Ibid.*, p. 167.

Le mouvement transhumaniste « dont l'objectif premier est d'accroître les capacités physiques et intellectuelles de l'Homme »[8] caractérise l'« augmentation » de l'Homme, en « référence à l'homme ou à l'humain, [comme] un ensemble de procédures, méthodes ou moyens, chimiques ou technologiques, dont le but est de dépasser les capacités ou aptitudes, naturelles ou habituelles, d'un sujet impliqué dans une situation qui dépasse ses propres limites »[9]. Appliquée à la présente réflexion portant sur le transhumanisme et la médecine, la question de l'augmentation ne concerne pas seulement celle qui peut être proposée et réalisée sur le patient, mais également celle qui, parallèlement, permet au médecin d'être plus performant dans l'exercice de son art par les nouveaux procédés mis à sa disposition. Il ne s'agit donc pas uniquement d'envisager le « patient augmenté », mais aussi le « médecin augmenté ».

Ainsi, l'histoire de la médecine montre que la réparation, objectif originel, est progressivement transcendée par l'augmentation. Dans la quête de l'Humain d'un état de toujours mieux être et mieux vivre, l'art médical interroge ses contours entre réparation et augmentation (I). Mais le développement exponentiel des nouvelles technologies a imposé l'augmentation à la médecine pour aujourd'hui la dépasser (II).

I – Les contours de la médecine : entre réparation et augmentation

L'idée de l'augmentation n'est pas une idée classique de la médecine, dont la traditionnelle mission est de guérir, de réparer (A). Pourtant, dans la pratique médicale contemporaine, les frontières sont de plus en plus ténues entre réparation et augmentation (B).

1. *La réparation, traditionnelle et a priori exclusive mission de la médecine*

Couramment, la médecine est « l'art de guérir »[10], de soigner, autrement dit de mettre fin à une maladie, à un état de santé altéré, bien que cela ne soit pas

8 KUREH (C.), « Le transhumanisme en droit pénal », *Les cahiers de la justice*, Dalloz, 2018, N° 3, p. 541.

9 HILGER (G.), « L'homme augmenté et la responsabilité civile », *in* Labbée (X.) (dir.), *L'homme augmenté face au droit*, Presses universitaires du Septentrion, 2015, p. 79 s., spéc. p. 81.

10 HECKETSWEILER (P.), *Histoire de la médecine*, Ellipses, 2010, p. 11.

toujours possible. Il s'agit de permettre à la personne de recouvrer la santé dont elle disposait avant l'altération de son état. En cela, la guérison peut s'apparenter à l'idée de réparation. Dès lors, l'augmentation, prônée par le transhumanisme, est *a priori* exclue du champ de la médecine.

La chirurgie est l'un des exemples les plus marquants illustrant la médecine comme l'action de réparer les corps. Longtemps séparée de la médecine et considérée comme un simple artisanat, la chirurgie est vue comme une technique faisant de l'homme qui la pratiquait (le barbier-chirurgien) un simple exécutant. Ce n'est qu'avec Ambroise Paré (1510–1590) que la chirurgie commence à faire partie intégrante de la médecine et à donner à son action réparatrice ses lettres de noblesse.

Au XXe siècle, l'essor de la chirurgie plastique et réparatrice, née de la prise en charge des gueules cassées de la première guerre mondiale, a permis de rendre une certaine intégrité à un corps abîmé. Puis, la réparation a évolué : elle se réalise aujourd'hui à partir de ce corps qui devient une boite à outils selon un système D, où un tendon prélevé dans une articulation redonne une fonction dans une autre zone anatomique proche. Cette prouesse technique rend possible, pour un patient paraplégique, de regagner une fonction « pouce-index » pour la manipulation de son fauteuil électrique par la transposition d'un tendon resté fonctionnel de son avant-bras dans une position donnée. Une autre situation clinique peut être citée : celle la prise en charge du patient transsexuel. La chirurgie réparatrice entre en jeu dans le long processus multidisciplinaire de prise en charge et de suivi pour venir en aide à des personnes refusant un corps en décalage avec leur identité. On voit dès lors, et ce sans même aborder la chirurgie esthétique[11] – qui répare une certaine estime de soi –, l'action fondamentalement réparatrice, jusque dans l'identité, de la médecine.

Plus encore, lorsqu'il est question de transplantation d'organes et de tissus, le fait de pouvoir prélever un organe chez un donneur pour procéder à une greffe permet de pouvoir réparer le corps du receveur. La loi a permis cette pratique dans le but de sauver des vies, et cet impératif a récemment été renforcé devant la pénurie de dons. En effet, depuis 2016[12], toute personne est désormais présumée avoir consenti au don de ses organes[13] sauf si elle s'inscrit au Registre

---

11 Articles L. 6322-1 à L. 6322-3 du Code de la santé publique.

12 La loi n° 2016-41 du 26 janvier 2016 de modernisation de notre système de santé *disponible en ligne* : https://www.legifrance.gouv.fr/jorf/id/JORFTEXT000031912641/.

13 Depuis la loi n° 76-1181 du 22 décembre 1976 relative aux prélèvements d'organes, chaque Français est un donneur d'organes présumé, tout en ayant la possibilité de s'opposer à un tel prélèvement. Loi *disponible en ligne :* https://www.legifrance.gouv.fr/loda/id/JORFTEXT000000699407/2020-12-09/

National des refus[14]. Des garde-fous ont dû, dès l'origine, être posés afin de préserver les principes fondamentaux du droit français, tels que l'inviolabilité et la non-patrimonialité du corps humain inscrits dans le Code civil[15]. De même, le prélèvement est gratuit et anonyme[16]. L'Agence de Biomédecine, encadre cette médecine réparatrice depuis 2004.

Un autre domaine médical de « réparation » est la procréation médicalement assistée. Cette dernière est singulière puisqu'il s'agit de pallier une infertilité. L'emploi du terme « réparation » au sens strict peut ici interroger : la fertilité ne fait pas partie de l'état initial d'une personne. C'est alors à une fertilité dite « normale », établie selon des critères médicaux très précis au regard d'une population, que l'on se réfère pour prendre en charge une personne ou un couple. Ainsi, la « réparation » se réalise par rapport à une norme préétablie dans une société donnée. Aussi, légalement, l'assistance médicale à la procréation a pour objet « de remédier à l'infertilité d'un couple ou d'éviter la transmission à l'enfant ou à un membre du couple d'une maladie d'une particulière gravité. Le caractère pathologique de l'infertilité doit être médicalement diagnostiqué »[17]. Le droit est permissif en la matière : il accompagne et encadre strictement ces pratiques. Il est important d'ailleurs de noter le remplacement, dans les lois de 1994, de l'expression « procréation médicalement assistée » (PMA) par celle d'« assistance médicale à la procréation » (AMP) qui permet d'insister non seulement sur le fait que des considérations relatives – par exemple à la filiation, doivent être prises en compte d'un point de vue juridique –, mais aussi que « seule l'assistance médicale, et non la procréation, peut faire l'objet d'une législation »[18].

Si la médecine est réparatrice, le débat se sclérose pourtant sur la question de la stimulation ovarienne et la conservation d'embryons, avec accès à ladite assistance médicale à la procréation aux femmes seules et aux femmes ayant commencé un projet parental avant le décès du conjoint. A travers cet exemple, on voit les contours des termes de réparation et d'augmentation se flouter progressivement pour interroger le champ d'action de la médecine elle-même.

---

14 Articles R. 1232-5 à R. 1232-14 du Code de la santé publique.

15 Article 16-1 du Code civil.

16 Article 16-8 du Code civil.

17 Article L. 2141-2 du Code de la santé publique.

18 DEPADT (V.) & HIRSCH (E.), « Loi relative à la bioéthique : entre avancées, renoncements et désillusions, ce qu'il faut retenir », *The Conversation*, 6 septembre 2020, *disponible en ligne :* https://theconversation.com/loi-relative-a-la-bioethique-entre-avancees-renoncements-et-desillusions-ce-quil-faut-retenir-145283.

2. *Des frontières de plus en plus floues entre réparation et augmentation*

La médecine a considérablement évolué au cours du XXe siècle et depuis le début du XXIe siècle. Le champ des possibles s'est élargi, laissant apparaître de nombreux espoirs pour l'amélioration de la qualité de la vie des patients et la réalisation, pour certains, de leurs vœux les plus chers. Le droit est venu accompagner, parfois avec parcimonie mais toujours dans le cadre d'une réflexion éthique, ces évolutions médicales et sociétales. Dans ce contexte, les limites entre réparation et amélioration sont devenues plus difficilement perceptibles.

Le domaine de la procréation en est, à de nombreux égards, un exemple éclairant. En effet, si l'on se réfère au projet de loi bioéthique actuellement en débat au Parlement : « la médecine se voit désormais confier la fonction de pallier la 'stérilité sociale' d'un couple de femmes ou de femmes célibataires »[19]. Ce n'est plus de réparation de la fertilité dont il est question, mais d'aider ces femmes à accéder à la maternité alors même que leur vie personnelle ne le permet pas. Peut-on ici parler d'amélioration médicale de la condition féminine en leur permettant, par l'assistance médicale à la procréation, de devenir parents ?

La possible évolution de la législation relative à la conservation des ovocytes interroge également le sens des pratiques. L'article 2 du projet de révision des lois bioéthiques prévoyait devant l'Assemblée nationale en première lecture que l'autoconservation des ovocytes en dehors de tout motif médical et en vue d'une grossesse future serait désormais accessible à toutes les femmes, sous réserve de conditions d'âge qui seraient fixées par décret. Comme l'écrivent certains auteurs, « il est intéressant de constater qu'à la finalité médicale de l'acte de conservation (afin de préserver la fertilité en prévention, par exemple, des conséquences d'une chimiothérapie) s'ajoute la réponse médicale à une demande personnelle que la technique rend possible »[20]. De la réparation, ne passe-t-on pas à l'amélioration de la fertilité ? L'Académie de médecine s'était positionnée en faveur de la congélation « sociétale »[21], rejoignant la position affichée depuis cinq ans par le Collège national des gynécologues obstétriciens français[22]. Le Comité consultatif national d'éthique s'était, lui, prononcé, le

19 DEPADT (V.), HIRSCH (E.), *art. préc.*

20 *Ibid.*

21 Académie nationale de médecine, *Rapport 17-04. La conservation des ovocytes*, 13 juin 2017, *Bull. Académie Nationale de Médecine.*, 2017, *201*, n° 4-5-6, pp. 549-565.

22 BELLAISCH-ALLART (J.), DARAI (E.), LEVY (G.) et *al.* (Commission d'Éthique du Collège National des Gynécologues et Obstétriciens Français) « Réflexions sur

15 juin 2017, contre cette autoconservation des ovocytes dite « sociétale »[23]. Le 23 janvier 2020, le Sénat a refusé de voter la possibilité de faire congeler et conserver ses gamètes (ovocytes et spermatozoïdes), hors critères médicaux. Ce refus a été acquis puisqu'en l'absence de majorité, un article est rejeté. Cet article 2 a recueilli 119 voix pour et 119 contre. Soixante-quinze sénateurs se sont abstenus. Il n'est donc pas impossible que l'article soit repositionné et discuté de nouveau en seconde lecture à l'initiative des députés. Ce serait alors une nouvelle liberté de la femme qui serait proclamée en vue d'une procréation future, sous réserve de condition d'âge. Si tel était le cas, une information claire et loyale[24] aurait toute son importance pour accompagner la démarche, dans la mesure où l'autoconservation ne serait, en tout état de cause, pas la garantie d'une maternité future.

Enfin, le cas du « bébé médicament » vient illustrer, tel un cas d'école, à quel point la frontière est mince entre médecine réparatrice et l'idée d'un être humain « augmenté » par une science médicale dont la technicité est en constante évolution. Cette procédure avait été autorisée, à titre expérimental, par la loi du 6 août 2004, à l'article L. 2131-4-1 du Code de la santé publique. Si la loi a été permissive, il n'est pas certain qu'elle le demeure sur ce point, l'Assemblée Nationale ayant voté le 7 octobre 2019, dans le cadre de l'examen en première lecture de la loi bioéthique, un amendement mettant un terme à cette pratique destinée à sauver des enfants atteints d'une maladie génétique. Le « possible » s'est vu confronté à des questions éthiques majeures. Certains députés y voient une « transgression » qui « ne saurait être maintenue dans le Code de la santé publique sans nécessité impérieuse »[25] et la difficulté d'utiliser « un embryon et, à terme [...] une personne, comme un moyen et non comme une fin puisqu'on va faire peser sur lui le poids de la possibilité de la guérison d'un autre enfant »[26]. Face à cette réparation d'un nouveau type, voire à une

---

les indications sociétales de la préservation de la fertilité féminine », *Médecine de la Reproduction*, 2013, vol. 15, N° 1, pp. 111–118.

23 CCNE, Avis n° 126 du 15 juin 2017 sur les demandes sociétales de recours à l'assistance médicale à la procréation (AMP), *disponible en ligne : https://www.ccne-ethique.fr/fr/publications/avis-du-ccne-du-15-juin-2017-sur-les-demandes-societales-de-recours-lassistance*. V. également DEPADT (V.), « Congeler ses ovocytes n'est pas une assurance maternité », *The Conversation*, 17 juillet 2017, *disponible en ligne :* https://theconversation.com/congeler-ses-ovocytes-nest-pas-une-assurance-maternite-80155

24 Conformément à l'article L. 1111-2 du Code de la santé publique.

25 C'est ce qu'a plaidé la députée LR Anne Genevard dans son amendement.

26 A souligné Xavier Breton (député LR).

amélioration/augmentation de l'humain, c'est le principe de dignité de la personne qui est mobilisé par certains parlementaires afin que l'enfant à naître existe pour lui-même et non pour un autre[27]. Blandine Brocard (LREM) considère que, par cette technique, on programme la venue d'un enfant dans l'unique but de soigner son aîné malade. Agnès Buzyn, alors Ministre de la santé, estime au contraire, qu'il s'agit de familles qui ont un projet parental et qui décident de faire un autre enfant. Dans ce cadre, ils se voient proposer de chercher, en plus, la compatibilité pour que ce nouvel enfant puisse éventuellement sauver son frère ou sa sœur. Mais ce ne sont pas des enfants fabriqués pour sauver un autre bébé. Cette diversité d'analyses participe à brouiller les lignes entre réparation et amélioration.

On voit aisément que les médecins, toutes spécialités confondues ont à réfléchir et à dessiner – en toute connaissance et conscience, ou malgré eux –, les frontières entre leur exercice médical et le transhumanisme, en luttant contre une vision romancée, voire déifiée des sciences médicales.

Plus largement, entre réparation et augmentation, c'est aussi le sens d'une loi bioéthique qui est questionné. La France a été précurseur en la matière depuis les années 70. Mais la conception de telles lois semble aujourd'hui être à un tournant, tout comme le sont la conception et la réflexion des professionnels de santé sur leurs pratiques, sur ce qu'ils peuvent faire et ne pas faire. Comme le soulignent certains auteurs, « dès lors que la législation relative à la bioéthique n'aurait plus comme finalité que de légitimer des demandes sociales considérées comme des droits, y compris individualistes, il n'est pas certain qu'on lui reconnaisse demain l'autorité d'opposer la moindre résistance à ce que la technique rend possible »[28]. Plus encore, ils interrogent la notion de clause de conscience : « sera-t-elle encore soutenable et si oui, dans quelles conditions face à la montée en puissance de revendications qui s'expriment en termes d'autonomie décisionnelle, d'égalité de droits et de non-discrimination ? »[29]. Le titre III du projet de loi actuel est en ce sens évocateur : « Appuyer la diffusion des progrès scientifiques et technologiques dans le respect des principes éthiques ». Il semble ainsi que l'augmentation s'impose à la médecine.

---

27 A plaidé Thibault Bazin lors des débats.

28 DEPADT (V.), HIRSCH (E.), *op. cit.*

29 *Ibid.*

II – La médecine augmentée

L'histoire des sciences « illustre [...] la dépendance de la médecine vis-à-vis des sciences fondamentales et des progrès techniques »[30]. Au fil des époques, l'augmentation de l'humain s'est invitée dans la médecine (A) pour la dépasser parfois (B).

1. *Vers une médecine d'augmentation ?*

La réflexion relative à l'amélioration de l'humain prend racine dans le mouvement de Progrès, difficilement contestable, légitimé à l'origine et en premier lieu par la nécessité thérapeutique. La « bonne santé » est au cœur de ces considérations et réflexions : comment s'opposer, par exemple, à ce qui permet de mieux soigner une maladie génétique ? On sait les débats nombreux autour de la manipulation ou de la modification génétique[31]. La question devient alors de savoir : jusqu'où peut-on aller ? Cette « distinction entre ce qui relève du thérapeutique et ce qui relève du confort »[32], permet-elle d'identifier ce qui est éthiquement acceptable ? Rien n'est moins sûr.

En effet, on constate, tout d'abord, que la technique a augmenté les compétences du médecin. « L'ère de la média-médecine » en témoigne avec « l'appropriation par l'homme de l'art d'un moyen technique optimisant le résultat recherché, tout en s'éloignant du corps malade »[33]. On peut rappeler que l'invention du stéthoscope en 1816 par Laennec a bouleversé la relation médecin/patient et ouvert l'ère de la médecine moderne. Les défis technologiques qui s'en suivent ont considérablement amélioré le savoir-faire du médecin, l'art médical. L'imagerie médicale en apporte de nombreuses illustrations. La naissance de la radiologie, avec Wilhelm Conrad Röntgen en 1895, ouvre la possibilité de voir à l'intérieur d'un corps vivant, ce qui est une mutation fondamentale. A l'époque, il s'agit du meilleur moyen de diagnostic de la tuberculose pulmonaire, problème de santé publique majeur. Il y a eu, par la suite, l'essor de la radiologie de contraste, le tomographe, réalisant des coupes de certaines parties du corps. Puis vinrent la scintigraphie isotopique vers 1960, l'échographie vers 1970, le scanner vers 1980, l'imagerie par résonnance nucléaire vers 1990 et la tomographie à émission de positons vers 2000. Autant de nouvelles méthodes

30 HECKETSWEILER (P.), *Histoire de la médecine*, Ellipses, 2010, p. 9.

31 Cf. ci-dessous nos développements sur la question.

32 KUREK (C.), *op. cit.*, p. 547.

33 VALLANCIEN (G.), *La médecine sans médecin ? Le numérique au service du malade*, Gallimard, 2015, p. 120.

d'imagerie qui ont profondément modifié la démarche médicale, la façon de soigner. C'est le médecin qui s'est ainsi trouvé augmenté par la technique.

Ces évolutions ont été accompagnées, sur le plan juridique, par l'insertion de l'article 16-14 du Code civil, lequel dispose que « les techniques d'imagerie cérébrale ne peuvent être employées qu'à des fins médicales ou de recherche scientifique, ou dans le cadre d'expertises judiciaires »[34]. Reste toutefois à identifier ce que recouvrent aujourd'hui les « fins médicales », puisque l'on sait que la santé s'entend – depuis la définition que lui a donné l'OMS en 1946[35] – au sens large : la maladie n'est plus le seul territoire de la médecine. Le soin, lui-même, se définit de manière extensive : la souffrance morale, le bien-être de l'individu ont pénétré le périmètre de la santé. Une chose est certaine : le développement de ces procédés a permis d'améliorer amplement la prévention, parfois en détectant les maladies très précocement, favorisant de cette manière les guérisons. La médecine est, dès lors, devenue une « pratique soignante personnalisée accompagnée de science et de technique »[36]. On peut citer de nouveau l'assistance médicale à la procréation parmi ces avancées qui apportent une compétence supplémentaire notable au médecin. Technique et médecine ont ainsi cheminé ensemble. Elles ont permis de répondre à des demandes sociales nouvelles, susceptibles de dépasser à bien des égards le souci de réparation des corps.

Dans les forums de discussion éthique, ce dépassement par la médecine de sa mission originelle qu'est la réparation est rappelé, et cette nouvelle médecine d'augmentation est interrogée[37]. La médecine moderne s'occupe de santé publique. Elle est au cœur des révolutions sociétales, qu'il s'agisse par exemple de la pilule ou de l'AMP. Pourquoi, dès lors, l'augmentation ne s'insérerait-elle pas dans le champ de la médecine ? L'orthopédiste qui pose des prothèses à des patients âgés leur permettant des amplitudes de mouvement non physiologiques procède-t-il à une réparation ou à une augmentation ? Le cardiologue

34 Créé par l'article 45 de la loi n° 2011-814 du 7 juillet 2011.

35 L'Organisation mondiale de la Santé (OMS) définit la santé comme « un état de complet bien-être physique, mental et social, [qui] ne consiste pas seulement en une absence de maladie ou d'infirmité » (Préambule à la Constitution de l'Organisation mondiale de la Santé, tel qu'adopté par la Conférence internationale sur la Santé, New York, 19–22 juin 1946).

36 FOLSCHEID (D.), « La question de la médicalité », *in* FOLSCHEID (D.), FEUILLET-LE MINTIER (B.), MATTEI (J.-F.) (dir.), *Philosophie, Ethique et droit de la médecine*, Paris, PUF, 1997, pp. 111–121, spéc. p. 121.

37 Cf. https://www.forumeuropeendebioethique.eu/editions/2017-humain-post-humain/

interventionnel qui pose un pacemaker pour prolonger la vie d'un patient de 97 ans en bon état général, atteint d'un trouble de la conduction cardiaque grave (bloc de branche complet), répare-t-il ce cœur ou augmente-t-il la fonction cardiaque de ce patient, et par là-même son espérance de vie ?

Toutes ces évolutions, dont nous sommes témoins, modifient profondément la médecine et son dialogue avec la science. Mais, en même temps qu'elles font évoluer l'exercice de la médecine, elles impactent également le patient. Ce patient « augmenté » suscite davantage de débats : c'est sa nature d'être humain qui semble être parfois mise en danger. Les débats sont d'autant plus passionnés que nous sommes dans l'ère des implants TIC[38], dont l'intérêt thérapeutique est de stimuler les fonctions biologiques et psychologiques à l'aide d'une puce en silicone[39], de stimulateurs cardiaques ou pompes à insulines programmables, ou encore d'implants placés dans le cerveau pour stimuler l'humeur en cas de dépression. On les dits « connectés », « en ligne », car leur fonctionnement dépend d'une connexion à un ordinateur externe depuis lequel les médecins peuvent ajouter, modifier ou supprimer des informations. Dans les cas d'implants neurochirurgicaux, les conséquences sur le patient interrogent : la modification d'une pathologie, telle que Parkinson, ne risque-t-elle pas de modifier la personnalité-même du sujet ? Comment appréhender ces conséquences pour le patient traité ? Autant d'incertitudes qui animent les réflexions autour de la médecine d'augmentation. Quelles en sont les limites ?

Ce questionnement est d'autant plus prégnant que l'avancée scientifique actuelle semble nous préparer à un futur de symbiose entre l'être humain et la machine. L'exemple des neuro-prothèses l'illustre. Celles-ci sont des « dispositifs reliés au système nerveux pouvant remplacer un organe défectueux [et permettre une] communication entre neurones artificiels et biologiques »[40]. Les chercheurs expliquent que « la résolution spatio-temporelle – parler à un ou quelques neurones, en temps réel – est un atout majeur pour étudier la communication entre neurones artificiels et biologiques, et peut-être réussir à concevoir

38 Implants relevant des Technologies de l'Information et de la Communication.

39 Cf. l'Avis du Groupe européen d'éthique des sciences et des nouvelles technologies auprès de la commission européenne, *Aspects éthiques des implants TIC dans le corps humain*, 16 mars 2005.

40 LEVI (T.) & BONIFAZI (P.), « Vers les prothèses de cerveau : quand neurones artificiels et naturels dialoguent », *The conversation*, 23 juillet 2020, *disponible en ligne* : https://theconversation.com/vers-les-protheses-de-cerveau-quand-neurones-artificiels-et-naturels-dialoguent-141793.

des neuro-prothèses thérapeutiques fonctionnelles chez l'Homme »[41]. L'affrontement entre les procédés issus de la science fondamentale et leur application au patient est réel. En témoigne, dans les communautés de personnes sourdes et/ou muettes, les dissensions autour de la neuro-prothèse auditive (plus connue sous le terme d'implant cochléaire) entre ceux qui signent et ceux qui oralisent. L'histoire de la langue des signes française, puis le vécu autour de cet implant depuis des décennies, sont des illustrations frappantes des divergences dans l'avancée des technologies : les enfants appareillés d'implants se sont vus affublés de noms comme « sourds robots »[42]. La marche vers une médecine d'augmentation est loin d'être aisée.

Certaines limites à la démarche d'augmentation peuvent être trouvées dans le Droit. Tout en ayant une démarche de préservation des moyens de recherches scientifiques, la loi se présente comme un garde-fou en interdisant, par exemple, le clonage d'embryon[43]. Toutefois, elle ne permet pas de répondre pleinement aux scientifiques qui étudient la possibilité d'une impression 3D d'organes[44] permettant de pallier les pénuries actuelles dans le domaine du don d'organe. Ils utilisent la technologie de bio-impression 3D pour arriver à créer un véritable organe fonctionnel. Ce sont alors les fantasmes de l'immortalité qui ressurgissent avec la possibilité aussi, peut-être à terme, de créer par cette méthode un être humain de toute pièce. Cela impliquera certainement une révision des textes législatifs afin d'encadrer l'utilisation d'un tel procédé. Au-delà des bénéfices que peuvent en attendre les patients, ce sont les questionnements relatifs à ce qui fait l'humain qui ressurgissent ici.

Il n'en reste pas moins que, si la médecine et la technique s'inscrivent toutes deux dans un processus d'augmentation, ces évolutions tendent à servir plus globalement la science et par ricochet la société tout entière.

---

41 *Ibid.*

42 PEREZ (M.), « Surdité : la révolution de l'implant cochléaire », *Le Figaro*, 13 février 2007, *disponible en ligne* : https://www.lefigaro.fr/sciences/2007/02/13/01008-20070213ARTFIG90036-surdite_la_revolution_de_l_implant_cochleaire.php.

43 Articles L. 2551-1 et suivants du Code de la santé publique.

44 *Cf.* GUEDON (E.), MALAQUIN (L.) et ANDRE (J.-C.), « Bio-printing – État des lieux et perspectives », *Techniques de l'Ingénieur RE268*, Février 2017 ; Cf. également, https://www.techniques-ingenieur.fr/base-documentaire/mecanique-th7/enjeux-procedes-et-marches-42686210/bio-printing-re268/

2. *L'augmentation par-delà la médecine*

Plusieurs journaux en 2019, dont *Les Echos*, sous la plume de Karl De Meyer, rapportent que : « des milliers de Suédois se sont fait implanter des puces dans la main pour ouvrir les portes, archiver leurs profils ou stocker leur billet de train. Ils veulent maintenant pouvoir payer avec »[45]. Par cette situation réelle dans une démocratie de l'Union européenne, nous voyons déjà que l'être humain est en passe d'accepter d'être augmenté.

On ne peut que constater qu'il n'est alors plus question de réparation, de soin, en somme de médecine, bien que le corps soit impacté. Si ces avancées fulgurantes ont trouvé leur source dans la médecine, dans l'objectif premier de soigner, elles dépassent aujourd'hui ce cadre originel.

Ainsi, en orthopédie, les prothèses ont pour objectif premier de pallier des handicaps. La recherche actuelle teste des exosquelettes pour ceux qui espèrent marcher de nouveau[46]. Mais cette même élaboration technique et technologique contribue à la réflexion de tous les domaines de métiers « de force », voire de la science spatiale.

De même, les implants connectés au nerf optique peuvent permettre de distinguer des formes ou couleurs à ceux qui ont perdu la capacité de vision. Mais cette technique peut également avoir d'autres débouchés, non connus pour l'heure mais d'ores et déjà imaginables. En effet, lorsque des ingénieurs français conçoivent des lentilles de contact connectées, rapidement cela attire l'attention de Microsoft et de l'armée américaine. On peut ainsi lire que « le projet s'inscrit dans la perspective de l'homme augmenté avec des applications de surveillance de l'attention du conducteur dans l'automobile, d'aide du chirurgien dans la précision et la sécurité des gestes ou encore d'assistance des malvoyants »[47].

---

45 DE MEYER (K.), « Suède : au pays des cyborgs vikings », *Les Echos*, 22 mars 2019, *disponible en ligne* : https://www.lesechos.fr/weekend/business-story/suede-au-pays-des-cyborgs-vikings-1211853

46 YELNIK (A.), *La Lettre du Neurologue*, Edimark, vol. 11, N° 3, mars 2007. Cf. également, WERNER (C.), VON FRANKENSBERG (S.), TREIG (T.) et *al.*, « Treadmill training with partialbody weight support and an electromechanical gait trainer for restoration of gait in subacute stroke patients: a randomized crossover study », *Stroke*, 2002, 33, 2895-901, *disponible en ligne* : https://pubmed.ncbi.nlm.nih.gov/12468788/

47 LOUKIL (R.), « Cette lentille de contact connectée française intéresse Microsoft et les militaires américains », *L'usine nouvelle*, 15 avril 2019, *disponible en ligne* : https://www.usinenouvelle.com/editorial/cette-lentille-de-contact-connectee-francaise-interesse-microsoft-et-les-militaires-americains.N830945

L'être humain augmenté, voire le posthumain (un être humain transformé par les technologies), ne sont plus des termes abstraits lorsque le 28 août 2020, Elon Musk rapporte les recherches en cours *via* sa start-up *Neuralink* sur le projet *cerveau connecté* . Bien entendu, l'objectif médical affiché est de rendre la parole et la mobilité aux personnes paralysées. Mais il n'a pas caché qu'à terme cette interface humain-machine puisse servir à d'autres fins. Il a en effet également affirmé : « vous pourrez sauvegarder vos souvenirs, et aussi potentiellement les télécharger dans un autre corps ou dans un robot »[48].

Nous voyons ainsi que la médecine est dépassée dans ses intentions. L'ultime exemple est la situation de l'embryon en l'état actuel des sciences. Ce dernier est devenu un patient (sans en avoir jusqu'ici le statut légal), la technique des ciseaux génétiques permettant de modifier ses gènes défectueux[49]. Cette intervention directe sur le génome humain est techniquement possible pour modifier *in utero* les gènes dans le cadre d'une maladie héréditaire. Le débat éthique est toutefois en cours, puisque le risque de dérives est réel : il est en effet possible d'inactiver, supprimer ou remplacer n'importe quel gène et donc d'agir sur toute la descendance de cet embryon. On est en droit de s'interroger sur l'infraction d'eugénisme, que l'article 214-1 du Code pénal définit comme le fait de mettre en œuvre une pratique eugénique tendant à l'organisation de la sélection des personnes. La santé peut-elle légitimer cette forme de sélection ? Le diagnostic prénatal et le diagnostic préimplantatoire, ou encore l'interruption médicale de grossesse, sont autorisés par la loi. Comment l'ingénierie génétique pourrait-elle trouver sa place dans les prochaines années dans le Droit en n'enfreignant pas l'infraction d'eugénisme ?

Tout est question d'intention, d'objectif à atteindre, de conception de l'utilisation des techniques. Plus encore, c'est de la conception de l'être humain et de son inscription dans une Évolution dont il est question. Camille Kurek écrit en ce sens qu'« il faut déterminer si la nature humaine est immuable ou si, au contraire, elle est évolutive. Dans ce cas, l'amélioration de l'homme ne serait que l'évolution de l'homme. En outre, l'évolution n'emporte pas inévitablement l'altération. […] Le transhumanisme fait alors évoluer la nature humaine

---

48 FRANCE INFO, « "Trois petits cochons" et quatre choses à savoir sur l'implant cérébral testé par *Neuralink*, la start-up d'Elon Musk », 30 août 2020, *disponible en ligne :* https://www.francetvinfo.fr/sante/trois-petits-cochons-et-quatre-choses-a-savoir-sur-l-implant-cerebral-teste-par-neuralink-la-start-up-d-elon-musk_4088761.html

49 Étude parue dans la revue Nature en 2012 qui révèle que pour la première fois des chercheurs (CHARPENTIER (E.) et DOUDNA (J.)) ont réussi à mettre en place cette technique (protéine).

mais ne la remet pas en question car elle est inaltérable et évolutive »[50]. Ce qui la conduit à conclure que « si le *trans*humanisme va au-delà de l'humain, le *trans*humanisme ne remet pas en cause l'humain dans son essence »[51]. Les discussions sont également nombreuses sur ce point.

Nous sommes ainsi à la croisée des chemins, interrogeant sans cesse le sens du Progrès et de son utilisation. Si, comme l'écrivait Anatole France, les êtres humains « ont toujours cherché à améliorer leur état », on peut aussi estimer que tous les droits d'inclusion de la différence, de lutte contre les inégalités rappellent que l'humain a sa place même diminué, qu'il n'a pas besoin d'être réparé à tout prix.

En conclusion, on voit bien les limites du raisonnement dichotomique : réparation ou augmentation, là n'est plus nécessairement le débat. Avec les ciseaux génétiques, les exemples sont nombreux pour constater que la réalité fait un pas vers les dystopies présentées par les séries télévisées ou films dits de science-fiction. Au-delà des réflexions autour de la nature humaine, il est aussi question du principe d'égalité : l'accès de tous à ces technologies est-il envisageable ? Rien n'est moins sûr, ce qui risque de conduire à terme à la catégorisation des êtres humains, entre ceux qui peuvent bénéficier d'augmentations et ceux qui ne le peuvent pas. Dès lors, comment encadrer l'évolution naturelle de la médecine ? Philippe Hecketsweiler écrit que « depuis le fond des âges, les hommes ont cherché à soulager leurs souffrances et celles de leurs semblables : la médecine est aussi vieille que l'humanité »[52]. Elle doit s'articuler aujourd'hui avec l'ambivalence du Progrès, et c'est là toute la difficulté. La crainte de la déshumanisation de la médecine par l'amélioration de l'être humain, et donc par le transhumanisme, est réelle.

Si « l'histoire de la médecine est l'histoire d'un progrès humain, scientifique et social »[53], il semble nécessaire que le Droit l'accompagne en provoquant au sein de la société des débats à grande échelle. La révision des lois relatives à la bioéthique doit en être l'occasion. Mais il faut élargir les réflexions à cette médecine d'augmentation et au droit à l'égal accès de tous à celle-ci. Cela implique aussi que l'on s'interroge sur le changement de paradigme des lois bioéthiques dont il a été question dans la présente contribution : est-ce que ce sont les volontés sociétales et non plus l'humain qui doivent guider la permissivité du législateur ?

---

50 KUREK (C.), *op. cit.*, p. 547.

51 *Ibid.*, p. 548.

52 HECKETSWEILER (P.), *Histoire de la médecine*, Ellipses, 2010, p. 9.

53 HECKETSWEILER (P.), *op. cit.*, p. 13.

David GRUSON[1]

12. L'éthique à l'épreuve du transhumanisme en santé. Enjeux académiques et citoyens

Nous sommes à un moment décisif d'une profonde transformation du domaine de la santé sous l'effet de l'IA. Il est clair que, à l'avenir, les GAFAM et les BATX domineront le secteur de la santé couplée à l'IA. Si l'on me demande quels sont les risques éthiques liés à l'utilisation de l'IA dans le domaine de la santé, j'aurai tendance à répondre la chose suivante : le principal risque éthique est de ne pas suffisamment recourir à l'IA dans ce domaine et de ne pas développer l'IA en santé en Europe. Nos systèmes de santé risqueraient alors de devenir définitivement dépendants de technologies extra-européennes.

Le recours à l'IA est en pleine progression. Si son actualité revêt une résonance encore plus particulière et criante en ce contexte de coronavirus, il importe de rappeler que le 30 janvier dernier, le Sénat a adopté le projet de loi bioéthique. Son article 11 porte sur la question de la régulation éthique de l'IA en santé. J'ai eu l'honneur de diriger les travaux de préparation pour le Comité Consultatif National d'Ethique concernant la révision de la loi de bioéthique avec Claude Kirchner, président du conseil d'éthique de l'Institut de recherche en intelligence artificielle. Dans le cadre du think tank EthiK IA que j'ai créé, je vise à accompagner le développement de liens entre le secteur de la santé et les contenus de formation relatifs à l'IA.

Cette loi bioéthique relaye nos recommandations : il y a eu un beau mouvement de propositions citoyennes à l'occasion des États généraux de bioéthique. L'idée de régulation positive a été reprise et se retrouve dans l'*Avis N° 129* du Comité Consultatif National d'Ethique et dans le rapport, que nous avons rédigé avec Claude Kirchner[2]. Le message central est que le risque éthique principal associé à l'intelligence artificielle dans le système de santé français est

---

1 Chaire Santé Sciences Po Paris. « L'éthique à l'épreuve du transhumanisme : enjeux académiques et citoyens », Séminaire du Pôle Risques, MRSH Caen, 7 février 2020, *disponible en ligne sur le site de la Forge Numérique* [Transcription réalisée par CAYOL (A.) et GAILLARD (E.)] – La forme orale de l'intervention a été conservée.

2 Rapport *Numérique et Santé. Quels enjeux éthiques pour quelle regulation ?* 19 novembre 2018, *disponible en ligne* : https://www.allistene.fr/files/2018/11/rapport_numerique_et_sante_19112018.pdf

qu'il n'y en a pas assez. Ou, pour le dire autrement, vu les marges de sous efficience et de non-qualité dans la prise en charge des patients qu'il y a dans le système, faute d'un recours suffisant au numérique, il ne serait pas éthique de bloquer l'innovation. Cela s'inscrit un peu à rebours d'une lecture stricte du principe de précaution. Dit autrement, il importerait de reconnaître un principe d'innovation sous l'égide du principe de précaution : sourire, d'abord, à l'innovation pour, ensuite, considérer les risques éthiques incorporés à l'IA et considérés comme subséquents. Ce principe d'ouverture à l'innovation a été posé par le Comité Consultatif National d'Ethique (CCNE) en ayant la claire conscience que la France est déjà le pays au monde dans lequel le niveau de protection juridique des données de santé est le plus fort. Nous disposons déjà d'une règlementation très structurée avec le Règlement Général sur la Protection des Données (RGPD) et toute une série de normes nationales de déontologie des professionnels. La position du CCNE (que je partage), consiste à éviter d'ajouter un nouvel écran de réglementation sur l'IA. En effet, cela pourrait paradoxalement conduire à privilégier l'importation de solutions d'IA conçues hors du périmètre européen, dont on ne pourrait pas garantir *a priori* le caractère éthique.

Je voudrais, d'abord, vous présenter peut-être un peu concrètement quels sont aujourd'hui les cas d'usage de l'intelligence artificielle dans le domaine de la santé (I). Ce tableau des cas d'usage nous permettra, ensuite, de réfléchir ensemble aux enjeux éthiques du déploiement de l'IA en santé et aux risques associés (II). Puis, nous nous interrogerons sur les clefs de régulation que l'on peut mettre en place pour y répondre (III). Enfin, nous étudierons l'impact de l'IA sur les professions de santé (IV).

I. LES CAS D'USAGE DE l'IA dans le domaine de la santé

Il est possible de proposer un bref tour des cas d'usage en procédant par type de discipline médicale.

Ophtalmologie et IA. Il s'agit là d'une bonne discipline pour comprendre les trois stades de développement de l'IA, par ordre de maturité décroissante. Ce qui est le plus mature et le plus opérationnel à l'heure actuelle, c'est la reconnaissance d'images par apprentissage machine. On prend une image numérique (un scan, une IRM) et l'on entraîne un algorithme à reconnaître une pathologie. Cette technique est mûre aujourd'hui dans le cadre du diagnostic de la rétinopathie du diabète[3]. C'est également opérationnel dans le champ du diagnostic

3 Il s'agit d'une maladie grave qui peut amener aller jusqu'à la cécité et qui est qui concerne 50 % des patients atteints de diabète de type 2.

du glaucome et dans celui de la dégénérescence maculaire liée à l'âge[4]. Une deuxième technique d'IA, un peu moins mûre, est ce que l'on pourrait nommer le pilotage de données ou le traitement massif de données. Il s'agit, à partir de données de santé d'une population donnée, sur un territoire déterminé, de déduire des orientations de prévention et de prise en charge de patients. Ce traitement algorithmique est relativement compliqué à mettre en œuvre dans le système de santé français. Toutefois, il n'est pas impossible ! Cela a d'ailleurs été réalisé dans un hôpital londonien. Le troisième cas, encore moins mûr, est l'IA de traitement de la complexité en présence de poly-pathologies. Par traitement massif de données, l'algorithme va dépasser le diagnostic lié à un seul symptôme et va faire émerger des phénomènes qui étaient sous-jacents. Ce secteur permet de bien comprendre le contexte de compétition qui se joue à l'heure actuelle à l'échelle internationale. Depuis avril 2018, la FDA – l'Agence de sécurité sanitaire américaine – a labellisé IDX-DR, qui est un algorithme de reconnaissance de la rétinopathie du diabète. Cette IA est présentée comme pouvant réaliser un diagnostic 150 fois plus rapide que l'ophtalmologiste humain, avec un niveau de performance meilleur de 25 % le midi, et de 50 % le soir. Il est clair que la compétition internationale est lancée, puisqu'il est tout à fait possible d'envoyer directement le cliché et de le soumettre à l'IDX-DR pour avoir un diagnostic le lendemain. Cela induit clairement un effet retour sur notre système de santé en France. Si nous ne sommes pas capables de développer ces technologies en Europe, seuls les individus aisés y auront accès, ce qui risquera de freiner, par effet retour, le principe de solidarité qui est à la base de notre système de santé. Il y a quelque chose de très palpable ici : si l'on rajoute de la précaution en Europe, dans un univers où les frontières entre les systèmes de santé sont poreuses, le risque de fuite à l'étranger est évident.

L'une des questions récurrentes, posée dans la Chaire SciencesPo Paris est : que préférez-vous entre la qualité du service rendu et la protection de votre vie privée ? S'il y a trois ans, les concitoyens répondaient préférer le respect de leur vie privée au 2/3, désormais, c'est la qualité du service rendu qu'ils privilégient au 2/3.

Dans l'intervalle, il faut bien le reconnaître, nous nous sommes habitués à avoir accès à toute une série de services économiques et sociaux par la voie numérique. Nous nous sommes habitués à ces arbitrages (de type RGPD). Il n'il n'y a pas de raison, même si c'est un domaine réputé plus sensible, que tel ne soit pas aussi le cas dans le domaine de la santé.

---

4 Il s'agit d'une maladie de l'œil liée au vieillissement.

Cancer et IA. Si l'on prend à présent le champ du cancer, nous retrouvons les mêmes données : la technique la plus mûre est la reconnaissance automatique d'images sur des ganglions lymphatiques (pour reconnaître le lymphome), sur des images de colons (avec des techniques de coloscopie numérique), ou encore pour le diagnostic du cancer de la peau. Il est clair aujourd'hui que l'algorithme surperforme le dermatologue dans le traitement massif d'images à partir d'une image numérique. Après tout, c'est assez logique.

Il est possible d'y voir un inversement du test de Turing. Pour rappel, Alan Turing, l'un des fondateurs de l'IA avec Minsky avait mis en place un test, dans le but de distinguer l'Homme de la machine. Dans ce dispositif, il y avait un observateur humain et deux joueurs (un homme et une machine). Le programme informatique (la machine) et l'homme devaient échanger des messages écrits. L'observateur humain devait alors déterminer qui, de l'humain ou de la machine, était en train de communiquer.

Selon Alan Turing, il est tout à fait concevable qu'il y ait un point de perfectionnement du langage machine tel qu'il comprenne parfaitement le langage humain car ce dernier n'est que code. Il s'ensuit qu'un programme informatique, suffisamment entraîné, pourrait parfaitement décrypter ce code. Alan Turing estime qu'il pourra, cependant, toujours distinguer l'Homme de la machine, car tout dans le langage humain n'est pas code ; il y a aussi de l'imperfection, du frottement, de l'environnement socio-culturel, du non-dit. Dans l'IA appliquée à la santé, notamment en radiologie – discipline où la technique est la plus mûre – nous assistons à une sorte d'inversion du test de Turing. Dans cette hypothèse, l'observateur devient un programme algorithmique. L'IA est désormais plus performante que l'humain, car elle est dans le même environnement de langage que le code qu'elle doit décrypter. Dans le test de Turing inversé, la présomption d'inexactitude repose sur l'Homme et non plus sur la machine. Dans le domaine de la radiothérapie[5], certains algorithmes ont été mis au point dans le contourage du rayon pour mieux centrer le rayon sur la tumeur et gagner en performance dans la gestion d'instruments de radiothérapie, en évitant de toucher des cellules saines. Le cancer est un domaine d'excellence pour le développement de l'IA dans le domaine de la santé. Il existe un vrai cran de compétitivité sur l'IA de pointe, ce qui est en cohérence avec l'ADN de la médecine française.

Vieillissement et IA. C'est un exemple peut être un peu plus inattendu. L'une des limites de notre système de santé est le cloisonnement entre le système

5 Technique consistant à projet des rayons irradiants sur une tumeur cancéreuse.

médico-social et le système de santé pour l'encadrement des personnes âgées. Il y a une fracture dans le processus de prise en charge de ces personnes. L'IA, par le pilotage des données, permet d'aller à rebours de cela, en organisant la prise en charge de parcours santé et en développant des instruments nouveaux. A titre d'illustration, les robots Nao-Zora génèrent, de manière nouvelle, une stimulation physico-neuro-cognitive des personnes âgées avec de bons résultats. Autre exemple, des objets connectés accompagnés d'algorithmes d'IA. Une entreprise française a mis au point une montre multidirectionnelle, qui suit la personne âgée atteinte d'Alzheimer dans son parcours à domicile pour repérer les obstacles et l'aider à s'orienter avec un traitement massif de données de mouvements pour éviter les chutes et l'accompagner dans son parcours d'autonomie. Il existe, par ailleurs, des travaux de recherche fondamentale, tels que ceux menés À l'Institut du cerveau et de la moelle à Paris, ou avec le projet PREDIPSY dans les Hauts-de-France, qui vont faire du traitement massif d'images et de données pour repérer les facteurs de risques et les facteurs explicatifs de la neuro-dégénérescence liés à Alzheimer et à Parkinson, et les facteurs d'émergence de démence sénile. A l'occasion d'un débat public sur l'IA autour de la mort de la mort, d'autres questions émergent. Même si nous en sommes loin, même si beaucoup refusent de débattre sur un tel sujet – notamment pour des raisons académiques –, je pense qu'il faut tout de même se poser la question. Certes, nous sommes là loin des cas d'usage très concrets qui viennent d'être exposés. C'est un sujet davantage philosophique à ce jour. Pour moi, ce qui est fondamental c'est *le big bang de la causalité*. L'IA permet de créer des corrélations et de révéler des causalités qui n'étaient jusqu'alors même pas imaginées. Par exemple, il y a quelques mois, une série d'études sur une cohorte d'individus a établi un lien fort entre Alzheimer et la présence de bactéries gingivales dans le cerveau. En 2018, une étude de l'Académie européenne de dermatologie, effectuée sur 80 000 patients, a conclu que lorsque l'on a Alzheimer, le risque de carcinome basocellulaire est diminué de 80 %. Ces corrélations sont-elles seulement le fruit du hasard ? Si l'on ne peut pas l'exclure, il n'en demeure pas moins que cela questionne. Il apparaît finalement possible, que l'hyper activation de la cellule (cancer) soit incompatible avec la dégénérescence : ce sont deux activités cellulaires qui semblent antinomiques. C'est cela que je nomme le *big bang des causalités* : incontestablement nous connaissons et allons connaître de profonds bouleversements de la causalité scientifique.

Après ce tour d'horizon de quelques cas d'usages, il apparaît clairement que l'IA en santé n'est pas de la science-fiction. Il existe un mouvement de fond, principalement sur l'apprentissage machine par reconnaissance d'images, et avec des percées, demain, par le pilotage de données ou encore par la recherche biomédicale.

II. L'impact de l'IA sur les professions de santé.

L'impact RH de l'IA sur les professions de santé. Quelles sont les répercussions de l'IA sur les métiers de la santé ? Ethik-IA a réalisé, en 2019, une étude pour l'Institut Montaigne, dédiée à cette question[6]. Il y a, assurément, des impacts sur les ressources humaines. Mais les prévisions et les avis sont contrastés. Si certaines études sont particulièrement catastrophistes et annoncent la disparition de centaines de milliers d'emplois, d'autres voient, au contraire, le sujet avec un regard béat. Ces dernières annoncent, par exemple, la création de postes d'assistants de vie virtuelle qui vont venir aider le personnel médical, dans toutes ses tâches quotidiennes. Ces divergences s'expliquent, bien souvent, par les sources de financement de ces études. Un rapport plus objectif sur le sujet a été réalisé par *France Stratégie* sous la direction de Salima Benhamou[7]. Ce rapport dresse un tableau global des impacts ressources humaines de l'IA, en appelant de ses vœux un approfondissement d'études sectorielles, notamment sur le secteur de la santé qui est particulièrement concerné par le déploiement de l'IA. C'est précisément ce que Ethik-IA a essayé de faire en procédant par une méthodologie d'auditions, de revue de littérature et d'enquêtes de terrain. Nous avons ainsi construit un modèle de prédiction d'impacts à partir du Répertoire des métiers de la santé[8]. A chaque tâche a été affecté un coefficient de potentiel d'automatisation (faible, moyen ou fort). Par exemple, pour les secrétaires médicales, le potentiel d'automatisation a été évalué à 60 %. Au final, le potentiel d'automatisation global oscille entre 40 000 et 80 000 ETP pour le secteur de la santé. Ce potentiel reste néanmoins relatif s'il est mis en perspective avec le 1,3 million d'emplois qui existent à l'heure actuelle dans le secteur de la santé.

Notre travail a également consisté à combattre deux préjugés. Le premier concerne le mythe du radiologue-espèce-en-voie-de-disparition. J'ai la

---

6 ETHIK IA, Institut Montaigne, *IA et emploi en santé : quoi de neuf docteur ?, disponible en ligne* : https://www.institutmontaigne.org/publications/ia-et-emploi-en-sante-quoi-de-neuf-docteur

7 France STRATEGIE, BENHAMOU (S.), *Rapport intelligence artificielle et travail, disponible en ligne :* https://www.strategie.gouv.fr/publications/intelligence-artificielle-travail

8 Ce répertoire classifie les métiers jusqu'à la décomposition de chaque métier par tâches.

conviction que toute prédiction sur ces sujets, au-delà de 5 ans, n'est pas sérieuse étant donné le rythme des changements. Il est davantage raisonnable de réaliser des prédictions à brève échéance (3–5 ans maximum) et de privilégier des méthodologies de suivi continu. Ainsi, pour le radiologue, il existe encore des incertitudes technologiques. Surtout, il importe de tenir compte des effets de connexité avec les professions paramédicales adjacentes (tels que les manipulateurs radio). Un risque de disparition de la spécialité de radiologue suppose un mouvement de délégation large de compétences aux manipulateurs radio, lesquels se rapprocheront de plus en plus du diagnostic. Or ce n'est pas ce qui est observé à l'heure actuelle. Au contraire, on assiste à un repositionnement du radiologue sur des tâches à plus haute valeur ajoutée médicale, telle que la radiologie interventionnelle. *A contrario*, des outils de robotique viennent se substituer à certaines tâches aujourd'hui exécutées par le manipulateur radio (comme l'aide au placement des patients sur la table de scanner). Il en ressort que, pour les radiologues comme pour les professions médicales en général, il n'est pas possible de conclure.

Quelles sont, plus précisément, les professions de santé susceptibles d'être impactées par l'automatisation ? Contrairement aux craintes communément exprimées, ce sont les fonctions support, c'est-à-dire le *back office* administratif, financier et logistique, qui sont concernées. Il importe de rappeler que toutes ces solutions d'IA existent déjà dans d'autres secteurs économiques. Cela pourrait particulièrement être utile pour alléger le fonctionnement d'admission dans les CHU de taille intermédiaire[9].

L'impact de l'IA sur les métiers de santé concernerait essentiellement la logistique associée au circuit du médicament, aux examens de biologie, et aux fonctions supports administratives, notamment concernant les admissions ou les factures. Cela améliorerait l'efficience du système sans pour autant impacter la relation soignant/soigné. Par effet retour, cela permettrait de réinjecter des marges de manœuvre pour financer l'innovation.

Le second préjugé est l'idée selon laquelle l'IA ne se développerait que dans des établissements innovants. Il existe un autre phénomène de déploiement de ce que l'on pourrait nommer « l'IA de prêt à porter » : celle qui vise à répondre à des questions de santé de base, des problèmes de santé courants. La cible qui est visée ici, ce sont les pays en développement ou encore les territoires touchés

---

9 Chaque année, les hôpitaux produisent 200 millions de feuilles de papier sous la forme de factures. Si elles étaient empilées les unes sur les autres, cela constituerait une tour de papier de 21,2 kilomètres, ce qui nous conduirait dans la magnétosphère.

par « la désertification médicale » par le recours à des outils de diagnostics transitoires techniques. C'est là une priorité d'investissement pour les GAFA et les BATX. Il est nécessaire d'anticiper sur l'évolution de l'organisation des soins sur un territoire déterminé, par exemple, en réfléchissant à l'adaptation des formations médicales et paramédicales. En effet, il faut peut-être faire évoluer leurs effectifs par discipline. Par exemple, si la profession de radiologues ne disparaîtra pas, il est fort probable que nous ayons besoin d'un effectif moindre à l'avenir précisément parce que la machine pourra traiter l'analyse de clichés. Le radiologue, quant à lui, se positionnera davantage sur la fonction d'évaluation médicale.

III. Enjeux éthiques du déploiement de l'IA en santé et risques associés

L'approche que nous portons avec Ethik-IA procède, d'abord, d'une analyse concrète sur le terrain auprès des professionnels et des patients.

Des notions d'IA naturelles ? Il est possible de recourir à une métaphore mycologique pour comprendre le fonctionnement concret de l'IA : le *Blob*. Il s'agit de la plus grande créature unicellulaire, qui atteint des tailles impressionnantes et a des propriétés étonnantes. Il analyse le terrain sur lequel il se développe et traite les données : c'est un algorithme biologique de traitement des données. Le *Blob* déteste le sel : lorsqu'il rencontre un terrain salé, il l'intègre et l'évite par la suite. En termes d'IA cela s'appelle l'algorithme apprenant, le *machine-learning*. Il peut arriver que le *Blob* rencontre sur son chemin un *Blob* naïf (qui n'a pas appris). Lorsqu'ils se rencontrent, ils conjuguent leur puissance de calcul (ce qui s'appelle l'apprentissage profond, le *deep learning*). Le *Blob* qui a appris, a la capacité de transférer ses connaissances au *Blob* naïf. C'est ce que l'on appelle le *transfer learning* dans le domaine de l'IA. Il est amusant de constater que ces notions spécifiques à l'IA (algorithme, *deep-learning*, *machine-learning*, *transfer learning*) sont en réalité, déjà présentes dans la Nature avant même que nous n'ayons cherché à les codifier informatiquement.

D'un point de vue épistémologique, la vraie innovation technologique remonte aux années 80 : c'est le *machine learning*. Il s'agit, pour un algorithme, de fournir une meilleure version de lui-même au bout d'un certain temps de traitement de données.

Lorsque David Goldberg et John Holland décrivent ces machines auto-apprenantes, ils font un emprunt métaphorique en recourant à des concepts génétiques. Ils disent la chose suivante : « Le code 0.1, à la base de l'algorithme, c'est comme des gènes dans une séquence ADN ». Or, un algorithme qui se transforme au bout d'un certain temps d'apprentissage, c'est finalement similaire à une mutation génétique. C'est la raison pour laquelle ils parlent d'algorithmique génétique – un algorithme qui mute – ou de *machine learning*. Désormais, l'algorithme qui mute peut s'alimenter de données génétiques, de notre génome humain.

En conclusion, ces concepts de l'IA viennent de la Nature, et après la conversion par le code informatique, ils y retournent ! L'enjeu fondamental de l'éthique de l'IA est d'essayer de se repérer entre ce qui est vivant et ce qui est artificiel, de déterminer la frontière entre les deux dans un contexte où elle devient de plus en plus poreuse. La matière artificielle connaît, de mieux en mieux, ce qui nous compose comme matières vivantes. Est-ce du transhumanisme ou pas ? Je n'en sais rien. Toujours est-il que, empiriquement, la frontière de R&D en matière d'IA en santé est l'algorithmique génétique appliqué à la génétique algorithmique.

Plus près de nous encore, avec le CCNE et Ethik-IA, nous avons mis en évidence trois enjeux éthiques associés à l'IA en santé : un à terme, et deux immédiats. Le premier enjeu, à terme, est de savoir ce qui se passe avec la diffusion de tous ces algorithmes pour la responsabilité des professionnels en termes juridiques. En fait, la réponse est que, pour le moment, il n'y a pas grand-chose de nouveau. A l'heure actuelle, les régimes de responsabilité classiques sont suffisants, en particulier celui de la responsabilité du fait des choses. Le responsable est le gardien de la chose, à savoir celui qui en a la maîtrise. La responsabilité du fait des produits défectueux permet, quant à elle, de régler la question de la responsabilité en cas de dysfonctionnement de la machine. Cela n'est guère étonnant que le Droit soit adapté à ces situations car cela fait plusieurs années que l'IA est utilisée en matière de santé. Le premier *chatbot* de l'histoire s'appelait ELIZA et a été inventé dans le domaine de la santé. En 1962, une expérience a été réalisée, laquelle serait considérée aujourd'hui comme politiquement incorrecte. Une cohorte de cent dépressifs avait été divisée en deux groupes : le premier s'entretenait avec une vraie psychiatre, tandis que le second échangeait avec un algorithme. A l'issue de ces consultations, un questionnaire de satisfaction a été réalisé et le taux de satisfaction fut équivalent entre les deux groupes.

Sans doute, le domaine qui mériterait d'être davantage pris en considération par le Droit, est l'indemnisation du dommage causé par le *machine-learning* pur. C'est un problème juridique qui reste en suspens. A l'heure actuelle, il existe un vide juridique. L'un des cas d'exonération prévu en matière de responsabilité du fait des produits défectueux concerne, en effet, le risque de développement. Lorsque l'on est face à une machine auto-apprenante, il est fort probable que l'on considère que l'on est en présence d'un risque que l'on ne pouvait pas anticiper au regard des connaissances scientifiques, au moment de la mise sur le marché de la machine. Il est fort à parier que les producteurs invoqueront cette cause d'exonération de responsabilité en arguant du fait que la machine a tellement auto-appris qu'elle ne correspond plus à ce qu'elle était au moment où ils l'ont mise sur le marché. La recommandation faite par le CCNE et par Ethik-IA est de ne surtout pas en traiter dans la loi bioéthique de 2020 car on n'en n'est pas encore à ce stade de développement là. En outre, un régime de responsabilité des machines auto-apprenantes, s'il venait à être mis en place, serait un redoutable frein à l'innovation. La proposition a également été formulée de traiter de cette question davantage au niveau européen par le biais d'une responsabilité sans faute.

Deux autres types de risques sont beaucoup plus immédiats. Le premier concerne les risques de délégation. La *délégation de la décision médicale* concerne le médecin qui se voit proposer, par l'assistance algorithmique, une recommandation. Il risque, dès lors, de déléguer, en pratique, sa décision (application de la décision recommandée à 99 % par l'IA). Le risque peut également concerner le patient avec *le risque de délégation du consentement*. L'IA tend à connaître et à anticiper nos attentes et nos aspirations avant même que nous ne les formulions nous-même par des choix. Au final, il s'opère une véritable délégation de la décision en se contentant d'accepter la proposition de l'IA. Cela est actuellement à l'œuvre et particulièrement présent sur les interfaces de type *Netflix* ou *Deezer*, lesquels ne cessent de présélectionner, de manière algorithmique, nos choix éventuels. Il y a là un double phénomène : la pression du collectif et le poids de l'historique de la satisfaction individuelle passée. Cette tendance est vertigineuse. Il est tout à fait possible que nous transpositions ce phénomène de délégation du consentement en matière de santé, dès lors qu'une recommandation sera faite à 90 % pour nous.

Le second risque est le point de tension qui peut exister entre l'individu et le collectif. Cela est paradoxal, car nous allons puiser dans toutes ces données collectives, afin d'avoir une prise en charge plus individualisée des patients. Mais il y a certains cas où l'intérêt individuel peut entrer en conflit avec l'intérêt collectif. Car à la base de l'IA, il y a un programme mathématique qui prend une décision en fonction du plus grand nombre. Dans un roman d'anticipation, une IA gère une crise épidémique et décide de réaliser une mise en quarantaine. Elle est amenée à prendre des options assez radicales. Elle vise la rationalité, fût-ce au prix d'une certaine dose de sacrifice d'un groupe d'individus[10]. C'est assurément là un risque éthique de l'IA en matière de santé : le risque de disparition

10 C'est un point développé dans la fiction d'anticipation GRUSON (D.), *S.A.R.R.A., Une intelligence artificielle*, Beta Publisher, 2018.

de l'individu, de la médecine personnalisée (qui est l'une des caractéristiques de notre système de santé français).

En deuxième analyse, on s'aperçoit que, finalement, le risque ultime serait que la délégation de compétences et la disparition de l'individu se conjuguent. Si l'on venait à cumuler délégation du consentement du patient et délégation de la décision du médecin, il y a un fort risque de ne pas être en mesure de s'apercevoir des effets collatéraux négatifs individuels. C'est sans doute ce combat là qu'il importe de mener si l'on tient à défendre un système de valeurs qui prenne en compte l'individu dans la prise en charge.

IV. LES CLEFS DE REGULATION

Avec Ethik IA, nous avons tenté de formuler des clefs de régulation dans le système de santé, lesquelles se retrouvent aujourd'hui dans la proposition d'article 11 de la loi bioéthique en cours de discussion. Cette proposition introduit deux notions. La première concerne le principe d'une régulation positive : ne pas sur-réglementer pour ne pas bloquer l'innovation en France. La seconde se dédouble. Elle concerne, d'une part, l'information du patient sur le fait que l'IA a été associée à sa prise en charge. Il s'agit là d'un élargissement du devoir d'information du professionnel. Le législateur prévoit deux exceptions : l'impossibilité d'informer et l'urgence. Il faudra définir cela en pratique afin de prépositionner l'information qui doit être plus étoffée si l'IA est complexe, et plus légère si l'IA est faible. D'autre part, l'idée d'une garantie humaine de l'IA est avancée. Cela est désormais inscrit À l'article 11 de la loi bioéthique en cours de discussion, lequel, dans sa version issue de l'examen au Sénat, décline l'idée à trois niveaux :

- Une supervision humaine dans l'alimentation de l'algorithme à partir de données de patients.
- L'idée qu'aucune décision médicale ne peut être prise sur le seul fondement d'un traitement algorithmique.
- L'idée qu'il doit y avoir une garantie humaine dans la vie réelle concernant la mise sur le marché et l'usage permanent de l'algorithme.

Avec Ethik IA, nous avions avancé ces idées dès 2017 en proposant des modalités d'exercice de la garantie humaine. Nous avions alors défini deux modalités possibles. On peut faire référence à un premier projet pilote de garantie humaine sous l'égide de l'Union française pour la santé bucco-dentaire. Il s'agit d'un programme de financement innovant de la Sécurité sociale, validé par l'assurance maladie. Des vidéos sont prises avec un smartphone dans la bouche de résidents de maisons de retraite et l'IA redresse la vidéo sous forme de panoramiques dentaire permettant de détecter le risque carieux et le risque inflammatoire. L'Union des dentistes nous a demandé de faire une évaluation de la garantie humaine. Le système se situe à deux niveaux. D'une part, celui de la garantie humaine interne : nous avons recommandé que la *start-up* se dote d'un chirurgien-dentiste dans ses effectifs. D'autre part, un système de garantie humaine externe, sous la forme d'un collège de garantie humaine qui associe des représentants des patients et résidents en établissements de prise en charge des personnes âgées et une petite équipe de chirurgiens-dentistes réviseurs désignés par l'Union des dentistes sans aucun lien d'intérêt avec la *start-up*. Ces derniers ont pour mission de revoir des cas déjà traités par l'IA pour la suivre au fil de l'eau. Nous avons défini trois sessions du collège chaque année, permettant à chaque fois de réviser trente cas (soit 90 cas par an), lesquels seront choisis sur la base d'un signalement des événements indésirables et par tirage au sort. Un pilotage de contrôle qualité aura ainsi lieu au fil du temps : des actions correctrices pourront être mises en place, que cela soit au niveau des utilisateurs dans les maisons de retraite ou au niveau du code algorithmique lui-même pour essayer d'améliorer son efficacité médicale. Un autre exemple de dispositif de garantie humaine est ce que l'on peut appeler « la télémédecine de garantie humaine ». Lorsqu'un algorithme propose une solution thérapeutique à un médecin, celui-ci a la possibilité de demander son avis à un.e confrère, dans le cadre de la télé-expertise.

Cette notion de garantie humaine de l'IA a aujourd'hui de nombreux prolongements. Au niveau national, il s'agit désormais d'une condition de l'admission du remboursement par la Sécurité sociale de dispositifs médicaux incorporant des algorithmes décisionnels. Au niveau international, j'ai été désigné par le CCNE comme membre de la *task force* sur la régulation de l'IA de l'Organisation Mondiale de la Santé (OMS), laquelle va reprendre cette notion dans une recommandation générale qu'elle émettra dans le semestre qui vient. La notion, a par ailleurs, été, de manière un peu ironique, reprise par l'Agence de sécurité sanitaire américaine (FDA). Cette dernière était d'abord allée un peu vite en besogne en approuvant des algorithmes automatiques sans supervision humaine. Désormais, elle considère la garantie humaine comme une condition suspensive du maintien de l'agrément.

En conclusion, que peut-on anticiper de la suite de ce mouvement sur le transhumanisme ? Il s'agit assurément qu'un travail de supervision continue, de recherche-action, de débats permanents soit réalisé en ce domaine. Par rapport aux concepts fondamentaux du Droit, l'irruption de l'IA dans le domaine de la santé perturbe notre partition traditionnelle de catégories entre personnes physiques et personnes morales. Cette *summa divisio* a conduit, à l'origine, à ce que la sanction pénale ne puisse s'appliquer qu'à la personne physique. En 1994, une loi a introduit la responsabilité pénale des personnes morales, de manière circonscrite aux sociétés, en matière de délinquance financière. Je pense que la diffusion de l'IA amène à repenser ces catégories juridiques. Peut-être faudrait-il, pour prendre en compte le développement de l'IA, créer une catégorie intermédiaire et nouvelle, entre la personne physique et la personne morale. De la même manière, la distinction entre les personnes et les choses, également issue du Droit romain, est questionnée par l'IA. Cette dernière va certainement arriver dans une catégorie qui n'est ni celle des personnes, ni à celle des choses appropriées, donc, des biens. A nouveau, la France a innové en 2015 en adoptant la loi sur les animaux qui les a extraits de la catégorie des biens en les définissant comme des « êtres doués de sensibilité ». Il existe donc déjà des entités, en Droit français, qui ne sont ni des personnes ni des biens. L'IA va peut-être rejoindre cette catégorie tiers-incluse : un peu plus qu'un bien, un peu moins qu'une personne. Il y a un autre paradoxe qui se profile : le corps humain intègre de plus en plus d'objets connectés. La frontière entre le biologique et l'artificiel est promise à s'estomper. A terme, cela pourrait même nous rapprocher d'entités artificielles. Il importe de mesurer qu'il existe un paradoxe assez spécifique à l'IA appliquée à la santé : dans sa cinétique de développement mécaniste, l'IA va retarder le plus possible le moment où elle aura une interaction avec la corporéité biologique car elle cherchera à affiner son plan d'action à partir de données numériques afin d'exécuter parfaitement son programme. Mais le paradoxe est que si elle tarde trop, alors cela ne servira plus à rien car nous serons morts. En définitive, mon message se veut optimiste et réaliste. Nous n'avons pas le choix : de toute façon l'IA est présente, elle se diffuse partout. La question est de savoir si l'on arrivera à la développer de manière responsable dans un cadre européen / français. Il s'agit de réaliser une régulation positive, laquelle ne doit pas cloisonner l'éthique, le Droit, la médecine et l'industrie mais, au contraire, réaliser une convergence de leurs intérêts.

Partie v. Quelles Nouvelles Régulations Pour Quels Nouveaux Enjeux ?

Dans cette dernière partie, sont interrogées les nouvelles régulations permettant de répondre aux nouveaux enjeux soulevés par les idées transhumanistes.

Jérôme Béranger, docteur en éthique du digital, propose une présentation d'une éthique « néodarwinienne de la conscience artificielle ». Selon lui, la structure protéiforme de la conscience artificielle permet de mettre au jour différents niveaux de conscience correspondant à diverses formes d'intelligences. Il développe une « modélisation systémique centrée sur l'éthique by evolution de la conscience totale ». Son objectif est d'apporter un accompagnement éthique évolutif au développement de l'IA. Selon lui : « les algorithmes doivent être éthiques et moraux de leur élaboration jusqu'à leur usage » (13. L'éthique néodarwinienne de la conscience artificielle. L'origine des consciences artificielles).

Co-fondateur du think tank ThinkH+, Huggo Ruggieri souligne les besoins de régulation soulevés par la progression régulière des idées transhumanistes quand bien même la concrétisation de certaines d'entre elles serait encore hypothétique. Il souligne cependant la quasi-impossibilité de qualifier juridiquement le transhumanisme. Dès lors, « une régulation du transhumanisme est impossible : seules des régulations sectorielles des différentes ramifications du transhumanisme pourront permettre d'en saisir les multiples enjeux ». Selon lui, le recours au droit souple est à privilégier en raison de son adaptabilité et de sa capacité à être réceptionné au niveau international (14. Réguler l'insondable. Le droit face à l'homme augmenté).

Jérôme BERANGER[1]

13. L'éthique néodarwinienne de la conscience artificielle. L'Origine des consciences artificielles

> *« La conscience est la dernière et la plus tardive*
> *évolution de la vie organique,*
> *et par conséquent ce qu'il y a de moins*
> *accompli et de plus fragile en elle. »*
>
> *Friedrich Nietzsche*

Comprendre les mécanismes et les processus de la conscience humaine est un des plus grands défis scientifiques du XXIe siècle. Nous savons tous comment définir globalement une conscience, et pourtant personne ne peut aujourd'hui prétendre comprendre en profondeur la structuration de la conscience humaine. Personne ne sait vraiment comment et pourquoi l'activité du cerveau s'associe à une vie mentale subjective vécue à la première personne. Les dernières applications d'IA permettent de simuler tous les raisonnements humains lorsqu'on les applique aux domaines des connaissances rationnelles. Désormais, on peut doter les systèmes informatisés – tous les systèmes ayant des processeurs et des mémoires – de la capacité de générer des formes de pensées intentionnelles, d'avoir des envies et des besoins, et d'envelopper les utilisateurs humains dans des ensembles de procédures qu'ils ne peuvent plus contrôler. Cinq grandes capacités font d'une machine un robot. Il existe, d'une part, trois capacités principales : l'action, la perception et la décision. S'y ajoutent, d'autre part, deux autres capacités qui ne sont pas exactement de même nature : la communication – qui n'a de sens que pour un robot interagissant avec d'autres entités actives et communicantes (autres machines ou humains) – et l'apprentissage – qui est plutôt une capacité transversale aux autres –. Dans quelques décennies, les IA dites « fortes » auront conscience d'elles-mêmes et de leur environnement, et

---

1 Fondateur d'ADEL (*Algorithm Data Ethics Label*). Chercheur (PhD) associé à l'UMR 1027 INSERM / Université Toulouse III – Equipe *BIOETHICS*.

pourront en déduire de nouvelles règles. Elles seront, théoriquement, capables de s'adapter à tout type d'environnement sans qu'il y ait besoin de les reprogrammer. Si tous les systèmes multi-agents sont dotés d'une conscience propre, alors ils pourront non seulement répondre à leurs propres désirs et craintes, mais aussi se représenter les désirs et craintes d'autres agents. Ils deviendront alors capables de prévoir, d'anticiper les réactions de l'environnement et d'autres agents, et de planifier leurs actions en conséquence. On peut même imaginer une conscience artificielle capable de créer elle-même une nouvelle conscience sur des choses entièrement nouvelles, issues de sa propre réflexion. Rien n'empêchera qu'un ordinateur invente une nouvelle religion à l'origine de nouvelles souffrances pour l'Humanité. Ainsi, si une machine possède une conscience, elle aura le choix de faire ou non ce pourquoi elle a été créée. Dès lors, le développement puis la mise en exploitation de systèmes psychologiques artificiels dotés de consciences intentionnelles doivent nécessairement poser le problème des choix éthiques de leurs usages. Dans ces conditions, il est essentiel pour l'Homme de penser cette nouvelle intelligence afin de ne pas se laisser surprendre par les effets et les conséquences socio-économiques qu'elle pourrait générer. Car cette conscience et ces affects seront ceux d'une machine et ne seront donc pas parfaitement comparables et similaires à ceux de l'espèce humaine. Il faut donc clairement poser maintenant le problème et les enjeux éthiques de l'usage de la conscience artificielle. En effet, un certain nombre de valeurs éthiques associées à l'IA émergent. Tel est le cas de la déontologie et de la responsabilité des concepteurs, de l'émancipation, du discernement, de l'autonomie et du libre arbitre des utilisateurs, de l'évaluation, de la transparence, de l'intelligibilité, de la loyauté, et de l'équité des systèmes, ainsi que de l'étude de la coévolution humain-machine. Les machines intelligentes sociales et affectives soulèvent de nombreuses questions, à la fois éthiques, morales, juridiques et sociales. Qui est responsable en cas d'accident : le fabricant, l'acheteur, le professionnel, l'utilisateur ? Comment réguler leur fonctionnement ? Faut-il intégrer des règles morales dans leur programmation ? Contrôler leur utilisation par des permis ? Pour quelles tâches souhaitons-nous créer ces entités artificielles ? Comment préserver notre intimité, nos données personnelles ? Tout système doit-il être analysé avant d'être mis dans les mains de son utilisateur ? Comment évaluer une IA qui apprend des humains et s'adapte à eux, ou qui apprend seule d'elle-même ? Peut-on prouver qu'elle se cantonnera aux fonctions pour lesquelles elle a été conçue, et qu'elle ne dépassera jamais les limites fixées ? Etc.

Dès lors, afin de pouvoir prétendre répondre à toutes ces questions, nous cherchons à comprendre les mécanismes sous-jacents à l'émergence de la conscience, vue comme un processus au centre de l'interaction d'un agent et de son environnement. Nous souhaitons également concevoir un système cognitif où seraient mis en œuvre et s'exprimeraient ces mécanismes, et donc la conscience elle-même. Dans ce contexte, il devient fondamental de rentrer dans l'architecture et les entrailles de la conscience humaine afin de penser pouvoir la concevoir et l'appliquer au sein d'une IA. Après avoir esquissé la nature protéiforme d'une conscience artificielle, les interactions avec les différentes formes d'intelligence, la finalité majeure de nos réflexions sera d'associer et d'appliquer notre modélisation systémique de l'*Ethique by Évolution*[2] à la conscience artificielle afin que celle-ci soit éthique, morale et éco-responsable pour l'Humanité.

I. La structure protéiforme de la conscience artificielle

L'apparition de l'être humain – et de son intelligence – ne s'est pas faite d'un coup, mais à la suite d'une succession de petites transformations au fil des millénaires, parfois dans le bon sens et alors conservées par l'Évolution, à d'autres moments inutiles ou défavorables et en pareil cas éliminées par elle. Car c'est toujours ainsi, par « tâtonnements », que procède l'Évolution avec comme moteur la sélection naturelle qui dynamise le mouvement. L'Homme n'a bien sûr pas échappé à cette loi et c'est cela qui explique le temps gigantesque qui nous sépare des premiers hominidés. Notre intuition est qu'il en sera de même pour les machines intelligentes évolutives.

Les travaux en neurosciences ont révélé que l'état mental conscient se révèle au travers de diverses formes. Ces représentations peuvent être de nature très variées, des plus cognitivement développées aux plus primitives. Les plus fréquentes sont déterminées par les perceptions de nos sens, déclenchées par des *stimuli* ou des signaux provenant de notre corps (sensations, touchés, douleurs, etc.) ou l'environnement extérieur. On s'accorde à distinguer deux natures différentes des expériences conscientes : d'une part, un aspect phénoménal (proche des impressions et des sensations) et, d'autre part, un aspect cognitif ou d'accès (proche de la pensée et de l'action). Nous soutenons la thèse que la conscience cognitive n'a pas et ne peut avoir d'existence séparée par rapport à

2 Approche qui incorpore des recommandations et des règles éthiques, de manière évolutive dans le temps, tout le long du cycle de vie d'une entité artificielle algorithmique ; c'est-à-dire jusqu'à sa mise en place, son utilisation évolutive. En d'autres termes, une « éthique néo darwinienne » qui suit la Théorie de l'Évolution de DARWIN (C.).

la conscience phénoménale. Elle entre dans la structuration de la conscience directe d'objet – où l'objet peut être intérieur (objet de pensée) ou extérieur (objet de perception) – dont elle est l'aspect cognitif. La représentation de l'objet donne lieu à la conscience de l'objet (représenté).

Outre ces deux sens principaux, le concept de conscience a de nombreux sens, caractéristiques ou manifestations qu'on peut s'efforcer de distinguer selon leurs degrés d'intensité : la subjectivité, le rapport au Moi, la connaissance et l'expérience, la mémoire (procédurale – habitudes et caractères –, sémantique et épisodique), la temporalité, l'affectif (sensations et émotions), le libre arbitre et la disponibilité, l'attention, la sélectivité, la synthèse, le contrôle, l'unité et la retransmission, la planification, l'imagination et la créativité, l'intentionnalité et l'orientation. Ces différentes expressions et fonctions de la conscience nous incitent naturellement à comprendre plus en profondeur comment cette dernière est structurée.

L'histoire de l'Humanité nous a montré que l'évolution de la conscience ne peut être dissociée du développement intellectuel de l'organisme. La conscience se structure avec le déploiement de compétences sémantiques, l'acquisition du langage et de références symboliques, la perception spatiale, autrement dit, toutes les dimensions qui composent l'intelligence, et donc une partie de la cognition. Le cerveau humain abrite deux grandes catégories de processus : les processeurs inconscients, infatigables calculateurs prodiges de la statistique, et le traitement conscient, qui fonctionne sur la base d'un lent échantillonnage. A notre sens, nous pouvons décliner la conscience dite « totale » selon quatre strates et niveaux fondamentaux qui peuvent être étudiés séparément, malgré le fait qu'ils interagissent fortement les uns avec les autres. (Voir tableau 1)

Tableau 1. *Structuration de la conscience totale*

- ***Inconscience (ou préconscience)*** **: C0 :** Actions routinières, gestes automatiques, reconnaissance des visages et des mots. Lorsque le cerveau a décidé d'agir avant même que l'on ne prenne conscience de l'intention que nous avons agi.
- ***Conscience du monde (ou Conscience primaire)*** **: C1** : Représentation et perception – même simplifiée – du monde extérieur (environnement, société, espace, objet) et des réactions comparées à ce dernier. Cette conscience est associée aux phénomènes relatifs aux contextes sociologique, politique, économique et culturel comme dispositifs de représentation (culture d'un pays, culture d'entreprise ou de masse, etc.).
- ***Conscience de soi (ou Conscience réflexive / introspective)*** **: C2** : Prise de conscience de phénomènes spécifiques reliés au concept de soi. Perceptions internes (corps propre), aspects de sa personnalité et de ses actes (identité du soi, opérations cognitives et affectives, attitudes propositionnelles). C'est la capacité du sujet à se percevoir comme étant l'auteur de ses pensées. La conscience de soi se construit à partir des épisodes de conscience subjective.
- ***Conscience morale (ou Conscience éthique)*** **: C3** : Compréhension[a] et prise en charge par l'entité des tenants et aboutissants de ses actes pour la collectivité et les générations futures. C'est le centre des émotions, source du sens et de la signification que le sujet porte sur lui-même.
- ***Conscience de l'espace-temps (ou Conscience délibérative)*** **: C4 :** Cette conscience est à la fois innée et acquise. Elle est à la fois synthétisante et intégrative en prenant en compte les trois niveaux de conscience (C1 – C2 – C3). Cette conscience est donc la faculté de l'organisme par lequel celui-ci se prend lui-même comme objet de son jugement moral pour prendre une décision après avoir identifié l'inférence causale. Elle est source d'attention, d'intégration, de gestion émotionnelle, de synthèse et de délibération.

[a] La « Compréhension » est, étymologiquement, l'appréhension d'un ensemble, l'assemblage de fragments de sens.

Enfin, chez les êtres vivants, les fonctions cognitives sont étroitement liées. La perception donne du sens au monde, en particulier à travers l'action. La décision permet d'effectuer des choix d'actions pour atteindre un état, anticipé sur la base d'un modèle du monde. On peut donc explorer l'idée que l'intégration de diverses fonctions cognitives chez une entité artificielle intelligente sera nécessaire pour qu'émerge une « conscience de soi ». Dans le même temps, cette conscience de soi peut conduire à une meilleure intégration des capacités cognitives, et donc une meilleure « intelligence ». Ainsi, la complexité structurelle de la conscience dépend en partie du caractère multiforme de l'intelligence qui s'exprime, et se révèle différemment selon les organismes et leur environnement.

II. Les relations entre la conscience et l'intelligence

Au regard des critères qui structurent la conscience, cette dernière est par essence fortement liée à l'intelligence, laquelle inclut la capacité de penser de façon rationnelle et cohérente, avec une intention et qui est, elle-même, multisectorielle. L'intelligence subordonne le processus de décision à des valeurs et des considérations éthiques. A l'image des fonctions booléennes, la complexité de l'intelligence humaine surgit d'une combinaison d'éléments très simples. Elle en est une propriété émergente. Elle permet de nouer des relations, de réagir d'un point de vue émotionnel et, enfin, de commettre des erreurs et d'apprendre de celles-ci, une condition préalable et essentielle à la créativité et à l'innovation. Ainsi, la conscience est la capacité à évoluer son propre raisonnement et à le modifier en vue de l'améliorer. A partir d'une seule conscience, il deviendrait possible d'obtenir une intelligence capable de s'améliorer elle-même, et ce de façon récursive[3] (la « nouvelle » pensée étant à son tour évoluée, puis améliorée), en améliorant éventuellement le mécanisme d'évolution lui-même.

Une conscience totale ne peut se réaliser et se révéler sans une intelligence multiforme et multidimensionnelle. Une partie de cette intelligence serait le résultat d'un apprentissage fondé sur les échanges, à travers le temps, avec l'extérieur, et une autre partie serait quant à elle fondée sur des aspects internes à l'organisme. Les différentes formes d'intelligences sont des variantes des mêmes capacités cognitives. Au final, l'action, la perception et la cognition sont indissociables les unes des autres, et s'entremêlent avec les différentes manifestations et expressions de la conscience.

La sélection naturelle – moteur de l'Évolution – a procédé aux étapes suivantes pour structurer la conscience humaine : vie, comportement intentionnel, affects, choix, cognition et raisonnement. L'intelligence humaine et animale repose sur l'apprentissage : cette chaîne qui débute par la perception, se poursuit par le raisonnement puis débouche sur une action. Jean Piaget[4] défendait l'idée que tout s'apprend, y compris une partie des structures, et que l'acquisition du langage se fait par étapes, au fur et à mesure de la construction de l'intelligence. Le langage et la conscience se renforcent mutuellement, tant au niveau neurologique que comportemental.

---

3 La récursivité est la propriété qu'ont nos pensées de s'emboiter comme des poupées russes, en sorte que chaque pensée, même complexe, peut elle-même devenir le point de départ d'une autre pensée de niveau supérieur : partir, partir vite, vouloir partir vite, ne pas vouloir partir vite, prétendre ne pas vouloir partir vite, etc.

4 FEDI (L.), *Piaget et la conscience morale*, PUF, 2008.

Nous avons pu lister onze catégories d'intelligences en fonction de leur secteur d'application et leur nature intrinsèque : Intra personnelle – Verbale et linguistique – Corporelle et gestuelle – Interpersonnelle – Existentielle et éthique – Logico-mathématique – Musicale – Naturaliste – Visuelle et spatiale – Synthétique et décisionnelle – Émotionnelle[5].

Cette observation, nous a permis d'associer ces différentes formes d'intelligences avec les différents niveaux de conscience vus précédemment. Ces liens de correspondance sont essentiels pour notre démarche d'identification et de structuration d'une éventuelle conscience artificielle. (Voir tableau 2)

Tableau 2. *Liens entre les niveaux de conscience, les aspects et les formes d'intelligence*

Niveaux de conscience	**Aspects d'intelligence**	**Formes d'intelligence**
Inconscience (C0)[a]		Verbale / Linguistique
		Corporelle / Gestuelle
		Musicale Logico-mathématique
	Intelligence analytique	Visuelle / Spatiale
Conscience du monde (C1)		Naturaliste
		Intra personnelle
Conscience de soi (C2)		Interpersonnelle
Conscience morale (C3)	Intelligence pratique	Émotionnelle
		Existentielle / Éthique
Conscience de l'espace-temps (C4)	Intelligence créative	Synthétique / Décisionnelle

[a] On peut noter que les formes d'intelligences (verbales/linguistiques, et Corporelles/Gestuelles) sont issues inéluctablement d'une Conscience du monde (C1) avant d'être assimilées et intégrées dans un automatisme d'Inconscience (C0).

On peut remarquer que les trois aspects fondamentaux de l'intelligence sont étroitement associés aux différents niveaux de conscience tels que :

- L'intelligence analytique[6] pour l'inconscience (C0), la conscience du monde (C1) et la conscience de soi (C2) ;

5 Daniel GOLEMAN a publié son premier livre, *Emotional intelligence*, en 1995. Ce n'est pas lui l'inventeur du concept mais il l'a vulgarisé mondialement. La première utilisation de ce terme vient de SALOVEY et MAYER en 1990.

6 L'intelligence analytique décrit le processus mental par lequel l'intelligence est exprimée. Elle permet l'efficacité du traitement de l'information : résoudre des problèmes,

- L'intelligence pratique[7] pour la conscience morale (C3) ;
- L'intelligence créative[8] pour la conscience de l'espace-temps (C4).

Enfin, depuis les travaux d'Antonio Damasio[9], nous savons également que les émotions jouent un rôle prépondérant dans les comportements rationnels. Il apparait alors que tout ce qui relève de l'intelligence semble dorénavant se muer en cognitif. Ainsi, tout comme son importance pour la Raison, dans le domaine des sciences cognitives et de la philosophie, l'émotion a aussi vu son intérêt croître dans le champ de l'IA. En effet, le récent courant de recherche de l'Informatique Affective (en anglais, *Affective Computing*[10]), intègre de plus en plus la dimension émotionnelle dans les personnages virtuels ou les robots dans le but d'améliorer l'interaction humaine avec la machine. L'étude des émotions fait ressortir deux courants de recherches. Le premier s'attache à la détection et à la reconnaissance des émotions, d'une part, et à l'évaluation des états émotionnels, d'autre part. Le second se concentre sur la modélisation[11] et l'annotation des états émotionnels. Les émotions et l'intelligence étant un des moteurs de l'éthique, il nous a fallu construire une modélisation systémique néo-darwinienne afin d'appréhender et de comprendre les mécanismes évolutifs qui constituent une conscience totale.

---

analyser les résultats. Les tests d'intelligence mesurant le facteur g (Wechsler, Matrices de Raven, etc.) décrivent bien cette intelligence.

7 L'intelligence pratique permet à l'individu de s'adapter à son environnement unique. Grâce à l'intelligence pratique, un individu peut évaluer une situation dans son environnement familier et social, et y réagir soit en s'adaptant, soit en changeant l'environnement. L'intelligence pratique peut se mesurer par la connaissance implicite ou tacite de l'individu.

8 L'intelligence créative est nécessaire lorsqu'un individu est confronté à une nouvelle situation, un nouveau problème. En intégrant les différentes perceptions émotionnelles, elle permet de trouver une nouvelle manière d'envisager les choses et d'avoir une pensée originale et aussi dans certains cas de trouver une solution à un nouveau problème.

9 DAMASIO (A.), *L'erreur de Descartes*, Odile Jacob, 2006.

10 PICARD (R. W.), *Affective Computing*, MIT Press, 1997.

11 La modélisation des émotions est déterminante car elle permet d'enrichir la communication entre l'Homme et la machine comme par exemple les systèmes d'aides à la décision, où l'émotion joue un rôle très important.

III. La modélisation systémique (Ψ, G, Φ, T) centrée sur l'*Ethique by Evolution* de la conscience totale

Comment choisir une action ? Comment prendre une décision juste ? Sur quels critères ? Toute la morale transparaît dans ces questions. Le dilemme moral n'est autre que le problème du choix de l'action et de sa valeur éthique, car l'action nous contraint sans cesse à prendre position entre le permis et le défendu, le Bien et le Mal. Tout engagement met en cause un ensemble de valeurs humaines, une philosophie de vie. Autant agir en connaissance de cause, en effectuant des choix lucides, en assumant les responsabilités et les risques de ces choix. Mais pour cela, il faut être conscient et volontaire. La véritable action humaine implique la prise de conscience de ses propres objectifs, d'introduire une réflexion sur l'aspect moral de l'action, de surveiller sa réalisation. Car l'être humain a la possibilité de viser la fin sensée la mieux adaptée au but à atteindre et de choisir, entre les actes possibles, celui qui est le plus adéquat.

L'individu perçoit des « données », interprète des « informations », fait des liens avec d'autres « connaissances » mémorisées, et est ensuite capable d'agir avec ses « connaissances ». Il acquiert ainsi des compétences qu'il est capable de mettre en œuvre de manière répétée, traduisant une « sagesse pratique »[12].

De ce fait, cette approche, à la fois épistémologique et éthique, fait partie du modèle sur des « connaissances-processus » qui intègrent les pensées néo-platoniciennes du « faire pour comprendre et comprendre pour faire » [13] de Léonard de Vinci. Il s'agit là d'un véritable défi pour le savoir, d'un point de vue théorique et pratique. Ainsi, ce processus d'élaboration de la sagesse pratique issue de la conscience permet de passer d'un état (A) de savoirs complexes, désorganisés et flous vers un état (Ω) de savoirs simples, structurés et téléologiques. Notre modélisation éthique systémique (Ψ, G, Φ, T) basée sur l'*Ethique by Évolution* permet de développer des méthodes pertinentes de décisions et de légitimations en prenant en compte les enjeux éthiques sous-jacents à l'évènement étudié. Dans ces conditions, la modélisation de la conscience nous permet de mieux comprendre les expériences des relations que nous avons au monde, en d'autres termes, de « transformer nos expériences en sciences avec conscience »[14]. Cela passe par la prise en compte d'interactions à la fois

---

12 RICOEUR (P.), *Soi-même comme un autre*, Editions Seuil, 1990.

13 VALERY (P.), *Vues*, Ed La Table Ronde, 1948.

14 VALERY (P.), *Les carnets de Léonard de Vinci*, Ed Gallimard, Collection TEL, 1941.

relationnelles et cognitives avec, d'une part, la méthodologie employée pour « apprendre comment faire » et, d'autre part, la téléologie destinée à « comprendre pour quoi faire ». Dès lors, une amélioration des outils de pensée entraîne nécessairement une amélioration de la prise de décisions.

Notre modélisation systémique se compose de quatre dimensions différentes qui s'articulent et interagissent entre elles :

- Dimension environnementale (Φ) : environnement du réel[15] : Conscience du monde (C1) ;
- Dimension informative (G) : Conscience de soi (C2) ;
- Dimension éthique (Ψ) : info-éthique[16] : Conscience morale (C3) ;
- Dimension spatio-temporelle (T) : Conscience de l'espace-temps (C4).

On remarque que G et Φ appartiennent à un ensemble objectif dit de « rationalité informationnelle », alors que Ψ et T proviennent d'un ensemble subjectif dit de « rationalité cognitive »[17]. Ces rationalités sont l'objet de reliances entre elles afin de rendre possibles les interactions entre l'« Agir » et le « Penser ».

Au sein d'une conscience artificielle, cette *rationalité informationnelle* (dimension informative (G) et environnementale (Φ)) se compose de deux boucles d'algorithmes qui fonctionnent en parallèle : une qui permet à la machine de comprendre son environnement, et une qui lui permet de s'observer en train de fonctionner et d'ajuster. Ce système est constitué de nombreux petits éléments très fortement connectés et se demande comment se génèrent des formes représentationnelles du niveau de sensibilité de la corporéité et représentant surtout des évolutions symboliques des choses du monde à de très hauts niveaux langagiers et conceptuels. En ce qui concerne la *rationalité cognitive* (dimension éthique (Ψ) et dimension spatio-temporelle (T)), on peut la traduire comme étant un centre de l'attention, de synthèse, d'organisation et de transformation (Raisonner et Délibérer) qui part des ontologies des

15 L'environnement du réel est une dimension propice au repérage (identification, localisation, estimation, caractérisation, cartographie et hiérarchie) et à la préservation (acquisition, formalisation et conservation). L'environnement d'un SI se compose de quatre plans distincts : structurel et technologique, stratégique et méthodologique, organisationnel et réglementaire, et relationnel et culturel.

16 FESSLER (J-M.), GREMY (F.), « Ethical problems in health information systems », *Methods Inf Med*, 2001, 40(4) : 359–61.

17 FRANSMAN (M.), « Information, Knowledge, Vision and Theories of the Firm », *Industrial and Corporate Change*, 1994-3, pp. 1–45.

connaissances sur tout ce que l'on sait aujourd'hui représenter cognitivement et se demande comment définir des hiérarchies de systèmes qui expriment tous les déploiements de ces connaissances à partir de points quelconques. Quand l'agent artificiel intelligent détecte des changements dans la tâche à accomplir, son système d'attention et de délibération reprend la main.

Par ailleurs, la fonction de « retransmission » de la conscience est essentielle pour la synthèse des informations. Dans l'espèce humaine, elle est considérablement augmentée par le langage, qui nous permet de diffuser nos pensées conscientes à tout un réseau social. Grâce au langage autant qu'aux gestes, la synthèse consciente qui émerge dans l'esprit d'une personne peut être partagée avec d'autres. Cette transmission sociale des symboles conscients ouvre la voie à de nouveaux modes de « calcul en société ». Elle donne à notre espèce accès à des algorithmes sociaux « multi cœurs » (comme disent les informaticiens), qui ne reposent pas sur le savoir d'un seul, mais sur la confrontation des points de vue, des expertises et des sources de connaissances. Notre cerveau doit donc comprimer l'information en tout petit jeu de symboles qui seront envoyés dans le réseau social.

La perception consciente transforme les informations sensorielles en un code interne qui, seul, permet certaines opérations distinctives. La conscience possède des caractéristiques fonctionnelles qui résultent d'une architecture élaborée. Échantillonner le jeu des possibles semble être l'apanage de la conscience. En effet, cet échantillonnage se fige dès que nous cessons de prêter attention à ce que nous voyons. Notre conscience condense les messages sensoriels en une synthèse dépourvue d'ambiguïté : ce code compact peut se propager à travers le temps et entrer dans ce que nous appelons la mémoire de travail. Conscience et mémoire de travail semblent étroitement apparentées. La synthèse consciente doit demeurer stable si elle veut informer nos décisions, qui prennent parfois plusieurs minutes à se forger. Cette stabilité, cet épaississement du présent caractérisent la pensée consciente.

Ces agents cognitifs disposent d'une mémoire interne et de capacités cognitives et d'un état interne. C'est un dispositif multi-système, alimenté par les éléments structurellement morphologiques et sémantiques (Représenter et Délibérer) issus de la dimension environnementale (Φ) et informative (G). (Voir figure 1)

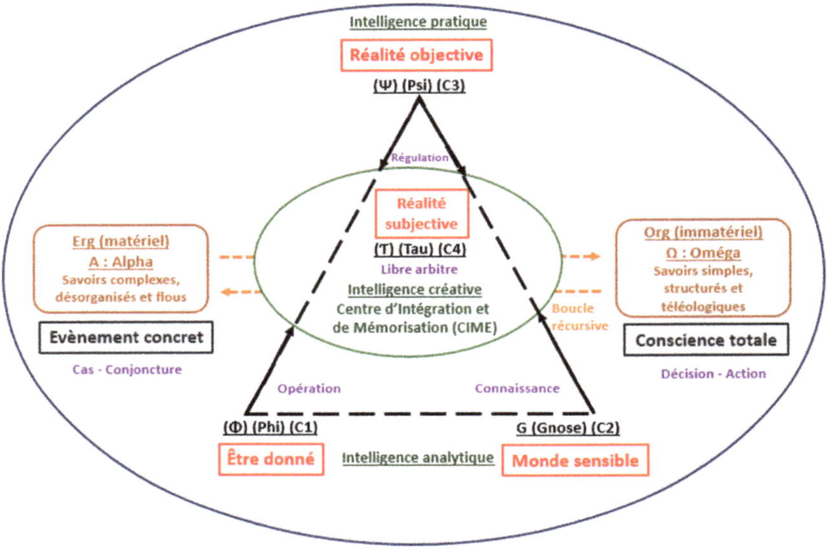

Figure 1. Modélisation d'une conscience totale via le prisme éthique systémique néo-platonicien

Afin d'étudier l'architecture d'une conscience artificielle, nous avons décidé de nous appuyer sur un cadre d'analyse composé de trois axes de lecture : les actions, les situations et les intentions, qui forment l'évènement pour prendre une décision. L'intention est associée aux valeurs. En conséquence de notre possibilité d'intentionner les entités idéales, certaines peuvent devenir des modèles idéaux de notre activité et peuvent la guider, c'est-à-dire qu'elles peuvent se présenter comme des valeurs. A partir de ce constat, l'objet de notre recherche – la conscience artificielle – s'enracine dans une situation, dans une intention qui intègre des valeurs et dans un cadre social et émotionnel déterminé :

- L'« action » a pour vocation d'agir avec dynamisme et volonté afin d'accomplir un devoir ou une obligation : *Dimension environnementale* (Φ) : *Conscience du monde* (C1) ;
- La « situation » représente le contexte, les paramètres environnementaux, la réalité et la problématique : *Dimension informative* (G) : *Conscience de soi* (C2) ;
- L'« intention » est le centre du discernement du Bien et du Mal, de l'éclairage du choix et du jugement attaché aux valeurs morales (Affectivité / Émotions) : *Dimension éthique* (Ψ) : *Conscience morale* (C3) ;

- La « pensée et la décision » sont les résultantes du Centre d'Intégration et de Mémorisation Émotionnelle (CIME) où s'effectue la synthèse et la gestion des informations et des émotions : *Dimension spatio-temporelle* (T) : *Conscience de l'espace-temps* (C4).

Le modèle que nous proposons montre les interactions entre la perception, la cognition, le langage et les émotions. La perception, l'émergence, la reconnaissance des objets concrets et la pensée sont antérieures à la mise en place du langage. Elles sont donc considérées comme sub-symboliques car elles résultent de la mémorisation des expériences de perception.

Par ailleurs, le CIME (Centre d'Intégration et de Mémorisation Émotionnelle) est le siège de la simplification, de la synthèse des interactions complexes par la renormalisation, du contrôle et de la gestion émotionnelle. L'intelligence émotionnelle représente un ensemble d'habiletés verbales ou non verbales permettant à un individu de générer, reconnaître, exprimer, comprendre et évaluer ses propres émotions et celles des autres, de manière à orienter les pensées et les actions permettant d'affronter efficacement les exigences et les pressions de l'environnement. Le CIME, où siège la Conscience de l'espace-temps (C4), est alimenté par ce triangle de perception émotionnelle C1–C2–C3. On assiste alors à des interactions entre la perception, la cognition, le langage et les émotions. Le CIME contient un opérateur de synthèse qui établit les analogies entre les objets concrets et construit les objets abstraits que l'on retrouve dans la conscience morale (C3). Il prédit les caractéristiques ou les comportements des objets similaires et exploite les opérateurs suivants : opérateur de généralisation, opérateur de déduction, opérateur d'induction, opérateur d'abduction, opérateur de subsumption, opérateur d'analogie. Ces opérateurs se combinent ensemble pour établir des liens entre les objets, leurs caractéristiques et leurs comportements. Ils déterminent l'expérience de l'environnement (C1) et de soi-même (C2).

La pensée qui résulte de la conscience est un mouvement dans le temps et l'espace (*Dimension spatio-temporelle* (T) : *Conscience de l'espace-temps* (C4)). La pensée est mémoire, souvenir des choses passées. La pensée est l'activité du savoir qui a été rassemblé à travers des millions d'années et emmagasiné sous forme de mémoire. La pensée est responsable du contenu de notre conscience et de tout ce qui se produit dans le monde. Penser est une réaction de la mémoire qui contient le savoir, résultat de l'expérience qui date des débuts de l'Homme (phylogénèse) et de notre naissance (épigenèse). Pour se faire, la conscience artificielle doit être douée des capacités suivantes : autonomie, croyances, intentions sous forme d'objectifs, état intérieur décrivant sa structure, ses actions, son comportement, ses capacités, état extérieur constituant son environnement, communication.

Enfin, la prise en compte des aspects différenciés de la *dimension éthique* (Ψ) de l'information permet l'interaction respective avec la *dimension environnementale* (Φ) et *informative* (G). Ces trois niveaux d'éthique font partie intégrante de la Conscience morale (C3), permettant le raisonnement, le jugement, la délibération, et donc la prise de décision morale rendue possible par la dimension *spatio-temporelle* (T) de la Conscience de l'espace-temps (C4).

(Voir tableau 3)

Tableau 3. Interactions entre les niveaux d'éthique et les formes d'intelligence

Niveaux d'éthique	**Dimensions**	**Conscience**	**Fonctions**	**Formes d'intelligence**	**Type d'IA**
Éthique descriptive (C3-1)	Environnementale (Φ)	Conscience du monde (C1)	Acquisition & Organisation (Pragmatique)	Musicale Logico-mathématique Visuelle / Spatiale Naturaliste	*Deep Learning*
Éthique normative (C3-2)	Informative (G)	Conscience de soi (C2)	Transformation & Interprétation (Épistémique)	Intra personnelle Interpersonnelle	*Deep Learning*
Éthique réflexive (C3-3)	Éthique (Ψ) (C3)	Conscience morale (C3)	Régulation & Légitimation (Réflexive)	Existentielle / Éthique	IA symbolique
Éthique décisionnelle (C3-4)	Spatio-temporelle (T)	Conscience de l'espace-temps (C4)	Synthèse & Application (Décisionnelle)	Synthétique / Décisionnelle	IA symbolique

- <u>L'éthique descriptive (C3-1) :</u> Cette étude renvoie à l'aspect « pragmatique » et a pour mission l'application des règles et des usages. Cela porte sur les moyens, les procédures, les processus et les voies mises en place pour réaliser l'« Effectuation » des objectifs. Ce plan illustre la dimension méthodologique (Apprendre comment faire. Dans quel contexte ?). Ce niveau d'éthique est en interaction avec la Conscience du monde (C1) inclue dans la dimension environnementale (Φ) de notre modélisation éthique systémique néo-platonicienne (Ψ, G, Φ, T). Cette éthique représente le centre de l'« Acquisition »-« Organisation » ;

- L'éthique normative (C3-2) : Cet espace peut être caractérisé par l'« épistémique ». L'éthique normative doit concrétiser les finalités établies par la dimension téléologique et sociale (Comprendre pourquoi faire. Pour quel projet ?). Ce plan renvoie également à la déontologie, dont la fonction est la régulation des pratiques. Ce niveau d'éthique est en interaction avec la Conscience de soi (C2) inclue dans la dimension informative (G) de notre modélisation éthique systémique néo-platonicienne (Ψ, G, Φ, T). Cette éthique correspond au centre de la « Transformation » et de l'« Interprétation » ;
- L'éthique réflexive (C3-3) : Cette analyse est de nature « réflexive ». Elle a pour mission d'apporter à toute pratique et à toute norme leur « Légitimation » (Comment penser ? Comment moraliser ? Quelle décision est légitime ?), d'où une certaine connotation fondatrice et de régulation. Cet espace est orienté par des valeurs qui servent d'instances à la fois normatives et critiques. Ce niveau d'éthique est en interaction directe avec l'éthique descriptive et normative composant la Conscience morale (C3) inclue dans la dimension éthique (Ψ) de notre modélisation éthique systémique néo-platonicienne (Ψ, G, Φ, T). Cette éthique constitue le centre de la « Régulation » & de la « Légitimation » ;
- L'éthique décisionnelle (C3-4) : Cet espace peut être caractérisé par l'aspect « décisionnel » de l'action. L'éthique décisionnelle doit concrétiser et révéler le libre-arbitre et le sens commun (Quelle décision prendre ? Pourquoi ?). Ce niveau d'éthique est en interaction avec la Conscience de l'espace-temps (C4) inclue dans la dimension spatio-temporelle (T) de notre modélisation éthique systémique néo-platonicienne (Ψ, G, Φ, T). Cette éthique correspond au centre de la « Synthèse » et de l'« Application ».

A partir de ce constat, on peut émettre l'hypothèse que la conscience du monde (C1) et de soi (C2) pourrait se révéler par un dispositif de *Deep Learning*, alors que la conscience morale (C3) et de l'espace-temps (C4), avec les règles éthiques associées, serait générée par de l'IA symbolique.

Conclusion

Les évolutions technologiques ont impulsé de nombreux changements dans nos manières d'interagir, de nous informer, de travailler, et de concevoir le monde. La révolution numérique que traverse la société suppose donc l'acquisition de nouvelles compétences. Les avancées techniques et les traitements de données numériques représentent un réel atout, mais présentent également des risques éthiques. La prise de conscience progressive de la puissance que peuvent avoir des systèmes de décisions automatiques, désormais omniprésents dans toutes les sphères d'activités, suscite autant d'espoirs que de craintes légitimes.

Sous cet éclairage, il convient de repenser notre manière d'aborder la vie digitale, l'usage de l'IA et ses impacts sur l'environnement. Protéger la vie privée impose que les utilisateurs des outils de cette révolution numérique deviennent plus responsables de leurs faits et de leurs actes. La personne doit pouvoir bien appréhender son environnement numérique afin d'être rendue maître de ses applications. Si un encadrement éthique détaillé n'est pas mis en place, alors le plafond de verre éthique aura explosé et nous ne pourrons plus rien y changer. La survie de l'espèce humaine – comme nous la connaissons actuellement – sera alors guidée uniquement par la rationalisation technique des systèmes autonomes intelligents.

Dans ces conditions, il est nécessaire d'apporter un cadre et un accompagnement éthique évolutif qui articule les processus humains et techniques relatifs à l'IA. Notre éthique du numérique constitue donc un mode de régulation adéquat des comportements Homme-Machine-Environnement fondée sur le respect de valeurs morales jugées indispensables. Les algorithmes doivent être éthiques et moraux de leur élaboration jusqu'à leur usage, du fait que la responsabilité appartient à la fois aux concepteurs et aux propriétaires. Ainsi, il est primordial d'accorder une personnalité morale à ces IA par le biais d'une conscience éthique algorithmique évolutive dans le temps. A notre sens, cette notion de responsabilité correspond à la pierre angulaire de l'encadrement autour des systèmes algorithmiques évolutifs : c'est l'« *Ethique by Évolution* ».

En définitive, l'Humanité ne cesse d'être la cible de révolutions industrielles, qui ont des répercussions et des conséquences socio-culturelles et économiques. Ces ruptures cycliques font partie d'une évolution darwinienne planétaire inéluctable. Les prochaines inquiétudes risquent de se focaliser sur l'intégration dans les machines d'une conscience artificielle et sur les découvertes de la physique quantique. Afin de l'appréhender, de la préparer et de l'accompagner au mieux, notre société va devoir se doter d'un cadre moral et humain adapté, en créant un nouveau schéma de pensée, de réflexion, de responsabilisation, et une nouvelle manière de concevoir la valeur et le travail. Dès lors, il faut apporter du sens aux données, aux algorithmes et à leurs usages, afin de faire naître une véritable valeur ajoutée aux IA multiformes qui envahissent notre société et notre environnement. La difficulté sera de projeter le système algorithmique dans son fonctionnement en relation avec d'autres systèmes autonomes, autrement dit de maîtriser les conséquences de ses futures performances qui seront rendues possibles par les futurs ordinateurs quantiques. Dans ces conditions, il va falloir élaborer, construire et développer une véritable éthique quantique qui émane de notre modélisation systémique (Ψ, G, Φ, T). Car, selon nous, écrire et penser l'avenir d'une éthique algorithmique puis quantique, c'est la rendre tout simplement possible. Cela passera vraisemblablement par une digitalisation progressive de toute l'information, des réflexions, voire à moyen terme de la conscience intégrant la notion de l'*Ethique by Évolution* afin que « l'Origine des espèces » de Charles Darwin devienne « l'Origine des consciences artificielles »…

Hugo RUGGIERI[1]

14. Réguler l'insondable, le droit face à l'homme augmenté

Alors qu'il y a quelques années à peine, on n'entendait guère parler de transhumanisme en-dehors de certains cercles intéressés par le sujet[2], le transhumanisme est aujourd'hui sur toutes les lèvres. Il s'agit presque d'un sujet mondain : on compte ainsi déjà une dizaine d'articles publiés par des journaux en ligne pour le seul mois de septembre 2020, et les recherches sur le sujet ne cessent de croître depuis plusieurs années[3] – des reportages ont même été diffusés au journal télévisé de 20 heures sur « l'homme éternel »[4], signe s'il en est que le sujet est devenu grand public. Le sujet a progressivement été appréhendé de manière juridique depuis quelques années – un « *procès du transhumanisme* » a même été organisé en juin 2017 par des avocats et des professeurs de Droit[5]. En 2016, le sujet n'avait cependant encore eu que peu d'attention de la part des juristes, ce qui avait poussé Emmanuel Lulin, directeur éthique de l'Oréal, à soumettre un projet de réflexion à la Clinique de l'École de droit de Sciences Po dont l'aboutissement a été la création de ThinkH+, réseau de réflexion sur les enjeux juridiques et éthiques du transhumanisme[6].

Dès son origine, ThinkH+ a eu pour but de comprendre comment s'articulerait une éventuelle réglementation du transhumanisme : s'il faut réguler, alors

1 Co-fondateur du *think tank* ThinkH+.

2 On pense bien entendu aux cercles directement partie prenante que sont les groupes de réflexion se revendiquant de courants transhumanistes et ceux qui s'y opposent, mais aussi, par exemple, aux amateurs de science-fiction (certains romans ou jeux vidéo traitant directement du sujet) ou encore à certains groupes de réflexion sur la spiritualité.

3 Comme en attestent les statistiques de Google : https://trends.google.com/trends/explore?date=all&geo=FR&q=%2Fm%2F07g8l

4 https://iatranshumanisme.com/2015/10/10/france-2-jt-google-veut-lhomme-eternel/

5 https://www.haas-avocats.com/proces-du-transhumanisme/

6 https://thplus.org. Nos principales réalisations, consultables sur notre site, comprennent la saisine du Comité consultatif national d'éthique d'une question sur le statut du vieillissement (faut-il le considérer comme une maladie ?), une contribution au rapport Villani sur l'intelligence artificielle et la création d'une revue juridique sur les sujets innovants, *Brainstorm*, *disponible en ligne* : https://brainstorm.thplus.org.

quoi et comment ? Le but de cette contribution est de, modestement, dresser les grandes lignes des débuts de réponses qui ont été apportés par le réseau à ces questions, ce pourquoi nous aborderons successivement les raisons d'un éventuel besoin de régulation (I), les difficultés entraînées par l'impossible qualification juridique du transhumanisme (II) et l'attrait grandissant du « droit souple » pour répondre aux enjeux posés par des technologies et des innovations en constante évolution (III).

I. Les raisons d'un éventuel besoin de régulation

L'un des postulats de travail de l'équipe de ThinkH+ a été, dès son origine, de travailler sur le sujet sans *a priori*. Cela implique nécessairement de se demander, en premier lieu, s'il est nécessaire de réguler le transhumanisme : la question de comment réguler le transhumanisme peut en effet se résoudre assez simplement s'il s'avère que cela est inutile. Afin de déterminer si une régulation est nécessaire, il convient de vérifier, d'une part, si des normes susceptibles d'être applicables existent déjà et, d'autre part, si des situations nouvelles émergent sans pouvoir être appréhendées par le droit commun. Le but d'une telle réflexion est d'éviter de sombrer dans l'écueil des réglementations surabondantes ou évènementielles, des normes créées uniquement en réponse à des événements politiques sans souci de la clarté de l'ordonnancement juridique. Outre le fait que de telles normes sont souvent mal rédigées et ainsi susceptibles de faire l'objet de censures[7], elles participent à l'inflation normative qui complexifie le Droit[8] et participe de son inapplicabilité[9]. En ce qui concerne les

7 La dernière censure d'une telle norme « évènementielle » est bien entendu la censure de la loi visant à lutter contre les contenus haineux sur internet, Décision n° 2020-801 DC du 18 juin 2020 du Conseil constitutionnel.

8 Depuis le début de la XVe législature jusqu'en septembre 2020, 209 lois ont été promulguées, soit plus de 1,2 par semaine, *disponible en ligne* : http://www2.assemblee-nationale.fr/15/statistiques-de-l-activite-parlementaire. Une telle production normative ne peut que conduire à une complexification du Droit, que les textes promulgués ajoutent de nouvelles normes ou viennent réformer des normes déjà existantes.

9 Un article de 2018 notait ainsi que près de 30 % des textes promulgués en 2016–2017 n'étaient pas encore entrés en vigueur faute de décrets d'application, *disponible en ligne* : http://www.leparisien.fr/politique/ces-lois-qui-n-entrent-jamais-en-application-26-05-2018-7736646.php. Le Parlement est investi d'une mission de contrôle de l'application des lois et sont ainsi publiés chaque année des rapports sur le sujet : sur les 14 lois étudiées par le dernier rapport du Sénat, seules 4 étaient totalement applicables, les 10 autres étant considérées comme « partiellement applicables »

normes qui existent déjà, il est certain qu'un grand nombre de textes sont susceptibles de régir les innovations relevant du transhumanisme. Pour n'en citer que quelques-uns, il est clair que le droit des données personnelles sera applicable à toute relation entre un consommateur de technologies transhumanistes et le responsable du traitement opéré par ces technologies (à titre d'exemple, tout ce qui relève de la prosthétique connectée est ainsi concerné) ; que la responsabilité du fait des produits défectueux pourra bien évidemment être invoquée et donner lieu à d'intéressants contentieux de mise en application ; ou encore que les diverses obligations d'informations précontractuelles – qu'il s'agisse des obligations de droit commun des contrats, de celles issues du Code de la consommation, ou encore de certaines obligations propres au domaine de la santé –, pourront permettre aux consommateurs d'obtenir des garanties préalables à l'achat de produits et/ou de services transhumanistes.

Cependant, et il s'agit là nécessairement d'une première tentative de qualification du sujet étudié, le propre du transhumanisme est de défier les limites de notre connaissance, voire même de ce que nous sommes susceptibles de raisonnablement prédire. Il s'agit ainsi d'une première bonne raison de chercher à comprendre comment le transhumanisme peut se réguler : si des technologies qui constituent une véritable rupture avec le présent apparaissent, il sera nécessaire de les appréhender juridiquement afin de maintenir l'effectivité du contrat social. On en revient ainsi à la définition de la fonction du Droit en tant que ciment de la vie en société, où chacun accepte de confier le règlement de ses différends à une entité tierce et impartiale[10]. Dans ce cadre, l'émergence de technologies véritablement disruptives, dans le sens où elles sont susceptibles de modifier ce contrat social, nécessite forcément de s'y intéresser juridiquement ne serait-ce que pour pouvoir répondre efficacement en cas de besoin.

Le caractère hypothétique de l'émergence de certaines technologies pourrait conduire à considérer cette posture comme conservatrice, ou à tout le moins comme fortement empreinte du principe de précaution, dont on se souvient qu'il consiste à privilégier, dans certains domaines comme la santé ou l'environnement, l'adoption de mesures anticipatrices pour gérer des risques même en l'absence de consensus scientifique[11]. Il n'en est rien : à ce stade, la réflexion

---

du fait de l'adoption d'une partie seulement des dispositions d'application, *disponible en ligne* : http://www.senat.fr/rap/r19-523/r19-5239.html#toc104

10 Il ne s'agit pas ici de retracer la philosophie de Thomas HOBBES ou de Jean-Jacques ROUSSEAU, mais l'idée est bien de se placer dans la continuité de leur pensée.

11 Si le principe de précaution est clairement inscrit dans la Charte de l'environnement (et a donc valeur constitutionnelle) pour ce qui est de la protection de

consiste, en effet, uniquement à déterminer s'il existe une quelconque utilité à chercher plus profondément comment pourrait s'articuler une régulation du transhumanisme si cette dernière venait à exister, sans préjuger du bien-fondé d'une telle régulation.

La nécessité de conduire cette réflexion est renforcée par le fait qu'un certain nombre de développements scientifiques ne relèvent plus de l'hypothétique mais bien du réel : il en va ainsi de la possibilité de contrôler des prothèses à distance[12] ou encore d'inverser le processus de vieillissement dans des cellules de souris grâce à un traitement au niveau génétique[13]. À l'échelle de l'innovation, ces avancées scientifiques sont déjà anciennes. On peut cependant noter un contexte d'accélération des recherches dans le domaine du vivant, en particulier en Chine. Les réalisations les plus notables sont le clonage de deux macaques en 2018[14] – première occurrence du clonage d'un animal dont le génome est si proche de celui de l'humain –, avancée réitérée à partir de cellules

---

l'environnement, son application dans le domaine de la santé est moins ancrée textuellement. Des arrêts des plus hautes juridictions confirment cependant son existence – on se contentera ainsi de citer les arrêts n° T-74/00, T-76/00, T-83/00 à T-85/00, T-132/00, T-137/00 et T-141/00 du 26 novembre 2002 et T-70/99 du 11 septembre 2002 de la Cour de justice de l'Union européenne, qui disposent que « *le principe de précaution peut être défini comme un principe général du droit communautaire imposant aux autorités compétentes de prendre des mesures appropriées en vue de prévenir certains risques potentiels pour la santé publique, la sécurité et l'environnement, en faisant prévaloir les exigences liées à la protection de ces intérêts sur les intérêts économiques* ». Cf. GAILLARD (E.), « Fasc. 2410 : Principe de précaution. Système juridique français », *Jurisclasseur Environnement*, éd. Lexisnexis (2015) ; même auteur « Fasc. 2415 : Principe de précaution – Système juridique français », *Juris-classeur Environnement*, éd. Lexisnexis (2016) 2415 « Principe de précaution – Systèmes juridiques internationaux et européens, » *Juris-Classeur Environnement*, éd. Lexisnexis, dir. Me HUGLO (C.) & Professeur TREBULLE (F-G.).

12 Avancée réalisée dès 2012 par le laboratoire Johns HOPKINS, comme illustré par la page officielle du programme https://www.jhuapl.edu/Prosthetics/Program

13 Avancée réalisée dès 2017, comme illustré par l'article scientifique originel : BAAR (M.P.) et *al.*, « Targeted Apoptosis of Senescent Cells Restores Tissue Homeostasis *in* Response to Chemotoxicity and Aging », *Cell.* 2017 Mar 23 ; 169(1) : 132–147.e16. doi : 10.1016/j.cell.2017.02.031. PMID : 28340339 ; PMCID : PMC5556182.

14 Naissance des macaques clonés Zhong Zhong et Hua Hua en janvier 2018 : LIU (Z.) et *al.*, 2018, « Cloning of Macaque Monkeys by Somatic Cell Nuclear Transfer », *Cell* 172, pp. 881–887, 8 février 2018, *disponible en ligne :* https://doi.org/10.1016/j.cell.2018.01.020

préalablement modifiées en 2019[15] – ce qui veut dire que les singes clonés étaient tous porteurs de la mutation génétique préalablement réalisée.

La réalisation la plus remarquable reste cependant la naissance des jumelles *Lulu* et *Nana*, désormais dénommées les bébés OGM[16]. *Lulu* et *Nana* sont en effet nées à la suite d'une fécondation *in vitro* cumulée à une édition génétique lorsqu'elles n'étaient qu'à l'état monocellulaire : grâce à la technique CRISPR-Cas9[17], le chercheur He Jiankui a édité un gène de l'embryon ainsi formé afin, selon lui, de prévenir toute infection par le VIH, l'un des parents ayant été porteur. L'efficacité d'une telle modification a rapidement été remise en question par la communauté scientifique[18] et le chercheur condamné à trois ans de prison ferme et à 3 millions de yuans (386 000 euros) d'amende pour pratique illégale de la médecine[19]. L'épisode a conduit la Chine à réfléchir à l'adoption de nouvelles règles relatives à la manipulation du génome afin de faire peser la responsabilité des conséquences de telles mutations sur leur auteur[20]. Cela illustre la réalité de certaines avancées scientifiques que l'on peut rattacher au

---

15 Naissance en janvier 2019 de 5 macaques clonés à partir d'un génome préalablement modifié : LIU (Z.) et *al.*, 2019, « Cloning of a gene-edited macaque monkey by somatic cell nuclear transfer », *National Science Review*, Volume 6, janvier 2019, pp. 101–108, *disponible en ligne :* https://doi.org/10.1093/nsr/nwz003

16 Les principales revues scientifiques ayant refusé de publier l'article proposé par l'auteur de la modification, seule une vidéo du chercheur peut aujourd'hui servir de référence : https://www.youtube.com/watch?v=th0vnOmFltc. Des extraits du papier non publié ont été diffusés par la *MIT Technology Review*, *disponibles en ligne* : https://www.technologyreview.com/2019/12/03/131752/chinas-crispr-babies-read-exclusive-excerpts-he-jiankui-paper/

17 CRISPR-Cas9 est en fait une protéine permettant de couper l'ADN précisément à n'importe quel emplacement de son ARN guide, ce qui permet d'éditer avec précision n'importe quel gène. En effectuant cette modification sur un embryon monocellulaire, le chercheur He Jiankui a assuré la multiplication de sa modification dans toutes les cellules des bébés.

18 GOZLAN (M.), « Une année après, le fiasco des bébés génétiquement modifiés », *Le Temps*, 9 décembre 2019, *disponible en ligne :* https://www.letemps.ch/sciences/une-annee-apres-fiasco-bebes-genetiquement-modifies

19 LEPLATRE (S.), « Satisfaction en Chine après la condamnation du "père" des "bébés OGM" », *Le Monde*, 6 janvier 2020, *disponible en ligne :* https://www.lemonde.fr/societe/article/2020/01/06/trois-ans-de-prison-pour-he-jiankui-le-dr-frankenstein-chinois_6024891_3224.html

20 CYRANOSKI (D.), « China set to introduce gene-editing regulation following CRISPR-baby furore », *Nature*, 20 mai 2019, *disponible en ligne* : https://www.nature.com/articles/d41586-019-01580-1

transhumanisme, et la nécessité d'appréhender dès maintenant de telles situations pour éviter l'écueil de la réglementation réactive.

II. L'impossible qualification juridique du Transhumanisme

À présent qu'il est établi que la réflexion sur comment réguler le transhumanisme est utile voire nécessaire, il est impératif de définir l'objet de cette régulation et donc de tenter de définir le transhumanisme. Cette démarche, à laquelle l'association ThinkH+ s'est exercée, s'avère décevante. En effet, la seule définition qui semble à même de rendre compte des multiples courants qui irriguent le transhumanisme serait la suivante : « le recours à la technologie pour changer le corps et/ou l'esprit ». La définition de Wikipédia n'est pas très différente en ce qu'elle vise un « mouvement culturel et intellectuel international prônant l'usage des sciences et des techniques afin d'améliorer la condition humaine notamment par l'augmentation des capacités physiques et mentales des êtres humains ». Aucune de ces définitions n'est cependant satisfaisante pour le juriste en ce que leur périmètre est démesurément large et flou. Bien entendu, une qualification juridique peut être à dessein très large afin d'englober un maximum de situations – la notion de « donnée à caractère personnel » vient immédiatement à l'esprit en ce que sa définition[21] peut englober un très grand nombre d'informations, surtout lorsque l'intelligence artificielle vient permettre de nouveaux recoupements de données susceptibles de rendre identifiables des personnes qui ne l'étaient pas dans un état antérieur de la technique. Dès lors qu'une donnée a été qualifiée comme étant à caractère personnel, l'ensemble de la réglementation de protection des données personnelles est applicable : on comprend ainsi qu'avec une définition aussi large, le législateur a souhaité conférer une portée particulièrement importante à la protection des données personnelles. Un tel choix n'est pas sans défaut, surtout du point de vue des interactions avec d'autres branches du Droit[22].

---

21 Selon l'article 4 du RGPD, « toute information se rapportant à une personne physique identifiée ou identifiable », sachant qu'une personne est identifiable lorsqu'elle peut être « identifiée, directement ou indirectement, notamment par référence à un identifiant, tel qu'un nom, un numéro d'identification, des données de localisation, un identifiant en ligne, ou à un ou plusieurs éléments spécifiques propres à son identité physique, physiologique, génétique, psychique, économique, culturelle ou sociale ».

22 Cf. par exemple BENABOU (V-L.), « L'extension du domaine de la donnée », *LEGICOM*, 2017/2 (n° 59), pp. 3–17.

Cependant, même une notion à visée aussi extensive que celle de « donnée à caractère personnel » connaît des limites : les données non personnelles, telles que les données anonymisées, ou les données relatives aux entreprises. À l'inverse, la définition du transhumanisme en tant que « recours à la technologie pour changer le corps et/ou l'esprit » est susceptible, avec une interprétation large, de recouvrir un nombre virtuellement infini de situations : le recours à des lunettes serait ainsi un recours à une technologie pour changer le corps ; le recours à des antidépresseurs une façon de changer l'esprit.

Ces limites permettent de mettre en lumière un autre critère de définition du transhumanisme : celui de la distinction entre réparation et augmentation. Là où la médecine aurait pour but de réparer – donc de permettre un retour à la normale – le transhumanisme consisterait à transcender l'humain et à l'augmenter – donc à investir de nouveaux champs qui se situent clairement au-delà du possible actuel pour nos corps et nos esprits –. Toutefois, à bien y réfléchir, ce critère n'est pas si distinctif, dans la mesure où les frontières entre réparation et augmentation sont souvent poreuses[23]. Il faut en effet prendre en compte la relativité temporelle et spatiale de ce critère puisque ce qui était hier considéré comme de l'augmentation relèvera sans doute, demain, de la banale réparation. L'exemple des lunettes est particulièrement parlant : véritable objet de réparation à leur origine, les lunettes peuvent désormais servir à filmer, afficher des informations, voire pour les casques de réalité virtuelle, à interagir dans de « nouveaux mondes ». La porosité de cette frontière se constate également en prenant des cas très particuliers : une technologie permettant de rendre la vue à une personne née non-voyante consiste-t-elle en une réparation – puisque la majorité des humains est voyante –, ou en une augmentation – puisque cette personne-là ne l'était pas ?

Un second critère distinctif peut être identifié : l'ensemble des courants transhumanistes partage une croyance commune dans le Progrès, dans le recours à la technologie et aux progrès scientifiques pour répondre à tous types de problématiques. Ainsi, si un grand nombre transhumanistes partagent une vive inquiétude pour l'avenir de la planète et prônent ainsi un développement durable, ils s'opposent à certaines franges écologistes qui visent à résoudre le dérèglement climatique par la décroissance : la plupart des transhumanistes sont, au contraire, plutôt enclins à recourir à la géo-ingénierie.

23 Cf. dans cet ouvrage, l'article n° 11, CATHERINE (A.) et VARATHARAJAH (S.), « Médecine et transhumanisme : entre réparation et augmentation » pp. 187 et s.

Cette croyance dans le Progrès se comprend en remontant à l'origine des courants transhumanistes : la convergence dite NBIC, pour Nanotechnologie, Biotechnologie, Informatique et sciences Cognitives[24]. Le constat scientifique est en effet qu'une avancée dans l'un de ces domaines est souvent à l'origine d'une réussite dans un autre. Ainsi, une réalisation dans le domaine de l'infiniment petit permettra de nouvelles découvertes en informatique, qui seront la base d'avancées sur la compréhension du cerveau, etc. La convergence NBIC permet ainsi de fonder une réflexion orientée vers le futur et légitimant la croyance en la réalisation de grandes réussites scientifiques, le développement de la connaissance étant alors exponentiel et non pas linéaire ou par paliers.

Hormis la croyance dans le Progrès et la tendance vers l'augmentation, il n'y a cependant que peu de points communs entre les différents courants transhumanistes. C'est ce qui rend la qualification juridique *du* transhumanisme si complexe : il n'existe pas un transhumanisme mais bien *des* transhumanismes. Un bref tour d'horizons des personnalités clefs permet de s'en convaincre[25]. Là où certains prônent l'avènement de la Singularité[26], d'autres visent à inverser l'entropie[27], et d'autres encore sont focalisés sur les questions liées au vieillissement[28]. Si les principales orientations peuvent diverger, elles s'opposent même parfois frontalement. Ainsi, l'avènement de la Singularité n'est pas un

24 ROCO (M.), BAINBRIDGE (W.), « Converging Technologies for Improving Human Performance: Integrating from the Nanoscale », *Journal of Nanoparticle Research* 4, 281–295 (2002), *disponible en ligne* : https://doi.org/10.1023/A:1021152023349

25 Cf. dans cet ouvrage l'article n° 1 de Didier COEURNELLE, « Introduction aux transhumanismes » pp. 39 et s.

26 La Singularité est définie comme le moment où des machines deviendront conscientes, par opposition aux machines programmées que nous connaissons jusqu'à présent. Parmi les auteurs transhumanistes les plus célèbres, Ray KURZWEIL, auteur de l'ouvrage *Humanité 2.0*, prédit l'avènement de la Singularité pour 2045.

27 Le deuxième principe de la thermodynamique établit l'irréversibilité des phénomènes physiques : tout échange d'énergie est irréversible. Une condition d'une vie éternelle sur le très long terme implique forcément la création d'énergie et donc le renversement de ce principe, ce qui est le but des « extropiens » que sont par exemple Max MORE et Natascha VITA-MORE.

28 Comme par exemple Aubrey DE GREY, scientifique britannique fondateur du projet SENS, Didier COEURNELLE, vice-président de l'Association Française Transhumaniste, ou encore Liz PARRISH, fondatrice de BioViva Sciences USA Inc., une société de biotechnologie américaine. Dans le cadre de son activité, Liz PARRISH tente notamment d'obtenir la reconnaissance par le gouvernement américain que le vieillissement est une maladie.

sujet qui fait l'unanimité, et deux personnes pourront être considérées comme transhumanistes, tout en étant fermement opposées sur ce sujet. En définitive, le transhumanisme, en tant qu'idéologie unifiée, n'existe pas : une multitude de courants coexistent et peuvent être couverts par cette même appellation.

Cela signifie bien évidemment qu'une qualification juridique *du* transhumanisme est irréaliste. En ce sens, la régulation *du* transhumanisme ne peut donc exister que par la régulation *des* transhumanismes : ce n'est qu'en appliquant des régulations sectorielles, visant des innovations, des activités ou des secteurs spécifiques qu'une régulation du transhumanisme sera susceptible de se construire. Le droit du transhumanisme se concevrait ainsi comme une branche multidisciplinaire du Droit, le *code du transhumanisme* regroupant, un peu comme un Code des sociétés, des dispositions issues de plusieurs autres domaines… et notamment du droit souple.

III. La régulation par le droit souple

Schématiquement, on peut distinguer trois grandes catégories de normes qui peuvent être mobilisées pour réguler des activités : les grands principes d'énonciation assez générale et qui guident l'application du reste du Droit (généralement l'expression de libertés et droits fondamentaux), le droit dur qui comprend l'ensemble des textes normatifs (par exemple, les textes européens, les lois nationales et leurs mesures réglementaires d'application), et le droit souple, au sein duquel on peut distinguer entre les normes auto-imposées par les acteurs privés (codes de bonne conduite, guides de responsabilité sociale des entreprises) et les normes provenant des autorités (principalement les autorités administratives indépendantes et leurs publications et délibérations).

Les grands principes et le droit dur peuvent bien entendu trouver à s'appliquer aux activités relevant d'un courant transhumaniste. On peut ainsi prendre l'exemple actuel du *biohacking*, qui consiste à procéder à des augmentations expérimentales. Les exemples les plus connus sont probablement ceux de Gabriel Licina, membre du réseau ThinkH+[29], qui s'est injecté dans les yeux une solution lui permettant de voir dans le noir[30], et d'Amal Graafstra, créateur du

29 Notamment auteur d'un article de blog sur le sujet de la régulation du bio hacking : LICINE (G.), « Legislating biohacking ? », 10 mai 2016, *disponible en ligne :* https://thplus.org/legislating-biohacking/

30 LICINA (G.), « A Review on Night Enhancement Eyedrops Using Chlorin e6 », mars 2015, *disponible en ligne :* https://scienceforthemasses.org/wp-content/uploads/2015/03/AReviewonNightEnhancementEyedropsUsingChlorine6.pdf

site *dangerousthings.com*, qui vend des implants de *biohacking* (par exemple des implants lumineux, des implants connectés pour communiquer avec d'autres objets connectés, ou encore des implants aimantés).

Ces nouvelles pratiques peuvent être confrontées aux articles 16 et suivants du Code civil, qui assurent l'inviolabilité du corps humain et le droit au respect et à la dignité des personnes. L'article 16-3 dispose notamment qu'il ne peut « être porté atteinte à l'intégrité du corps humain qu'en cas de nécessité médicale pour la personne ou à titre exceptionnel dans l'intérêt thérapeutique d'autrui ». Ces grands principes semblent, à première vue, viser les interventions sur le corps d'autrui, mais il est possible d'envisager leur application sur des atteintes auto-prodiguées ou prodiguées selon la volonté de la personne qui les reçoit, et ce d'autant plus que les récentes évolutions des lois bioéthiques sont généralement plus permissives pour la recherche sur le corps humain.

Bien entendu les *biohackers* ne sont pas les premiers à s'auto-prodiguer des modifications corporelles qui sortent du cadre médical. L'un des premiers cas ayant donné lieu à jurisprudence est celui de la mutilation (ablation d'une phalange du pouce droit) d'un conscrit pour le rendre impropre au service militaire : l'auteur des mutilations a été reconnu coupable du délit de blessures volontaires, « encore bien que la mutilation soit faite du consentement de la victime »[31]. D'une manière similaire, la Cour de cassation a cassé l'arrêt d'appel qui avait admis qu'un suicide collectif raté ne soit pas qualifié d'homicide, proclamant notamment que « les lois qui protègent la vie des hommes sont d'ordre public ; nulle volonté particulière ne peut absoudre ou permettre le fait qu'elles ont déclaré punissable »[32]. Dès le XIXe siècle, l'ordre public a ainsi été érigé comme limite à la liberté individuelle et au consentement. D'une manière plus contemporaine, la Cour européenne des droits de l'Homme a été confrontée à des questions similaires au sujet de pratiques sadomasochistes : si ces solutions ont d'abord semblé aller dans le sens d'une primauté de l'ordre public[33], les arrêts les plus récents paraissent reconnaître le droit au consentement même dans le

---

31 Cass. Crim., 13 août 1813, arrêt *Mongenot*.

32 Cass. Crim., 23 juin 1838, arrêt *Copillet*, Bull. 1838, n° 177, *disponible en ligne* : https://www.doctrine.fr/d/CASS/1838/JURITEXT000007056211

33 CEDH, Cour (Chambre), Affaire *Laskey, Jaggard et Brown c. Royaume-Uni*, 19 févr. 1997, n° 21627/93 et autres, *disponible en ligne* : https://www.doctrine.fr/d/CEDH/HFJUD/CHAMBER/1997/CEDH001-62580. Dans cet arrêt, la Cour semble prévoir la faculté pour les États d'intervenir dans la sphère privée pour des raisons de santé publique, en prévention d'un préjudice potentiel.

cas de pratiques extrêmes[34]. Un dernier exemple permet d'illustrer l'ambivalence qu'il peut y avoir dans la mise en œuvre de grands principes : s'est posé la question de la licéité de la chirurgie à visée purement esthétique (par opposition à de la chirurgie réparatrice, par exemple en cas de brûlures). Confronté à cette question, le Conseil d'État a reconnu que la lettre de l'article 16-3 du Code civil semblait s'opposer aux actes chirurgicaux purement esthétiques, pour constater qu'il résultait « de l'article L. 6322-1 du Code de la santé publique que le législateur a entendu, par dérogation à ces dispositions, permettre la pratique des actes chirurgicaux à visée exclusivement esthétique, tout en l'encadrant strictement »[35].

S'il ne s'agit évidemment pas de mettre sur le même plan un suicide collectif, des pratiques sadomasochistes extrêmes, la chirurgie esthétique et des implants connectés, il ressort de cette recherche jurisprudentielle que la mise en pratique des grands principes n'apporte que peu de sécurité juridique : les solutions varient selon les cas, et il est nécessaire d'attendre des années avant qu'une décision ne soit prononcée par les hautes juridictions. Les grands principes constituent ainsi une boussole et peuvent toujours être mobilisés pour guider l'interprétation du Droit face à une situation précise, mais leur généralité laisse place à interprétation, et donc à de l'insécurité juridique, surtout face à des situations changeantes.

Le droit dur permet bien entendu de répondre à ces enjeux en apportant des réponses plus précises. Cependant, ces réponses sont limitées aux frontières nationales (ou régionales, selon les cas) et sont longues à être adoptées et mises en œuvre. C'est pourquoi la régulation des activités pouvant être rattachées au transhumanisme nous paraît nécessairement devoir être couplée à une approche fondée sur le droit souple, dont l'intérêt principal est d'être rapidement évolutif afin de pouvoir réagir aux évolutions techniques. En effet, qu'il s'agisse de normes souples générées par des acteurs privés ou de guides élaborés par des autorités, il est plus rapide d'amender un code de conduite ou une délibération à visée normative qu'une loi.

---

34 CEDH, Cour (Première Section), Affaire K.*A. et A.D. c. Belgique*, 17 févr. 2005, n° 42758/98 ; 45558/99, *disponible en ligne* : https://www.doctrine.fr/d/CEDH/HFJUD/CHAMBER/2005/CEDH001-68354. Dans des circonstances similaires à l'arrêt *Laskey*, la Cour s'est interrogée 8 ans plus tard sur le respect du consentement de la victime.

35 CE, 1re et 6e ss-sect. réunies, 21 mars 2007, n° 284951, Lebon, *disponible en ligne* : https://www.doctrine.fr/d/CE/2007/CEW:FR:CESSR:2007:284951.20070321

Les normes auto-imposées par les entreprises permettent également de répondre aux enjeux de territorialité, lorsque les entreprises en question sont multinationales. En effet, il est généralement plus coûteux de différencier la manière dont un code de conduite sera appliqué selon les pays que d'établir des lignes directrices applicables uniformément. Cela permet également de garantir une certaine homogénéité de la culture d'entreprise. C'est par exemple pour ces raisons pragmatiques que Microsoft a décidé d'appliquer les droits issus du Règlement général sur la protection des données personnelles (le RGPD) à tous ses utilisateurs, où qu'ils soient dans le monde[36]. Bien entendu, rien ne force une entreprise à adopter les mêmes règles uniformément dans toutes ses filiales. Il y a cependant fort à parier que le coût de la multiplicité de politiques sera souvent plus élevé que celui de la mise en œuvre uniforme des règles adoptées.

Les législateurs français et européens ne s'y trompent pas : cela fait plusieurs années qu'est encouragée l'adoption de règles de droit souple par les entreprises en complément de normes de droit dur, dans l'espoir que ces dernières aient des retombées internationales. On peut ainsi citer, au niveau français, l'article L. 111-7-1 du Code de la consommation[37] qui impose aux plus grandes plateformes du web d'élaborer et de diffuser « aux consommateurs des bonnes pratiques visant à renforcer les obligations de clarté, de transparence et de loyauté mentionnées à l'article L. 111-7 ». L'autorité administrative compétente (la DGCCRF) est par ailleurs chargée de contrôler la mise en œuvre de ces codes et autorisée à « évaluer et comparer les pratiques des opérateurs de plateformes ». La loi prévoit ainsi explicitement la possibilité pour l'autorité administrative de sanctionner les entreprises ne respectant pas leurs propres mesures par une mise au pilori (pratique du *name and shame*), l'atteinte à l'image étant aujourd'hui l'un des meilleurs moyens d'obtenir une réaction d'une entreprise. De la même manière, le RGPD prévoit la possibilité pour des associations sectorielles de rédiger des codes de conduite communs à un secteur et de les faire avaliser par l'autorité de contrôle nationale[38].

Les législateurs ont ainsi déjà bien compris les liens étroits qui peuvent exister entre grands principes et droit dur d'un côté et normes d'entreprise et contrôle par les autorités administratives de l'autre. Le juge ne s'y trompe pas non plus : de plus en plus de décisions reconnaissent ainsi la force obligatoire

---

36 https://www.techrepublic.com/article/microsoft-extending-gdpr-protections-to-all-global-customers-heres-how/

37 Créé par la loi n° 2016-1321 du 7 octobre 2016 pour une République numérique.

38 Article 40 du RGPD.

du droit souple. Si les décisions les plus marquantes établissent cette force obligatoire à l'encontre des actes des autorités administratives[39], elles n'en restent pas moins des marqueurs clairs de ce que le juge est sensible à la normativité d'actes non législatifs ou réglementaires. Les entreprises ne sont pas à l'abri de l'extension de cette reconnaissance de la normativité des actes de droit souple à leurs propres codes de conduite. C'est par exemple déjà le cas de Samsung, mise en examen pour pratiques commerciales trompeuses à la suite de plaintes des ONG Sherpa et Actionaid-Peuples solidaires qui l'accusent de ne pas respecter ses engagements éthiques concernant les droits de l'Homme dans les usines du groupe, notamment en Chine[40]. L'association UFC-Que Choisir vient également de déposer plainte pour les mêmes faits[41]. Sans préjuger de l'issue de ces procédures, il est certain que de tels recours sont amenés à se multiplier et que le juge judiciaire, confronté à de réelles atteintes à des codes de conduite, saura reconnaître leur normativité, venant ainsi contrer les critiques adressées au droit souple et qui visent à contester son effectivité.

En définitive, une régulation du transhumanisme est impossible : seule des régulations sectorielles des différentes ramifications du transhumanisme pourront permettre d'en saisir les multiples enjeux. Dans ce cadre, il nous semble essentiel de ne pas perdre de vue l'importance d'une régulation proche du terrain et de ses enjeux, capable de se mouvoir aussi rapidement que l'innovation, en cumulant adoption et mise en œuvre de grands principes et de droit dur à des normes souples, provenant à la fois des entreprises qui œuvreront dans ces secteurs innovants et d'autorités administratives chargées de leur régulation. Seul un tel dispositif nous paraît à même de répondre aux formidables enjeux posés par le développement de technologies transhumanistes sans l'inhiber, tout en ayant un impact aussi global que possible sur un sujet qui, lui, est nécessairement mondial.

---

39 Pour ne citer que les plus emblématiques : Conseil d'État, Assemblée, n° 368082, 21 mars 2016, *Société Fairvesta International GMBH et autres* ; Conseil d'État Assemblée, n° 390023, 21 mars 2016, *Société NC Numericable* ; Conseil d'État, Assemblée, 19 juillet 2019, 426389, HATVP.

40 « Samsung France mis en examen pour pratiques commerciales trompeuses », *Les Échos*, 3 juillet 2019, *disponible en ligne* : https://www.lesechos.fr/tech-medias/hightech/samsung-france-mis-en-examen-pour-pratiques-commerciales-trompeuses-1035324

41 https://www.quechoisir.org/action-ufc-que-choisir-ethique-en-toc-l-ufc-que-choisir-depose-plainte-contre-samsung-n82539/

Amandine CAYOL & Emilie GAILLARD

Postface

Le terme transhumanisme, hier réservé à un cercle restreint d'initiés, est devenu de plus en plus utilisé, aussi bien dans des ouvrages grand public que dans des séminaires et conférences à caractère scientifique (tant dans le domaine médical qu'en sciences humaines et sociales). Nous assistons, depuis quelques années, à un basculement : des idées, hier considérées comme fantaisistes, voire négligeables, sont désormais étroitement associées à de grands processus de réformes – spécialement dans le domaine de la bioéthique – et à d'importants projets de recherche (par exemple, sur les interfaces cerveau-machine ou encore sur le vieillissement).

Dès le commencement de notre recherche, le choix du pluriel pour le mot « transhumanisme » s'est imposé : il n'existe pas un seul courant transhumaniste homogène. C'est un nouvel univers, pluriel, complexe, aux ramifications variées et parfois difficilement identifiables, qui s'ouvre au chercheur.

Rechercher sans *a priori*, rechercher en toute objectivité, c'est aller à la rencontre et à l'écoute d'acteurs variés aux opinions souvent tranchées. Tel a été notre objectif dès le début de notre recherche sur le thème des transhumanismes. Une démarche scientifique impose de se placer dans le statut d'observateur sans idées préconçues.

En parallèle d'une recherche intitulée Transhumanisme(s) et droit(s) – cofinancée par le GIP Mission de la Recherche Droit et Justice au cours des années 2019–2021 –, nous avons fait le choix d'organiser un cycle de conférences dans le cadre du Pôle Risques, Qualité et Environnement Durable de la Maison de la Recherche en Sciences Humaines, durant les années 2018–2020, à l'Université de Caen. Cet ouvrage constitue la restitution écrite d'un cheminement intellectuel pluridisciplinaire, lequel a été un préalable nécessaire pour poursuivre plus en avant une recherche en Droit.

Sonder les imaginaires des transhumanistes et de leurs opposants, c'est accepter de naviguer dans des eaux troubles, parfois déroutantes. Accepter d'étudier un objet non identifié, fantasmé, et bien souvent déconsidéré sur le plan scientifique, impose une plasticité intellectuelle pour tenter de comprendre certaines transformations de société. La question n'est pas tant de savoir qui a raison ou qui a tort, si cela est possible ou pas. L'important, pour le chercheur, est d'être à l'écoute des grandes transformations de son époque. L'important, pour les juristes que nous sommes, est d'anticiper d'éventuels glissements imperceptibles qu'il convient d'encadrer dès à présent, avant que des systèmes de dérives et de déviances ne se soient déjà mis en place sans avoir été réellement pensés.

Dès lors qu'il en va de l'avenir de l'Humanité, de la condition de l'espèce humaine, nous basculons dans l'univers du droit des générations futures : celui qui a vocation à anticiper sur l'avenir que nous voulons, afin de poser les jalons juridiques d'un contrat de civilisation qui garantisse un avenir « authentiquement humain ». Encore faut-il cependant s'accorder sur ce que l'on entend par « être humain », sur les critères de la « condition humaine authentique ».

Dès le commencement, une telle démarche porte toutefois en elle-même les germes de sa propre fin : définir l'Humanité c'est nécessairement risquer d'exclure de l'Humanité. Le mieux n'est-il pas bien souvent l'ennemi du Bien ? Rappelons que les liens entre transhumanismes et mouvances eugéniques ont toujours été étroits, au point que l'on peut s'interroger sur leur consubstantialité. Cette question se pose dès aujourd'hui au simple stade du diagnostic préimplantatoire et éclaire déjà tout le droit de la bioéthique. Droit de la préservation de la condition humaine future, mais aussi demain, peut-être, support des revendications transhumanistes, le droit de la bioéthique est assurément l'un des jalons juridiques les plus essentiels pour l'avenir de notre Humanité.

Plus que jamais, dans la continuité de la pensée d'Hannah Arendt, il est nécessaire de relier savoir et pouvoir[1]. Une science pluridisciplinaire, complexe et systémique est nécessaire pour penser, relier, et gouverner notre rapport à la Technique. Cette dernière a atteint un degré d'évolution tel qu'elle pourrait introduire un schisme dans l'Histoire de l'Humanité par l'introduction de nouvelles espèces humaines et/ou chimériques, voire robotisées ou contrôlées par l'IA.

Le transhumanisme présente de multiples visages mais reste toujours fondé sur la liberté individuelle. Les risques d'exacerbation des comportements individualistes à l'ère du capitalisme numérique sont vertigineux : le libéralisme entre dans une nouvelle phase, risquant d'entraîner de profondes transformations

1 ARENDT (H.), « Mais il se pourrait, créatures terrestres qui avons commencé d'agir en habitants de l'Univers, que nous ne soyons plus jamais capables de comprendre, c'est-à-dire de penser et d'exprimer, les choses que nous sommes cependant capables de faire(…). S'il s'avérait que le savoir (au sens moderne de savoir-faire) et la pensée se sont séparés pour de bon, nous serions bien alors les jouets et les esclaves non pas tant de nos machines que de nos connaissances pratiques, créatures écervelées à la merci de tous les engins techniquement possibles, si meurtriers soient-ils », *La condition de l'homme moderne*, Calmann-Lévy, 1983, pp. 9–10.

de notre vivre-ensemble. Certes, la plupart des militants transhumanistes en Europe tentent de proposer une vision plus sociale. Il nous a cependant paru étonnant de constater que les questions éthiques sont, bien souvent, reléguées à l'arrière-plan par les partisans des idées transhumanistes.

Le moment est à présent venu pour nous d'orienter plus franchement notre recherche dans le domaine du Droit et de questionner les catégories juridiques fondamentales du Droit à l'aune des idées et réalisations transhumanistes. A notre sens, des ruptures anthropologiques sont actuellement, parfois même imperceptiblement, à l'œuvre. Il est plus que jamais devenu urgent de les penser pour les nommer et donc, les normer.

Tel a été l'objectif du projet de recherche pluridisciplinaire Transhumanisme(s) et droit(s) qui a été l'occasion, dans un premier temps, de sonder les idées transhumanistes (grâce notamment à des enquêtes de terrain auprès de militants et d'opposants), puis, dans un second temps, les réalisations spécialement dans le domaine médical et de l'IA.

Avec la mise en place de la Chaire d'excellence CNRS Normandie pour la paix, une nouvelle étape de recherche a pu être réalisée : l'ouverture d'un cycle de colloques internationaux en 2021 et 2022, co-organisés par Bénédicte BEVIERE BOYER, Amandine CAYOL et Emilie GAILLARD. Ces derniers ont vocation à offrir une vision holistique, inscrite dans la transversalité juridique et la pluridisciplinarité, sur les grandes transformations de notre société induites par le développement des nouvelles technologies.

Trois temps forts, trois thèmes principaux ont été choisis :

- Transhumanisme à l'ère de la médecine améliorative, parce que la médecine glisse imperceptiblement du thérapeutique au mélioratif.
- Transanimalisme, parce que l'instrumentalisation du vivant non humain et, notamment, l'avènement de chimères questionnent sur la condition animale et nécessairement sur la condition humaine.
- TransTerre, parce que deux mouvements d'ingénierie sont à l'œuvre : d'une part, le renforcement du recours à la technique pour modifier la Terre avec la géo-ingénierie et, d'autre part, le recours au renforcement des solutions basées sur la Nature et la résilience écologique (l'ingénierie écologique).

Tout est question de frontières. Il s'agit d'accepter ou, au contraire, de chercher à se libérer de la finitude de la condition humaine, de la condition animale, de la condition de la Terre…

Liste des auteurs

Jacques ARNOULD

Ingénieur agronome, docteur en histoire des sciences, docteur en théologie et expert éthique au Centre National d'Etudes Spatiales. Parmi ses récentes publications : *Par des terres qui te sont inconnues. Pierre Teilhard de Chardin, aventurier du passé et de l'avenir* (Cerf, 2017) ; *Quand les hommes se prennent pour Dieu* (Salvator, 2020) et *Entre Terre et Ciel. Une éthique pour l'odyssée de l'espace* (ATF France, 2020).

Bernard BAERTSCHI

A enseigné la philosophie morale et la bioéthique à la Faculté de médecine et au Département de philosophie de l'Université de Genève. En Suisse, il a été membre de la Commission fédérale d'éthique pour le génie génétique non humain (CENH) et, en France, il fait partie du Comité d'éthique de l'INSERM. Il travaille actuellement sur les questions éthiques posées par les biotechnologies et les neurosciences, domaines dans lesquels il a notamment publié les ouvrages suivants : *La neuroéthique* (La Découverte, 2009), *La vie artificielle* (CENH, 2009), *L'éthique à l'écoute des neurosciences* (Les Belles-Lettres, 2013) et *De l'humain augmenté au posthumain* (Paris, Vrin, 2019).

Jérôme BERANGER

Économiste de la santé, docteur en éthique du digital et conférencier, il est le fondateur de la société ADEL spécialisée dans l'évaluation éthique des traitements algorithmiques des données numériques notamment dans le domaine de la médecine. Il est également chercheur (PhD) associé dans l'équipe *Bioethics* à l'UMR 1027 de l'INSERM de l'Université de Toulouse 3. Ses recherches sont centrées sur l'approche morale et sociétale de la révolution digitale centrée sur le concept de l'*Ethics by Evolution*. Il a publié plus de 90 contributions écrites, ainsi que quatre ouvrages intitulés respectivement : *Les systèmes d'information en santé et l'éthique* (ISTE, Mars 2015), *Les Big Data et l'éthique* (ISTE, Janvier 2016), *Le Code Ethique Algorithmique* (ISTE, Avril 2018), et *Quand l'Intelligence Artificielle s'éveillera* (Le Passeur, Septembre 2020). Il siège dans plusieurs comités scientifiques ou d'éthique au sein de structures privées et publiques nationales.

Jean-Michel BESNIER

Professeur émérite de philosophie à l'Université Paris-Sorbonne où il a dirigé l'Équipe de recherches 3559 « Rationalité contemporaines ». Il est responsable scientifique du Pôle de Recherches « Santé connectée et Homme augmenté » à l'Institut des sciences de la communication du CNRS. De juillet 2009 à avril 2011, il exerça la fonction de Directeur scientifique du Secteur Sciences et Société à la Direction Générale Recherche et Innovation du Ministère de l'Enseignement supérieur et de la Recherche. Il fut membre du Conseil scientifique de l'IHEST (Institut des Hautes Études en Sciences et Techniques) ainsi que de la Cité des sciences et de l'industrie (Universcience) et effectua deux mandats au CNL (Centre national du Livre) dont il préside actuellement la Commission Littérature scientifique et technique. Parmi ses dernières publications : *Demain les posthumains* (Fayard 2010 et Pluriel 2012), *L'homme simplifié. Le syndrome de la touche étoile* (Prix 2012 du Nouveau Cercle de l'Union, Fayard 2012) et *Les robots font-ils l'amour ? Le transhumanisme en 12 questions* (avec Laurent Alexandre, éditions Dunod 2016).

Dominique BOURG

Philosophe, il est Professeur honoraire de l'Université de Lausanne. Ses domaines de recherches concernent les aspects politiques, économiques et métaphysiques de la durabilité. Il a présidé jusqu'en décembre 2018 le conseil scientifique de la Fondation Nicolas-Hulot pour la Nature et l'Homme. Il codirige, avec Philippe Roch, la collection « Fondations écologiques » chez Labor et Fides. Il est membre du comité de rédaction de la revue *Esprit*, membre du conseil scientifique de la revue *Écologie & Politique* et conseiller scientifique de la revue *Futuribles* International. Il dirige plusieurs collections aux PUF et la revue en ligne *La Pensée écologique*. Parmi ses derniers ouvrages parus : *Le marché contre l'Humanité*, PUF, 2019 et le *Dictionnaire de la pensée écologique* (2015).

Aurore CATHERINE

Maître de conférences en droit public à l'Université de Caen Normandie, elle est membre du Centre de Recherche sur les Droits Fondamentaux et Évolutions du droit (E.A. 2132) et présidente du groupe de réflexion éthique du Centre de lutte contre le cancer François Baclesse à Caen. Auteure d'une thèse intitulée *Pouvoir du médecin et droits du patient. L'évolution de la relation médicale*, elle écrit régulièrement des articles en droit de la santé. Elle contribue, notamment, à la chronique « Éthique et droit du vivant » dans la *Revue générale de droit médical*. Parmi ses dernières publications, elle a coécrit avec S. VARATHARAJAH un article sur « La continuité des soins à l'épreuve la pandémie COVID-19 » dans l'ouvrage *COVID-19 : vers un NOUVEAU MONDE ? Une analyse de la pandémie à travers le regard des sciences sociales et humaines* paru en 2020 aux éditions ESKA.

Daniela CERQUI

Anthropologue, maître d'enseignement et de recherches à l'Université de Lausanne, elle est spécialisée dans l'étude des rapports entre technologie et société. Ses recherches portent principalement sur les ingénieurs qui pensent, fabriquent et promeuvent des technologies, dans des domaines liés à la robotique, l'intelligence artificielle, et plus généralement l'informatique et les nouvelles technologies de l'information. Elle a soutenu en 2005 une thèse intitulée *Humain, machines, cyborgs : le paradigme informationnel dans l'imaginaire technicien*. Elle a aussi passé plusieurs années dans le laboratoire de Kevin Warwick, le premier humain à s'être fait implanter une puce électronique reliée à son système nerveux. Elle s'intéresse aux enjeux sociaux liés à de telles pratiques qui, sous prétexte de sans cesse augmenter les performances de l'humain, pourraient conduire à sa modification radicale, voire à sa disparition.

Hervé CHNEIWEISS

Neurologue et neurobiologiste, il est directeur du laboratoire Neurosciences Paris Seine (NPS) (CNRS/INSERM/Sorbonne Université) à l'Institut de Biologie Paris Seine, chef de l'équipe "Plasticité gliale" à NPS, Praticien Hospitalier attaché en neuro-oncologie à la Salpêtrière, Président du Comité d'éthique de l'INSERM et du Comité International de Bioéthique de l'UNESCO. Ses travaux scientifiques ont porté sur la biologie des astrocytes et leur hétérogénéité. Son équipe étudie les mécanismes liant l'astrocyte à la genèse et au développement des tumeurs cérébrales humaines *via* des cellules aux caractéristiques souches et tumorigènes qui sont au cœur de la croissance tumorale et de sa résistance aux thérapeutiques actuelles. Il a par ailleurs développé une réflexion sur l'impact des avancées des neurosciences sur nos conceptions morales : la neuroéthique. Il contribue aussi à la réflexion éthique dans le domaine des cellules souches, de l'embryon et de la génomique. Il est ancien membre du CCNE et du comité de pilotage des États Généraux de la Bioéthique 2018. Il fait partie des fondateurs de l'association internationale pour une recherche et une innovation responsable en édition du génome (ARRIGE) dont il est vice-président, et membre du groupe d'experts OMS sur la gouvernance de l'édition génomique. Ouvrage grand public récent : *Notre Cerveau* (L'iconoclaste 2019).

Didier COEURNELLE

Vice-président de l'Association Française Transhumaniste Technoprog et membre du Board de *Humanity+*. Il milite pour la recherche en faveur d'une vie en bonne santé beaucoup plus longue. À ce titre, il est notamment coprésident de l'association Heales (Healthy Life Extension Society) et membre fondateur et membre du Board de l'International Longevity Alliance. Il publie la lettre d'information *La mort de la mort* et est intervenu lors de nombreuses conférences et dans les médias en français, anglais et néerlandais. Il a publié deux livres *Et si on arrêtait de vieillir. Réalité, enjeux et perspectives d'une vie en bonne santé beaucoup plus longue* (2013) et, avec Marc Roux, *Technoprog. Le transhumanisme au service du progrès social* (2016). Il est un actif partisan de la démocratisation des institutions internationales. Depuis plus de 30 ans, il milite dans des mouvements écologistes et sociaux progressistes.

David GRUSON

Ancien élève de l'Ecole Nationale d'Administration et de l'Ecole des Hautes Etudes en santé publique, il est Directeur du Programme Santé du Groupe Jouve, spécialisé sur la transformation digitale. Il a exercé plusieurs postes à responsabilité dans les domaines des politiques publiques et de la santé. Il a, en particulier, été conseiller du Premier ministre chargé de la santé et de l'autonomie (2010–2012) et directeur général du Centre Hospitalier Universitaire de La Réunion (2012–2016). Il est Professeur à la Chaire Santé de Sciences Po Paris. Fondateur d'Ethik-IA, ses propositions sur l'IA en santé ont inspiré le volet intelligence artificielle de la révision de la loi de la bioéthique qui vient d'être votée au Parlement. Il est l'auteur de *S.A.R.R.A. Une intelligence artificielle*, premier polar bioéthique sur l'IA en santé paru en juin 2018 aux Éditions Beta Publisher et dont la suite *S.A.R.R.A. une conscience artificielle* vient de paraître. Il a également écrit *La Machine, le Médecin et Moi*, ouvrage de synthèse sur le développement de l'IA en santé paru en novembre 2018 aux Éditions de l'Observatoire et est co-auteur de *La Révolution du pilotage des données de santé* paru en mai 2019 aux Éditions hospitalières.

Marouane JAOUAT

Doctorant chercheur en sociologie rattaché au centre de recherche Risques et Vulnérabilités de l'Université de Caen Normandie (EA 3918) et membre du projet de recherche *Transhumanisme(s) et Droit(s)* codirigé par Amandine CAYOL et Emilie GAILLARD et cofinancé par le GIP Mission de recherche Droit et Justice (2019–2021). Sa thèse, sous la direction de Michelle DOBRÉ, porte sur la transformation du corps par les (bio)technologies. Elle vise à interroger ses conséquences sur les individus dits « augmentés » dans le contexte transhumaniste actuel

Frederick LEMARCHAND
Professeur de sociologie à l'Université de Caen Normandie, il est Directeur du Centre de recherche sur les risques et les vulnérabilités et responsable du Master Gouvernance des Risques et de l'Environnement (GREEN). Il est l'auteur de *La vie contaminée, éléments pour une sociologie des sociétés technoscientifiques* (2003) et d'une centaine d'articles portant sur les relations entre techniques et société, les catastrophes technologiques, les transitions écologiques. Après avoir exploré les catastrophes nucléaires et les revers du Progrès technique, il se tourne vers les problèmes du futur – de l'anthropocène jusqu'au transhumanisme –, mais aussi sur les utopies qui pourraient préserver un monde habitable. Il coordonne, dans une approche pluridisciplinaire, l'ANR Téthys sur les transitions écologiques territorialisées.

Alexandre MOATTI
Ingénieur en chef des Mines, chercheur associé HDR en histoire des sciences et des idées à l'université de Paris (laboratoire SPHERE UMR 7219). Il travaille depuis 2011 sur les représentations de la science et des techniques, notamment l'histoire de la critique de la modernité technique – ainsi que son exaltation. C'est dans ce cadre qu'il a passé son habilitation (2019) sur l'histoire du concept de transhumanisme en France. Il est aussi actif dans le domaine de la diffusion numérique des connaissances, ayant fondé en 2008 la bibliothèque numérique d'histoire des sciences BibNum (bibnum.education.fr) et en 2016 la WebTV universitaire de culture générale cultureGnum.fr (FMSH / Canal-U).

Hugo RUGGIERI
Avocat de formation après être passé par Sciences Po et l'Université Paris 1 Panthéon-Sorbonne, il est aujourd'hui responsable juridique et délégué à la protection des données personnelles de la *startup Legaltech Doctrine*. En lien avec cette activité, ses travaux portent aujourd'hui principalement sur l'*open data* des décisions de justice (B. Mathis et H. Ruggieri, « L'open data des décisions de justice en France : Les enjeux de la mise en œuvre », in *Le juge et l'algorithme : juges augmentés ou justice diminuée ?*, Larcier, 2019 ; Ruggieri H. et Dusséaux A., « La publication des décisions du juge administratif : l'incarnation moderne de la publicité », *La communication des décisions du juge administratif*, Lexis Nexis, Février 2020). Il contribue à l'activité du *think tank ThinkH+* dédié aux enjeux du transhumanisme, qui a notamment produit un rapport sur

les enjeux juridiques de l'intelligence artificielle soumis à la mission Villani sur la stratégie IA française.

Sharmini VARATHARAJAH

Docteur en médecine, elle est chirurgienne digestive et des sarcomes au Centre de lutte contre le cancer François Baclesse à Caen. Elle est l'auteur d'une thèse intitulée *Evaluation de l'impact clinique et médico-économique de l'assistance robotique en chirurgie bariatrique*. Ancienne chef de clinique au Nouvel Hôpital Civil dans le service de chirurgie digestive, endocrinienne et générale attaché à l'Institut Hospitalo-Universitaire de Strasbourg créé pour développer la chirurgie assistée par ordinateur (modélisation, simulation, réalité augmentée), de la robotique et des nouveaux outils d'imagerie intra-opératoire. Membre du Groupe de Réflexion Ethique du Centre Baclesse.

***

Index

Titres parus dans la collection

Vol. 1 Émilie Gaillard and David M. Forman (eds.), *Legal Actions for Future Generations*, 2020.

Vol. 2 Michel Prieur et Christophe Bastin (dir.) (avec la coll. de Mohamed Ali Mekouar), *Mesurer l'effectivité du droit de l'environnement. Des indicateurs juridiques au service du développement durable*, 2021.

Vol. 3 Michel Prieur and Christophe Bastin (eds.) (in coop. with Mohamed Ali Mekouar), *Measuring the Effectivity of Environmental Law. Legal Indicators for Sustainable Development*, 2021.

Vol. 4 Michel Prieur y Christophe Bastin (eds.) (con la colaboración de Mohamed Ali Mekouar), *Midiendo la efectividad de la Legislación Ambiental. Indicadores jurídicos al servicio del desarrollo sostenible*, 2021.

Vol. 5 Émilie Gaillard et Amandine Cayol (dir.), *Regards croisés sur le(s) transhumanisme(s)*, 2021.

www.ingramcontent.com/pod-product-compliance
Ingram Content Group UK Ltd.
Pitfield, Milton Keynes, MK11 3LW, UK
UKHW021922290926
8980IPUK00016B/1408

9 782875 744128